DU
NIRVANA BOUDDHIQUE

EN RÉPONSE

A M. BARTHÉLEMY SAINT-HILAIRE,

PAR

J.-B.-F. OBRY

MEMBRE DE L'ACADÉMIE DES SCIENCES, BELLES-LETTRES, ARTS, AGRICULTURE ET
COMMERCE DU DÉPARTEMENT DE LA SOMME, ET JUGE HONORAIRE
AU TRIBUNAL D'AMIENS.

PARIS
AUGUSTE DURAND, LIBRAIRE, RUE DES GRÉS, N° 7.
—
1863.

DU
NIRVANA BOUDDHIQUE

EN RÉPONSE

A M. BARTHÉLEMY SAINT-HILAIRE

Par J.-B.-F. OBRY,

Membre de l'Académie d'Amiens.

(*Mémoire lu à cette Académie, dans ses séances des 14 et 28 mars 1863*).

PARIS
Librairie d'Auguste DURAND, rue des Grés, n° 7.
—
1863.

AMIENS, IMPRIMERIE DE E. YVERT,
rue des Trois-Cailloux, 64

DU NIRVANA BOUDDHIQUE

EN RÉPONSE

A M. BARTHÉLEMY SAINT-HILAIRE.

I.

Objet de ce Mémoire.

Grâce aux féconds labeurs des orientalistes modernes, en tête desquels il faut placer notre immortel philologue Eugène Burnouf, (1) peu de lecteurs ignorent les origines, les développements et les destinées du Bouddhisme.

On sait que cette religion, qui ne fut d'abord qu'une

---

(1) Avant lui se placent dans l'ordre des temps, Colebrooke, Abel Rémusat, Klaproth, B. H. Hodgson, Csoma de Koros, Turnour, I. J. Schmidt, et après lui MM. Ch. Lassen, Albrecht Weber, Ph. Ed. Foucaux, tanislas Julien, Barthélemy St-Hilaire, Spence Hardy, C. Fred. Koeppen, Wassilieff, etc.

philosophie, est née et s'est établie dans l'Inde centrale, au VI⁰ siècle avant notre ère, selon le comput Singhalais (1), comme réforme du Brahmanisme, déjà ancien à cette époque, puisqu'il remontait par les védas, au temps de la conquête de ce beau pays par les Aryas orientaux, frères des ancêtres de presque tous les peuples de l'Europe.

On sait aussi que les Bouddhistes ont été forcés de s'expatrier de toutes les contrées de l'Inde, depuis la fin du VII⁰ jusqu'à celle du XIV⁰ siècle de notre ère, après de longues phases de luttes, de succès et de revers; que, durant cette période, leur doctrine s'est propagée dans toutes les contrées d'alentour, à l'Est, au Sud, au Nord et à l'Ouest, à des distances considérables. On sait enfin que, de nos jours, le Bouddhisme règne avec plus ou moins de modifications, dans le Cachemire, dans le Népâl, dans le Tibet, dans la Tartarie, dans la Mongolie, dans une grande partie de la Chine, au Japon, dans le royaume d'Annam, dans le Birman, à Siam et à l'île de Ceylan, et, pour tout dire en deux mots, qu'il compte aujourd'hui trois cent millions d'adhérents, tout au moins, c'est-à-dire plus qu'aucune autre religion sur la surface du globe (2).

(1) Ce comput est généralement adopté dans le monde savant, quoique MM. Albrecht Weber, Max Müller et N. L. Westergaard doutent de sa bonté, et inclinent à placer la mort du Bouddha Çakyamouni, non pas à l'an 543, mais bien vers l'an 368 à l'an 370 avant notre ère, différence en moins, 175 à 173 années. Voyez la dissertation spéciale de ce dernier auteur, traduite du Danois en Allemand, sous ce titre : *Ueber Buddhas Todes Iahr*, Breslau, 1862, p. 95 à 128 de la brochure. Peut-être ont-ils raison; mais je n'en continue pas moins à suivre le torrent.

(2) Le R. Spence Hardy rapporte dans son *Eastern Monachism*, préface, p v, que le professeur Neuman compte 369 millions de Bouddhistes

À ces divers titres, le Bouddhisme occupe une grande et belle place dans l'histoire générale de l'esprit humain. Depuis une quarantaine d'années qu'il est mieux connu dans l'Europe savante, il doit ce haut rang, non pas certes à sa métaphysique obscure et subtile, ni même à son culte d'abord fort simple, puis très pompeux, mais à la pureté, à la sainteté, à la sublimité même de sa morale, à sa tolérance et à sa douceur, à sa bienfaisante influence sur les populations barbares ou féroces qui l'ont embrassé (1), et, il faut bien le dire, à certains traits de ressemblance qu'il présente avec le Christianisme.

Ce dernier point de vue n'est certes pas pour nous le moins intéressant. Car, si les deux religions s'écartent l'une de l'autre sur des matières plus ou moins importantes, selon l'aspect sous lequel on se place pour les apprécier ; si, à tous égards, la cadette a une supériorité incontestable sur son aînée, elles se rapprochent d'assez près, suivant moi, sur les doctrines qui ont trait à la vie future. Il est reconnu d'ailleurs que leurs origines et leurs premières destinées furent à peu près les mêmes. Appelées primitivement toutes deux à réformer, l'une le Brahmanisme, intolérant et exclusif, l'autre

nombre qui, multiplié par 3, donnerait 1 milliard 107 millions pour la population de la terre. Or, cette population est évaluée par M. Hassel, à 921 millions, par Malte-Brun à 642 millions, et par d'autres à 737 millions d'habitants. La moitié de la moyenne de ces trois nombres serait 383 millions. Le traducteur de la *Rádjataranginí* (II, p. 599), n'exagérait donc pas beaucoup le nombre des Bouddhistes actuels en le portant à la moitié du genre humain.

(1) Abel Rémusat, dans le 1er vol. de ses Mélanges asiatiques, et M. Albrecht Weber, dans ses Discours académiques, ont mis en opposition, sous ce rapport, les Mongols convertis au Bouddhisme avec ceux qui se sont rangés à l'Islam.

le Pharisaïsme, non moins étroit et plus hypocrite encore, elles ont été persécutées à peu près vers la même époque, dans les lieux mêmes qui les avaient vues naître. Mais toutes deux aussi, poussées par un ardent prosélytisme, elles n'ont pas tardé à élargir leurs horizons intellectuels, en même temps que leurs domaines géographiques, et à marcher à la conquête de l'ancien monde, où elles prédominent toujours, malgré les brèches que l'Islam leur a faites à toutes deux.

Le Bouddhisme va-t-il perdre sa haute position dans l'estime du monde savant, soit parce que son fondateur a employé plus fréquemment que les autres chefs d'école ou de secte, ses contemporains et ses rivaux, *et sans l'expliquer catégoriquement*, une dénomination obscure, celle de *Nirvânam* (extinction), pour exprimer un état de l'âme plus obscur encore, celui de sa destinée après une mort non suivie de transmigration, soit parce que six à sept siècles après le Bouddha, une école de Nihilistes a osé mêler à son enseignement, sous prétexte de le compléter, le plus audacieux et le plus absurde scepticisme ?

Telle est la question que je me suis posée, en 1856, après la lecture des premiers articles de M. Barthélemy Saint-Hilaire sur le Bouddhisme, insérés tant au *Journal des Savants* qu'aux *Comptes-rendus des séances et travaux de l'Académie des sciences morales et politiques*, durant les années 1854 et 1855 (1). Telle est celle que je me pose encore maintenant après l'exa-

---

(1) Ces articles très curieux, très savants, très instructifs, sont au nombre de neuf. Ils ont été suivis, en 1857 et années suivantes, de plusieurs autres également dignes d'intérêt, mais relatifs seulement à l'état du Bouddhisme dans l'Inde au VII⁰ siècle de notre ère, époque des voyages du célèbre pèlerin chinois Hiou-n-Thsang, et à son état actuel dans l'île de Ceylan.

men de son dernier mémoire sur le Nirvâna Bouddhique, lu en mai 1862 à la même académie, publié dans les comptes-rendus des séances et travaux de cette section (1), et réimprimé sous forme d'avertissement, en tête d'une dernière édition de tous ses travaux antérieurs sur le *Bouddha et sa religion* (2).

J'ai déjà contesté, en 1856, l'interprétation nihiliste que la docte critique, après Eugène Burnouf, son ancien maître, collègue et ami, venait de donner du Nirvâna spécial des Bouddhistes. Dans l'opuscule auquel je fais allusion (3), je m'étais attaché à exposer les divers systèmes des Indiens sur les destinées de l'âme après la mort, afin d'offrir ainsi la contre-partie des idées des Hébreux sur le même sujet, telles au moins que je les avais comprises et résumées dans un précédent mémoire (4). Je ne pouvais donc passer sous silence la théorie de M. Barthélemy Saint-Hilaire sur le Nirvâna Bouddhique. Ma conviction s'étant trouvée diamétralement contraire à la sienne, je crus devoir combattre ses raisonnements. Toutefois, en terminant, je lui soumet-

(1) Voyez le *Compte-rendu des séances et travaux de l'Académie des sciences morales et politiques*, 4ᵉ série, t. X, p. 321-41. — Voir aussi le *Journal des Débats* du 27 mai 1862.

(2) Vol. in-12 de XXVII p. d'avertissement, XXIV p. d'introduction et 441 de texte, Paris, 1862, chez Didier et compagnie. Une précédente édition avait paru en 1861, mais sans l'avertissement.

(3) *Du Nirvâna Indien, ou de l'affranchissement de l'âme après la mort, selon les Brahmanes et les Bouddhistes*, publié dans les *Mémoires de l'Académie des sciences, agriculture, commerce, bel-es-lettres et arts du département de la Somme*, vol. de 1856, p. 317-440, et tiré à part à un petit nombre d'exemplaires qui sont épuisés.

(4) *De l'immortalité de l'âme selon les Hébreux*, publié dans les Mémoires de la même Académie, vol. de 1839, p. 471-619, et tiré à part à un petit nombre d'exemplaires également épuisés.

tais humblement les miens, comme au savant qui, à raison de ses études antérieures sur la philosophie indienne, le Nyâya, le Sânkhya, les Védas et le Bouddhisme, était plus à portée que tout autre de rectifier mes erreurs, si je m'étais trompé dans mon appréciation (1). Avant moi, un ami intime d'Eugène Burnouf, M. Jules Mohl, son ancien confrère à l'Institut et au Collège de France, s'était borné à de simples réserves, qu'il a réitérées depuis en faisant appel à des sources plus anciennes que celles qui sont actuellement à notre disposition (2).

M. Barthélemy Saint-Hilaire ne s'est pas rendu aux objections qui lui ont été faites. Dans son dernier Mémoire-avertissement, il conclut par la déclaration suivante : « Je demande qu'on prenne un à un les arguments que j'ai présentés et qu'on les réfute. S'ils ne sont pas réfutés, il faut croire qu'on les adopte, comme les ont adoptés toutes les autorités graves que j'ai citées. » (3). C'est à MM. Ad. Franck et Ad. Garnier, ses collègues dissidents de l'Académie des sciences morales et politiques, qu'il faisait directement cette réponse. Mais on comprend que, par sa généralité, elle s'adresse à tous ceux qui ne partagent pas son opinion.

Malgré mon âge et ma répugnance pour la polémique, je reste du nombre de ces derniers, et j'ose encore le déclarer; car, tout en rendant justice au profond savoir,

---

(1) *Du Nirvâna indien*, p. 130 du tirage à part.

(2) Voyez ses comptes-rendus à la Société asiatique de Paris, dans le *Journal asiatique*, 5ᵉ série, VI, p. 93—5, et XVIII, p. 199—20.

(3) *Compte-rendu des séances et travaux*, etc., p. 348. — On peut regretter que les observations et les réponses auxquelles ce Mémoire a donné lieu ne figurent point comme appendice à l'avertissement sur le Nirvâna-Bouddhique cité ci-dessus.

au rare talent d'exposition et à l'impartialité générale du savant académicien, j'ai le regret de ne pouvoir partager ses idées sur le problème philosophico-religieux qui nous divise. Mais si je succombe, ce sera en assez bonne compagnie, car, outre MM. Jules Mohl, Ad. Franck et Ad. Garnier, que je viens de nommer, plusieurs indianistes de France, tels que MM. Théodore Pavie, Ph. Ed. Foucaux, Michel Nicolas (1), Stanislas Julien, notre grand sinologue (2), F. Baudry (3), et C. Schœbel (4), sont de mon avis. En outre, deux autres écrivains, MM. Ernest Foydeau et Th. Henri Martin, ont bien voulu se ranger à mon opinion et s'en prévaloir, quoique le second soit depuis resté en suspens (5).

D'un autre côté pourtant, je ne puis ni ne dois dissimuler que M. Barthélemy Saint-Hilaire a pour lui de très graves autorités : Eug. Burnouf (6), Christian

---

(1) Cités tous trois dans le *Compte-rendu* mentionné plus haut, p. 317.

(2) *Mémoires des Pèlerins chinois sur les contrées occidentales*, à l'index des noms sanscrits-chinois, v° *Nirvâna*, II, p. 461.

(3) *Journal de l'Instruction publique*, numéro du 5 novembre 1857, dans un article sur le *Nirvâna indien*, et *Revue germanique*, II, p. 293, à la note.

(4) *Le Bouddha et le Bouddhisme*, neuf articles publiés en 1856 et 1857 dans les *Annales de Philosophie chrétienne* de M. A. Bonnetty. Voir entre autres le n° 37, mars 1857, p. 171.

(5) Pour le premier, voir les *Annales de Philosophie chrétienne* année 1857, 4° édit., XV, p. 371-2, et pour le deuxième, la 1re édit. *de la vie future suivant la foi et suivant la raison*. Dans la seconde édition de 1859, p. 15-9, il paraît pencher pour l'opinion contraire.

(6) *Introduction à l'Histoire du Bouddhisme indien*, p. 83, 153, 155, 211, 521, etc., et *Lotus de la bonne loi*, p. 333, 339, 784, etc. Pour abréger les renvois à ces deux chefs-d'œuvre, je les désignerai désormais sous les numéros I et II, en les faisant précéder du nom de l'auteur.

Lassen (1), Albrecht Weber (2), Max-Müller (3), Baron d'Eckstein (4), et Carl Frédéric Kœppen (5), parmi les indianistes modernes ; puis, parmi les missionnaires chrétiens les plus récents, M. Spence Hardy, qui a passé vingt ans à Ceylan, pour cathéchiser les Bouddhistes de l'île, comme ministre Wesleyen, le P. Bigandet, qui a résidé presqu'autant d'années au Birman, M. Wassilief, qui a fait partie pendant dix ans de la mission russe à Pékin, et le R. Joseph Mullens, qui a long-temps habité l'Inde, comme missionnaire de la Société des missions de Londres (6).

Il peut paraître superflu de joindre à ces deux listes les noms des écrivains antérieurs aux travaux d'Eug. Burnouf sur le Bouddhisme indien. En effet, si les anciens missionnaires sont généralement d'accord avec les

---

(1) *Indische Alterthumskunde*, II, p. 462, III, 385, 393.

(2) Ce dernier pourtant avec quelques restrictions. Voir 1° ses *Akademische vorlesungen über die indische literaturgeschichte*, traduites par M. Alfred Sadous sous le titre de : *Histoire de la littérature indienne*, p. 311-6 ; — 2° ses *Indische Skizzen*, p. 45-6, et 4° ses *Indische Studein*, III, et suiv. — Les passages les plus importants ont été traduits par M. F. Baudry, *Revue germanique*, mois de mai et d'octobre 1858, t. II, p. 202, et t. IV, p. 146 et 159.

(3) *Buddha und Buddhist pilgrims* (London, 1857). — Voir aussi, comme écrits dans le même sens les deux discours prononcés à Colombo par James Alwis, esq. et publiés là même en 1862, sous ce titre : *Buddhism : its Origin, History and Doctrine*, voir p. 29. — M. E. Nève, professeur à Louvain, a également écrit sur le Bouddhisme, suivant M. Kœppen, ci-après cité ; mais j'ignore en quel sens il parle du *Nirvâna*.

(4) *Notice sur les Mémoires de Hiouen-Thsang*, extrait du *Journal asiatique*, n° 11 de l'année 1857, p. 29-31.

(5) *Die Religion des Bouddha und ihre Entstehung*, I, p. 306-7, II, p. 7,8.

(6) Sur ces quatre missionnaires, voir ci-après, p. 13.

nouveaux (1), et si, d'une part, M. Barthélemy Saint-Hilaire peut citer dans le même sens les opinions plus ou moins explicites de Clough, Turnour et I. J. Schmidt (2), qui ont écrit sur le Bouddhisme; de l'autre, je pourrais invoquer en sens contraire bon nombre d'indianistes et de critiques non moins célèbres, tels que l'illustre Colebrooke (3), Abel Rémusat (4), Klaproth (5), Troyer (6), Hodgson et Benfey (7), sans compter Laloubère (8), La Croze (9), de Guignes (10), et l'abbé Mignot (11), plus anciens que les précédents.

Mais qu'il me soit permis de rapporter trois faits qui m'ont été révélés en dernier lieu et qui ne sont pas sans importance comme témoignages, en raison du savoir, du caractère et de la position des personnes qui y figurent. Il paraît d'abord qu'après la lecture du dernier *Mémoire-avertissement* de M. Barthélemy Saint-Hilaire à l'Académie des sciences morales et politiques, sir John Bowring, ancien gouverneur de Hong-Kong, interrogé

---

(1) Voyez là-dessus La Croze, *Histoire du Christianisme des Indes*, II, p. 340-1.

(2) *Le Bouddha et sa Religion*, p. 133-4.

(3) *Miscell. Essays*, I, p. 400-2.

(4) *Journal des savants*, année 1831, p. 669, 727 et suivantes, et *Nouv. mélanges asiatiques*, II, p. 119-20.

(5) *Asia polyglotta*, p. 122.

(6) *Rādja-Tarangini* ou *Histoire des rois du Kachmir*, II, p. 478 et suivantes.

(7) Dans l'*Ecyclop. d'Ersch et Gruber*, art. *Indien*, p. 196-100.

(8) *Du royaume de Siam*, I. p. 498, édit. de 1619.

(9) *Histoire du Christianisme des Indes*, II, p. 311.

(10) *Histoire des Huns*, II, p. 221 et suiv., et *Mémoires de l'anc. Acad. des Inscr.*, XLV, p. 559, édit. in-12.

(11) *Mémoires de l'anc. acad. des Inscr.*, LVI, p. 131, éd. in-12.

à ce sujet par M. A. Garnier, membre de l'Institut et professeur au Collége de France, lui a déclaré que les Bouddhistes chinois ne voyaient point dans le Nirvâna bouddhique la même chose que le docte académicien (1). D'un autre côté, je tiens de mon très-savant ami, M. Alfred Maury, également membre de l'Institut et professeur au Collége de France, que sir Mac-Carthy, non pas le géographe, mais son frère, ancien gouverneur de Ceylan, lui avait tenu le même langage à propos des Bouddhistes Singhalais, dans une conversation qui avait roulé sur l'état actuel du Bouddhisme dans leur île célèbre. Le noble gentleman avait même ajouté que ni les missionnaires ni les indianistes n'étaient en état d'éclaircir ce point. Enfin, depuis la confection du présent mémoire, M. Ph. Ed. Foucaux a eu l'extrême obligeance de me communiquer, avec d'autres renseignements dont il m'a gracieusement permis de faire usage, l'extrait curieux d'un livre récemment écrit dans l'Inde, par un savant Pandit, et qui vient à l'appui des assertions de sir Mac-Carthy. L'auteur se nomme Radjêndra-Lal-Mittra. C'est un très docte brahmane converti, auquel on doit une bonne traduction anglaise du *Lalita-Vistara*, faite sur l'édition sanscrite de Calcutta. Eh bien ! ce docte indigène déclare formellement, dans la préface de sa version, qu'il a compulsé nombre de livres bouddhiques au sujet du fameux Nirvâna, et que n'ayant pu parvenir à s'en faire une idée juste, il a renoncé à s'en occuper (2).

(1) *Compte-rendu* etc., p. 347.
(2) Extrait des notes que M. Ph. B. Foucaux a bien voulu me remettre. — Dans un autre livre anglais, intitulé : *Dialogues on the Hindu philosophy, comprising the Nyâya, the Sânkhya, the*

L'Académie devant laquelle j'ai l'honneur de parler ayant été la première à accueillir favorablement mes objections contre le système de M. Barthélemy Saint-Hilaire, il est de toute justice qu'elle soit aussi la première à apprendre que je n'y renonce point, et pourquoi, malgré les raisons les plus spécieuses et les autorités les plus graves.

Et tout d'abord, rappelons en deux mots quel est le point précis du débat.

Les Bouddhistes du monde asiatique, qui composent aujourd'hui le tiers de l'humanité, adorent-ils le néant, aspirent-ils au néant et ne placent-ils que dans le néant leur espoir contre les maux de l'existence ? (1) Est-ce là la doctrine qu'ils ont reçue de leur maître, il y a 25 siècles au moins, et qu'ils gardent, prêts à la justifier par toutes les subtilités de la métaphysique la plus raffinée et à la confesser dans les tortures des plus affreux supplices, aussi bien que dans les austérités

---

Vedant (a) etc., by Rev. K. M. Banerjea, sec. professor of bishop's collège à Calcutta (London, 1861, in-8° de 538 p.), le principal interlocuteur, désigné sous le titre de *Satya-kāma* (amour de la vérité), oppose à son antagoniste, partisan des systèmes brahmaniques et détracteur du Bouddhisme, la réponse des prêtres d'Ava ou du Birman, aux missionnaires catholiques (réponse déjà mentionnée par M. Troyer, *Histoire des rois du Kachmir* II, p. 479, d'après Francis Buchanan, dans *Asiatic Researches*, VI, p. 266), et déclare nettement, p. 207 ou 217, préférer la doctrine des Bouddhistes sur la délivrance finale à celle des Nyâyistes, comme étant plus morale, plus austère et plus satisfaisante pour ceux qui aspirent à la suprême félicité.

(1) M. Barthélemy Saint-Hilaire, *Journal des savants*, année 1855, p. 59. — Id. *le Bouddha et sa Religion*, texte, p. 140.

homicides d'un fanatisme aveugle ? (1). Enfin, la foi bouddhique, au rebours de la doctrine chrétienne, est-elle un spiritualisme sans âme, une vertu sans devoir, une morale sans liberté, une charité sans amour, un monde sans nature et sans Dieu ? (2)

Oui, selon M. Barthélemy Saint-Hilaire. Non, suivant moi. C'est à choisir : il n'y a pas de milieu. *Etre ou ne pas être, to be, or not to be,* disait Hamlet, dans la tragédie de Shakespeare. Voilà la grande alternative : *That his the question.*

Aujourd'hui, comme en 1856, je me dis qu'il est moralement impossible que le fils de *Mayâdévi* ait prêché dans le Magadha, au VIe siècle avant notre ère, l'Evangile de l'anéantissement absolu des âmes vertueuses, en attendant que le fils de *Marie* vînt prêcher en Galilée, 600 ans plus tard, l'évangile de leur béatitude éternelle.

Et qu'on ne s'étonne pas de m'entendre comparer le Bouddha au Christ. M. Barthélemy Saint-Hilaire, qui repousse ce parallèle à propos de son Nirvâna-néant, l'admet sans difficulté quand il résume la vie morale du personnage indien : « Je n'hésite pas à ajouter, dit-il
» alors, que, sauf le Christ tout seul, il n'est point,
» parmi les fondateurs de religion, de figure plus pure
» ni plus touchante que celle du Bouddha. Sa vie n'a
» point de tache. Son constant héroïsme égale sa con-
» viction ; et si la théorie qu'il préconise est fausse, les
» exemples personnels qu'il donne sont irréprochables.
» Il est le modèle achevé de toutes les vertus qu'il pré-

---

(1) Id. *Mémoire sur le Sânkhya*, dans le t. VIII, p. 497, des *Mémoires de l'Académie des sciences morales et politiques*, publié en 1852.

(2) Id. *Le Bouddha et sa Religion*, p. 182.

» che ; son abnégation, sa charité, son inaltérable dou-
» ceur, ne se démentent point un seul instant ; il aban-
» donne, à vingt-neuf ans, la cour du roi son père, pour
» se faire religieux et mendiant ; il prépare silencieuse-
» ment sa doctrine par six années de retraite et de mé-
» ditation ; il la propage par la seule puissance de la
» parole et de la persuasion, pendant plus d'un demi-
» siècle, et quand il meurt entre les bras de ses disci-
» ples, c'est avec la sérénité d'un sage qui a pratiqué le
» bien toute sa vie, et qui est assuré d'avoir trouvé le
» vrai » (1).

Déjà, en 1855, M. Barthélemy Saint-Hilaire, dans sa critique impartiale, avait reconnu que ce sage à l'âme si belle, si grande, si compatissante, si vertueuse, s'était cru appelé à régénérer le genre humain dans ce monde et à le sauver dans l'autre, et qu'il avait consacré sa noble vie à l'accomplissement de cette double mission (2). Or, si le Bouddha était vraiment un sage, un ardent philantrope, un révélateur de bonne foi, un apôtre convaincu, et rien n'indique le contraire, n'est-ce pas faire injure à sa mémoire que de lui prêter à peu près ce langage : « Mes chers disciples, la fatalité vous condamne tous à rouler éternellement dans le cercle mobile des transmigrations que vous redoutez. Eh bien ! ayez foi en ma parole ; je vous en délivrerai tous ; mais ce sera *en vous anéantissant*, et qui plus est, vous n'obtiendrez cette exemption des renaissances qu'à une condition *sine quâ non* : c'est que vous pratiquerez religieusement toute votre vie les vertus, les pénitences, les mortifications, les austérités que je vous recommande

(1) *Id., ibid, Avertissement,* p. XXIII.
(2) *Ouv. cité : Introduction,* p. V. Comparez texte, p. 78, 181.

sans cesse dans mes discours, et que je pratique moi-même en vous prêchant d'exemple » ? N'est-ce pas aussi faire injure au bon sens des peuples bouddhistes qui, après tout, sont nos frères, si ce n'est tout-à-fait nos semblables, comme le remarque très bien l'habile critique (1), disons mieux et disons vrai : n'est-ce pas faire injure à l'humanité tout entière que de poser comme article de foi bouddhique cette étrange proposition : depuis vingt-cinq siècles, les crédules et fervents ascètes bouddhistes s'efforcent de pratiquer la rigide discipline de leur maître, afin d'en être récompensés par le néant ! »

Voilà les considérations extrinsèques, mais puissantes, qui m'ont déterminé et qui me déterminent encore à combattre, à armes fort inégales sans doute, l'opinion du Nirvâna-néant. Ce que j'ai dit une première fois, je le redirai de nouveau, au risque de me répéter ; je le redirai malgré tout mon respect pour la mémoire vénérée d'Eugène Burnouf, malgré toute mon estime pour la grande érudition de M. Barthélemy Saint-Hilaire. Si l'on trouve qu'il y a de ma part trop de présomption, j'invoquerai encore la seule excuse que je puisse faire valoir, toute banale qu'elle est devenue : *amicus Plato, amicus Aristoteles ; sed magis amica veritas !*

Après ces observations préliminaires sur lesquelles j'aurai encore occasion de revenir à la fin de ce travail, je me hâte de résumer en quelques lignes les preuves dites irréfutables et les autorités non moins imposantes sur lesquelles le savant académicien insiste dans son *Mémoire-avertissement*, pour justifier son système. Il écarte, bien entendu, comme peu recevables les objections puisées dans les lois générales de l'esprit humain, et s'at-

---

(1) *Le Bouddha et sa Religion*, p. 182.

tache aux arguments spéciaux fournis par les textes bouddhiques ou tirés du fond même du sujet (1). En conséquence, il fonde sa théorie « d'abord sur le carac-
» tère propre du Bouddhisme venant réformer et con-
» tredire la foi brahmanique ; en second lieu, sur
» l'athéisme instinctif et spontané de la nouvelle doc-
» trine; troisièmement, sur ses rapports avec le Sân-
» khya de Kapila, dit Sânkhya athée ; puis ensuite, sur
» les textes mêmes des soûtras bouddhiques, sur les
» noms significatifs que les Brahmanes infligent aux
» Bouddhistes, et enfin, sur la métaphysique tout en-
» tière du Bouddhisme, depuis l'*Abhidharma* de Kâcyapa,
» (successeur immédiat de Çâkyamouni), jusqu'aux *Vi-*
» *naya soûtras* de Nâgârdjouna, (docteur nihiliste, s'il en
» fut jamais), venu quatre ou cinq siècles après lui (2).

Cet ensemble de preuves lui paraît plus que suffisant; mais pour qu'il ne manque rien à la démonstration, il rappelle un dernier fait qui, à son avis, ne serait ni le moins intéressant ni le moins décisif. C'est que les Bouddhistes de nos jours, malgré les modifications que les siècles ont apportées aux doctrines du maître, ne se feraient pas une autre idée du *Nirvâna* que leurs prédécesseurs : assertion qu'il croit établir par les témoignages plus ou moins explicites des modernes missionnaires chrétiens nommés ci-dessus : M. Spence Hardy,

---

(1) *Compte-rendu* etc., déjà cité, p. 318-50. — Le *Bouddha et sa Religion*, Avertissement, p. XVIII-XIX, texte, p. 396.

(2) *Ouv. cité*, Avertissement, p. XV. — M. Lassen, *Indische Alterthumskunde*, II, p 59, note 2, p. 413 et 889, place ce Pyrrhon indien dans la seconde moitié du premier siècle de notre ère. Si donc le Bouddha est mort l'an 543 avant J. C., l'intervalle signalé excèderait six cents ans.

le P. Bigandet, M. Wassilieff et le R. Joseph Müllens (1). Enfin, pour faire admettre à ses lecteurs le phénomène d'une religion fondée sur le Nihilisme, il en cite un autre non moins singulier et dont la certitude, prétend-il, peut donner quelque créance à celui-là. A l'en croire, « ce sentiment de toutes les populations, non pas » seulement bouddhistes, mais brahmaniques, c'est d'é- » prouver pour la vie, avec les conditions qui lui sont » faites ici bas, (c'est-à-dire avec l'expectative de rouler » éternellement dans le cercle mobile des transmigra- » tions), une horreur que rien ne peut apaiser, » horreur qui les porte à chercher, à trouver à tout prix les moyens de la délivrance (2).

Je reviendrai, au chapitre suivant, sur cette dernière considération, qui touche de très près au Nirvâna.

Quant à la précédente, je me borne, dans celui-ci, à faire observer que les quatre missionnaires en question, d'ailleurs dignes de confiance, de considération et d'estime sous tous les rapports, paraissent plutôt exprimer leurs opinions personnelles, qu'attester les aveux de leurs néophytes ou autres indigènes, notamment ceux des prêtres ou des religieux bouddhistes (3), et qu'en pareille matière les bonnes raisons doivent l'emporter sur les autorités les plus respectables, surtout lorsque

---

(1) Ibid, p. XV à XVII.

(2) Ibid., p. XXIII-IV.

(3) Le savant académicien semble le reconnaître ailleurs implicitement, au moins pour deux d'entre eux (Spence Hardy et Wassilieff). — Voir *Journal des Savants*, année 1858, p. 574, et année 1861, p. 71. — Voir aussi le texte de son livre, le *Bouddha et sa Religion*, p. 364-7.

celles-ci sont contrebalancées par des autorités contraires (1).

La même observation s'applique avec plus de force encore aux Brâhmanes ou prêtres de l'Inde, ennemis implacables des Bouddhistes, qui se sont donné le tort d'appliquer à tous leurs rivaux, sans exception ni distinction, les épithètes injurieuses de *Nâstikas*, gens du néant, et de *Sarvavaináçikas*, partisans d'une destruction totale, insulte qu'en bonne justice ils auraient dû restreindre aux écoles nihilistes, bien moins nombreuses et bien moins anciennes que les autres (2).

Les prétendues preuves intrinsèques, tirées du fond même du sujet, et plus particulièrement des livres bouddhiques, appellent de ma part autre chose que des réponses déclinatoires, et devront m'occuper beaucoup plus long-temps; car, s'il est facile de soulever et d'accumuler en quelques lignes des difficultés spécieuses, il faut plus de temps et de travail pour les résoudre une à une.

La matière dont je vais traiter de nouveau est grave de sa nature et mérite de fixer l'attention des hommes sérieux; car, d'un côté, malgré l'éloignement des temps

---

(1) Voir ci-dessus, p. 312.

(2) Voyez le *Bouddha et sa Religion*, Avertissement, p. XII, et texte, p. 134. — Je ne sais où le savant critique a lu que les Bouddhistes n'ont jamais réclamé contre la qualification de *Nâstikas*, dont leurs ennemis faisaient une insulte; que loin de là ils en ont tiré honneur, et que l'effroi même qu'inspirait leur doctrine leur paraissait une garantie de plus de son infaillible vérité. — Serait-ce dans l'extrait du *Milinda-Prasna-Sutta de Ceylan*, que M. Spence Hardy, *Eastern Monachism*, p. 291, attribue à Nâgârdjouna, connu à Ceylan sous le nom de Nâgasena?

ou des lieux, chacun de nous doit se dire, comme le philantrope personnage d'une comédie de Térence :

Homo sum : nihil humani à me alienum puto.

D'un autre côté, il ne s'agit pas d'exhumer un système anté-diluvien, enseveli sous la poussière des siècles. Le Bouddhisme vit encore de nos jours, et quelque jugement qu'on en puisse porter, comme le remarque M. Barthélemy Saint-Hilaire, il règne florissant sur une multitude de peuples. D'ailleurs, les conceptions bouddhiques, tout imparfaites qu'elles sont, se rapprochent des idées chrétiennes sur un assez grand nombre de points pour réveiller un instant notre curiosité. Enfin, le problème agité entre les Brahmanes et les Bouddhistes, est celui de tout le monde : la destinée humaine, et il n'est pas sans intérêt de savoir ce qu'en a pensé le fondateur de la religion la plus étendue qui subsiste sur notre petit globe terraqué.

II

Réponse aux difficultés extrinsèques ou accessoires.

Le *Mémoire-avertissement* de M. Barthélemy Saint-Hilaire n'est, à vrai dire, qu'un très court résumé de ses anciens arguments sur le Nirvâna bouddhique. En effet, l'auteur s'y renferme dans des propositions générales, et renvoie, pour les développements, soit à ses écrits antérieurs reproduits dans le texte de son livre intitulé *le Bouddha et sa Religion*, soit aux deux grands soûtras du *Lotus de la bonne foi* et du *développement des jeux* ou *Lalita-Vistara*, traduits en français, l'un par

Eug. Burnouf et l'autre par M. Ph. Ed. Foucaux (1). Cependant il revient avec complaisance sur deux autres soûtras tertiaires ou de très-grand développement, la *Pradjnâ-pâramitâ*, dont l'auteur et la date sont inconnus (2), et le *Vinaya-soutra* de Nâgârdjouna, ouvrages nihilistes, s'il en fut jamais, et par cela même fort précieux pour sa thèse. Aussi n'hésite-t-il pas aujourd'hui, (il était moins hardi autrefois), à prendre le premier de ces deux écrits pour l'expression la plus haute de la philosophie bouddhique, et même à y voir avec assurance la reproduction exacte des principes métaphysiques du Bouddha, expliqués par lui durant cinquante ans, et familiers à ses disciples (3). A l'égard des soûtras ordinaires, désignés par les titres de simples ou primitifs, et de développés ou secondaires, qui sont moins entachés de nihilisme et généralement considérés comme plus anciens (4), le docte critique se contente

(1) Voir sa réponse aux observations de MM. Ad. Franck et Ad. Garnier, dans le *Compte-rendu* précédemment cité, p. 318.

(2) M. Barthélemy Saint-Hilaire l'attribue à Nâgârdjouna, dans le texte de son livre, p. 571, et dans le *Journal des savants*, année 1861, p. 76, d'accord en ce point avec M. Wassilieff.

(3) *Le Bouddha et sa Religion*, avertissement, p. XIII-XIV.— Comparez par opposition, *ibid*, texte, p. 131, 155 et 168.

(4) Sur l'ordre, la valeur et les dates relatives de ces trois classes de soûtras pour la collection sanscrite du Nord ou du Népâl, voir Eug. Burnouf, I, p. 557-88. — Quant aux Soûttas (pour Soûtras) de la collection en Pâli du Sud ou de Ceylan, notre grand philologue, surpris par la mort, n'a pas eu le temps de les classer, analyser et comparer. —M. Albrecht Weber, dans ses *Akademische Vorlesungen*, etc., traduites en français par M. Alfred Sadous, sous le titre suivant : *Histoire de la littérature in-*

de déclarer ce qui suit : « Le Nirvâna n'y est jamais
» donné que pour la délivrance éternelle, la cessation
» infaillible de toutes les douleurs et de toutes les re-
» naissances, par l'anéantissement de tous les principes
» dont l'homme est formé » (1). Il va de soi qu'au premier rang de ces principes il place l'âme pensante, bien
qu'au fond il reproche au Bouddhisme de ne pas la dis-
tinguer du corps. « Les soûtras à la main, dit-il, je
» soutiens que le Bouddha n'admet pas plus l'âme de
» l'homme qu'il n'admet Dieu » (2).

La première question à résoudre est donc celle-ci : le
Bouddhisme orthodoxe reconnaît-il, comme le système
Sânkhya, l'existence, la simplicité, la multiplicité, l'é-
ternité des âmes humaines ? Cette question est complexe,
mais sa solution par l'affirmative devra entraîner celle
du problème qui divise les orientalistes. C'est donc à
elle que je m'attacherai d'abord. Je me serais même
borné à rétablir ce premier point, pour passer de suite à
l'examen du *Nirvâna*, et terminer par un aperçu des
rapports du Bouddhisme avec les doctrines judaï-
ques et chrétiennes sur la vie à venir, si M. Barthélemy
Saint-Hilaire, contrairement à ce qu'il avait enseigné
autrefois, n'insinuait pas aujourd'hui que Kapila lui-

---

dienne, fait judicieusement remarquer aux p. 420-1, que, grâce
à des *remaniements successifs*, le *texte actuel des Soûtras du Nord
n'appartient qu'au premier siècle de notre ère*, et que la *rédac-
tion par écrit des Soûtras du Sud ne peut remonter au-delà de l'an
80 avant J. C.* — Ces deux remarques sont très importantes et
ne doivent pas être négligées dans l'appréciation des livres bouddhiques, surtout en ce qui concerne la nature du Nirvâna.

(1) *Ouv. cité*, avertissement, p. IX.
(2) Ibid, p. VI. — Comparez dans le même sens, texte, p. 161.

même, ce guide incontestable et incontesté de Çâkyamouni (1), faisait consister la délivrance finale dans l'anéantissement de l'âme humaine (2). La discussion de ces divers points sera plus longue que je ne l'aurais désiré : mais j'ai craint que, plus courte, elle ne devînt trop obscure. Il faut se rappeler d'ailleurs que le Nirvâna est à la fois la base, le centre et le couronnement de l'édifice philosophico-religieux du Bouddha, en sorte que les trois parties de son enseignement : la morale (*Dharma*), la discipline (*Vinaya*), la méthaphysique (*Abhidharma*), s'y rattachent d'une façon très-étroite. Sous ce triple point de vue, l'analyse des textes, pour être claire, exige certains développements.

Résumons d'abord en quelques pages les réponses déjà faites ou que l'on peut faire aux autres objections, la plupart extrinsèques, du docte critique. Elles ne m'arrêteront pas long-temps, parce que je les considère comme purement accessoires. Les questions principales et essentielles sont celles qui concernent l'âme humaine et sa délivrance selon le Bouddhisme orthodoxe, abstraction faite des sectes nihilistes, postérieures en date et beaucoup moins suivies.

(1) Il n'y a guère, chez nous, que feu M. le baron d'Eckstein (*quandoque bonus dormitat Homerus*) qui ait élevé quelques doutes à cet égard, en faisant de Çâkyamouni un imitateur de Gôtama, le dialecticien, et de l'atomiste Kanâda, bien plutôt que du chef des Sânkhyas. Voir sa *Notice sur les mémoires de Hiouen-Thsang*, p. 36. — Le Rev. K. M. Banerjéa, paraît croire, au contraire, que Gôtama est postérieur à Çâkyamouni. Voir les p. 199-201 de ses *Dialogues on the Hindu philosophy*.

(2) *Ouv. cité*, Avertissement, p. VIII. — Comparez, par opposition, texte, p. 139.

En premier lieu, M. Barthélemy Saint-Hilaire oppose que si le Nirvâna des Bouddhistes n'est pas autre chose que l'absorption brahmanique de l'âme humaine en Dieu, dans l'esprit universel et infini, dans l'âme du monde, le Bouddhisme n'a plus de raison d'être, et sa réforme n'a plus de sens, en ce qui concerne le *Nirvâna* bien entendu; « car alors, ajoute-t-il, on ne voit plus ce qu'il
» est venu réformer, s'il a donné de la destinée de l'hom-
» me, après la mort, la même solution précisément que
» le Brahmanisme en donnait avant lui (1). » Mais l'auteur paraît oublier, en cet endroit, que tous les Brahmanes, tant les orthodoxes que les rationalistes, réservaient la délivrance finale aux ascètes de la première caste (2), et laissaient tous les autres mortels rouler éternellement dans le cercle mobile des transmigrations; que, de plus, ils n'accordaient guère aux membres des castes subalternes ou mélangées que des renaissances peu attrayantes, malgré leur bonne conduite religieuse ou morale (3).

Le but de Çàkyamouni était plus grandiose, plus libéral, plus humanitaire. Avant tout, il voulait éclairer, instruire, moraliser les classes inférieures de la société indienne, à peu près délaissées par le Brahmanisme tout entier (4), et communiquer aux hommes de bonne volonté, sans distinction de rang, de caste, de condition et même de nationalité, les moyens d'atteindre, après la

(1) *Ouv. cité.* Avertissement, p. V.
(2) Cela résulte des *Lois de Manou*, I, 98; XII, 81-93 et même 125.
(3) Cependant Manou, X, 335, promet une naissance plus relevée au Çoudra qui s'attache spécialement au service d'un Brâhmane.
(4) Eug. Burnouf, I, p. 217.

mort, à ce qu'il croyait être le bonheur suprême : « sa
» mission était de sauver le genre humain et les créa-
» tures, ou mieux encore les êtres et l'univers entier,
» depuis les plus élevés des dieux jusqu'aux hommes les
» plus dégradés » (1). Il venait publier *la loi de grâce
pour tous* (2). M. Barthélemy Saint-Hilaire convient
de tous ces points. Il reproche même au Bouddhisme d'avoir aboli les trois castes privilégiées (3)
pour en créer une autre en place de la première, c'est-
à-dire pour fonder un ordre immense de religieux,
d'ascètes, de contemplatifs, de moines-mendiants, pris
dans toutes les classes sans distinction, mais placés par
lui au rang de Brâhmanes (4). Çâkyamouni voulait en
faire des saints comme lui-même était saint ; car la vie
religieuse était son idéal, et un idéal qu'il a seul rempli dans toute son étendue (5).

En second lieu, il n'est pas exact de prétendre que les
Indiens et les peuples qui les entourent abhorrent la vie
autant que la chérissent toutes les autres nations du
monde (6). Les Védas (7), les Lois de Manou (8), le

(1) *Ouv. cité*, p. 79 et 91.
(2) *Ouv. cité*. p. 111. — Eug. Burnouf, I, p. 198-9.
(3) Celles des Brâhmanes ou prêtres, des Kchattriyas ou guerriers, et des Vâicyas ou laboureurs et marchands, appelés tous *dwidjas*, les régénérés par l'initiation, quoiqu'à divers degrés.
(4) *Ouv. cité*, p. 152.
(5) *Ibid*, p. 88.
(6) *Ibid*. Avertissement, p. XXIII-XXV, *Journal des savants*, année 1855. p. 126, et *Mémoire sur le Sânkhya*, p. 171-2.
(7) *Rig-Véda-Langlois*, IV, p. 161, st. 3 et 4. — Comparez, chez les Hébreux, l'*Ecclésiaste*, IX, 1-10.
(8) Voir II, 224, la discussion sur le souverain bien dans ce monde.

Râmâyana (1), le Mahâbhârata (2), et les Mémoires de Hiouen-Thsang (3), témoignent hautement du contraire. Les Soûtras bouddhiques, moins explicites peut-être, nous montrent pourtant qu'il faut aux ascètes de grands efforts, des efforts héroïques, pour renoncer à l'idée de la vie phénoménale, de la renaissance sous une forme ou sous une autre dans l'un des trois mondes de la terre, de l'atmosphère ou du ciel, parmi les hommes, parmi les génies bienfaisants, parmi les dieux (4).

Troisièmement, c'est pousser bien loin l'exagération que de dire : « l'idée de la transmigration poursuit tous » les Orientaux comme un épouvantable fantôme. Il faut » à tout prix éloigner cette hideuse image ; et le Brah- » manisme tout entier s'est appliqué à trouver les » moyens de la délivrance avec autant de ferveur qu'en » a eu plus tard le Bouddha. La seule différence, c'est » le choix des moyens ; mais le but est absolument le » même » (5). La vérité est que si le dogme indien de

---

(1) Voyez l'extrait donné par M. Edgard Quinet, *Génie des Religions*, p. 216-7.

(2) Voir les onze épisodes récemment traduits par M. Ph. Ed. Foucaux, p. 277, 285-6, Paris, 1862, in-8°.

(3) *Histoire de la vie de Hiouen-Thsang et de ses Voyages*, etc. traduction de M. Stan. Julien, p. 99.

(4) Voir notamment les textes traduits par Turnour et par Eug. Burnouf, dans les deux ouvrages de ce dernier, I, p. 79, note 2, et II, p. 290-1 et 300. Le *renoncement à l'idée de la vie*, qu'Eug. Burnouf ne songe pas à expliquer, ne peut s'entendre dans ces textes que de la vie phénoménale, de la vie relative ou complexe en corps et en âme, soit comme homme, soit comme *déva*.

(5) *Le Bouddha et sa Religion*, Avertissement, p. XXIII-IV, texte, p. 166.

la transmigration des âmes fait peur aux méchants et aux impies qu'il menace d'être ravalés à des conditions intolérables, en revanche il console les dévots et les justes en leur faisant espérer, après la mort, des destinées meilleures, et même, en certains cas, l'accès des demeures célestes, plus nombreuses encore et surtout plus accessibles dans les légendes bouddhiques que dans les livres indiens antérieurs. Aussi le Bouddha, qui se faisait tout à tous, comme saint Paul, promettait-il aux laïques vertueux qu'ils auraient place dans ces fortunés séjours (1), au lieu de renaître, comme le voulait le Brahmanisme, soit dans leur ancienne caste, soit seulement dans la caste immédiatement supérieure, et cela après maintes existences nouvelles (2); car l'orthodoxie brahmanique n'ouvrait guère qu'aux *Dwidjas* ou régénérés des trois premières castes, les portes de ses *svargas* ou paradis (3). Pour excuser sa sévérité envers les autres, elle leur faisait croire que le fardeau des fautes par eux commises dans leurs existences antérieures pesait de tout son poids sur leur vie actuelle et leurs futures destinées; mais le Bouddha, tout en acceptant les prémisses, en tirait une conclusion différente en faveur de ceux qui se convertiraient à sa loi (4).

(1) Eug. Burnouf, I, p. 282; II, p. 77-89, p. 99, et. 10, et p. 114-6.

(2) Voir les développements donnés par feu M. le baron d'Eckstein, dans sa *Notice sur les Mémoires de Hiouen-Thsang*, traduits par M. Stan. Julien, p. 31.

(3) Voyez *Lois de Manou*, XII, p. 20, 40, 47, 50 etc.

(4) Voyez sa conférence avec le roi parricide Adjâtaçatrou, soit dans Eug. Burnouf, II, p. 452-62, soit dans le *Bouddha et sa Religion*, p. 103-4. — La conversion de ce Râdja fut aussi avan-

En quatrième lieu, il est vrai que la libération finale a toujours été le rêve des ascètes de l'Orient, et sa recherche leur plus grande occupation ; mais ces contemplatifs sont loin d'y être en majorité. Le Bouddha, quoiqu'il ne fût pas de la première caste, était ascète, et il pouvait l'être à titre de fils de roi, surtout dans le Magadha, frontière extrême, où la caste des Brahmanes ne dominait pas autant (1) que dans le *Brahmavarta*, limité par les deux rivières divines de Sarasvatî et de Drichadvatî, coulant l'une au N. O. et l'autre au N. E. de Dehli (2). Le grand but, pour ne pas dire l'idée fixe de ce héros de l'ascétisme indien, était de créer des ascètes dans toutes les classes sans exception, partout où il pourrait porter ses pas. Il y parvint, après une longue carrière, à l'aide de la prédication, moyen inusité jusqu'alors dans l'Inde, mais à la fois nécessaire et efficace pour la propagation de sa doctrine au sein des populations illétrées auxquelles il s'adressait de préférence. Aussi, eut-il encore ceci de commun avec le Christ, qu'il n'a rien laissé par écrit. Ce sont ses disciples, après son entrée dans le Nirvâna, qui ont fixé par l'écriture ses aphorismes, ses sentences, ses paraboles, ses discours, sous le titre de *Soûtras* ou fils conducteurs (3), puis ses prodiges et ses miracles entremêlés de maximes morales, sous le titre d'*Avadânas* ou légendes.

Le Bouddha, il faut le reconnaître, imposait à

tageuse à la religion naissante que celle de l'empereur Constantin au christianisme adulte, toutes proportions gardées.

(1) Voyez là dessus A. Weber, *Histoire de la Littérature indienne*, trad. Sadous, p. 111.

(2) Voir *Lois de Manou*, II, 17, avec la note du traducteur français.

(3) Sans. *Sûtram*, plur. *Sûtrâni*, lat. *Sutura*, plur. *Suturæ*.

ses adeptes des conditions tellement dures, que la
minorité seule était capable et digne d'entrer dans son
Nirvâna au prix qu'il y mettait. D'ailleurs, il devait y
avoir nécessairement plus d'appelés que d'élus ; car
l'idée de la délivrance finale, jusque-là concentrée dans
les deux premières castes, celles des Brahmanes et des
Kchattriyas, ne préoccupait que les esprits blasés, délicats, nonchalants, oisifs, désabusés du monde, pour
lesquels toute vie active, quelque douce qu'elle fût,
paraissait pesante, et qui, la paresse, le régime et
surtout le climat aidant, se trouvaient naturellement
portés au mysticisme, à la rêverie, à la contemplation,
à l'extase, ce souverain bien des désœuvrés de l'Inde.
Aujourd'hui encore, les Brahmanes anachorètes se montrent fatigués des beautés d'une nature luxuriante et
enchanteresse : aspect uniforme les ennuie et leur fait
préférer le repos le plus absolu aux plus splendides
paradis (1).

Il paraît que jusqu'à l'avénement du Bouddhisme, ces
recherches spéculatives, à la fois religieuses et philosophiques, bonnes pour les ascètes et les savants, étaient
demeurées étrangères, comme elles le sont encore de
nos jours, aux masses populaires (2), exclusivement
préoccupées des besoins de la vie, et tenues d'ailleurs
avec intention peut-être, dans une grossière ignorance (3). Le Bouddha, ému d'une immense compassion

(1) Voyez là dessus les judicieuses observations de M. F. Baudry, *Journal de l'Instruction publique*, numéro du 5 novembre
1857, et *Revue Germanique*, II, p. 292, en note.

(2) C'est la pensée même du docte critique, *ouv. cité*, p. 300,
et *Mémoire sur le Sânkhya*, p. 495.

(3) Voir Eug. Burnouf, I, p. 217, et M. Barthélemy Saint-
Hilaire, *ouv. cité*, p. 157.

pour toutes les créatures souffrantes, s'intéressa surtout au sort des malheureux, des faibles, des déshérités. Mais quelque mystique que fût son âme, quelque sévère qu'il se montrât toujours sur le chapitre de la morale, son grand moyen de civilisation, il avait trop de bon sens et de connaissance du cœur humain pour ignorer les inaptitudes de la plupart des gens du peuple à comprendre, à pratiquer ses doctrines transcendantes. Aussi n'imposait-il pas aux laïques, vivant dans le siècle, des règles de conduite aussi sévères, aussi nombreuses qu'à ses religieux (1). Par les mêmes raisons, il promettait bien aux premiers, pour l'autre monde, des destinées meilleures que celles qui leur étaient annoncées par l'orthodoxie brahmanique; mais il ne leur révélait pas, comme aux seconds, les mystères, les joies, les délices, l'éternelle quiétude de son Nirvâna (2).

Le Bouddha s'occupa d'abord de former des religieux; les laïques n'eurent leur tour qu'en seconde ligne. Philosophe indépendant, mais plus moraliste que métaphysicien, il eut sur ses devanciers un grand mérite,

(1) Abel-Rémusat, *Foé Koué ki*, p. 117 et suiv., Eug. Burnouf, II, p. 116-96, et M. Barthélemy Saint-Hilaire, *ouv. cité*, p. 81-93, ont donné deux listes plus ou moins étendues des devoirs applicables aux uns ou aux autres.

(2) Cette différence est authentiquement démontrée par les fameuses inscriptions du roi bouddhiste Açôka Piyadasi, qui paraît avoir régné sur l'Inde entière, de l'an 263 à l'an 226 avant J. C. — M. A. Weber, dans ses *Indische skizzen*, traduites en ce point par M. F. Baudry, dans la *Revue Germanique*, IV, p. 151, octob. 1858, a fait voir que l'espèce de prédication générale que ce monarque adressait au peuple entier dans sa langue, ne recommandait à la généralité de ses sujets que l'exercice des vertus pratiques, et ne leur promettait en retour que leur bien-

celui de mettre la vertu bien au-dessus de la dévotion, de la science et de la dialectique, prônées d'une manière outrée : la première par les Orthodoxes, la seconde par les Sânkhyas et la troisième par les Nyâyistes. Il fut un grand révolutionnaire en religion tout d'abord, et par contre-coup en politique. Kapila, son prédécesseur et son guide, s'était contenté de faire école pour les étudiants en théologie ; le Bouddha, plus entreprenant, fit secte parmi les gens du peuple. En effet, prêcher l'égalité et la fraternité de tous les hommes en face des Brahmanes, intolérants et superbes, qui se croyaient des dieux humains (1), c'était miner par sa base le régime odieux des castes ; c'était en même temps exposer lui-même, ses disciples et leurs successeurs, à des luttes incessantes dont pourtant ils sortirent victorieux au point que des pèlerins chinois, Fahien et Hiouen-Thsang, les trouvèrent partout triomphants dans l'Inde, aux V⁰ et VII⁰ siècle de notre ère (2).

être *dans ce monde et dans l'autre*, c'est-à-dire pour leurs renaissances ultérieures, sans parler expressément du Nirvâna dont l'obtention exigeait l'accomplissement de devoirs bien plus rigoureux. On peut voir d'ailleurs sur le contenu de ces édits royaux, les extraits donnés tant par Eug. Burnouf, II, p. 652-780, que par M. Barthélemy Saint-Hilaire, *ouv. cité*, introd., p. XXV-VIII, et texte, p. 107-16.

(1) *Lois de Manou*, I, p. 93-102.

(2) Voir le *Bouddha et sa Religion*, p. 189, 299, 300, et Comp. *Ibid*, p. 116-9. — L'auteur semble se contredire au sujet tant des prévisions du Bouddha sur la portée de son enseignement que de la survenance des luttes qu'il eut à essuyer. Comparez avertissement, p. III-IV, et texte p. 43-4.

Cinquièmement, le prétendu athéisme des premiers Bouddhistes, sur lequel on insiste tant (1), et leurs rapports avec les Sânkhyas athées ont peut-être ici, je veux dire en ce qui concerne la délivrance finale, une portée toute différente de celle qu'on leur attribue. En effet, aux époques où Kapila et Çâkyamouni enseignaient, le culte de Brahma neutre était purement ésotérique ou mental, et concentré dans la caste des Brahmanes. On laissait les autres castes s'égarer dans les dédales du polythéisme védique, même celles des Vâiçyas et des Kchattriyas, quoique dites régénérées par l'initiation, et les Brahmanes eux-mêmes donnaient l'exemple en présidant aux principales cérémonies du culte religieux. Or, ces deux philosophes admettaient sans difficulté tous les Dévas du Panthéon indien (2). Si donc ils étaient foncièrement athées, comme on le croit généralement, en d'autres termes, s'ils n'admettaient pas l'existence soit d'un être suprême caché dans le sein de ses ineffables profondeurs, soit plutôt d'un Dieu souverain, à la fois créateur et providence du monde (3), il faut reconnaître qu'ils ne parlaient pas des autres dieux autrement que leurs contemporains. Ensuite, le grand Brahma neutre,

(1) *Ouv. cité*, avertissement, p. V, XI, XVII, introd., p. V, texte, p. 139, 164-5, 168, 171, 178 et 180.
(2) *Mémoire sur le Sânkhya*, p. 199.
(3) La différence établie par l'orthodoxie Brahmanique entre Brahma neutre ou *Paramâtman*, l'âme suprême, et Brahmâ masculin ou *Djîvatmâ*, l'âme vivifiante, appelé encore *Pitâmahâ*, le grand-père de tous les êtres, suffit pour expliquer l'alternative posée dans le texte. Je reviendrai là-dessus à la fin des chapitres relatifs au Nirvâna.

adoré en silence par les Brahmanes seuls, était à la fois esprit et matière, cause et effet, agent et patient, immuable et mobile, substance et phénomène, absolu et relatif, cause efficiente en même temps que cause matérielle des créations et des destructions périodiques de l'Univers (1). En deux mots, c'était un Dieu impersonnel, c'était le Dieu-monde, ou le Grand-Tout. Considéré à tous les points de vue, cet immense être androgyne ne pouvait guère convenir ni au chef des Sânkhas qui venait de proclamer la distinction capitale de l'esprit et de la matière, de l'âme et du corps, ni par conséquent au fondateur du Bouddhisme, son disciple, né à Kapilavastou (séjour de Kapila), près de l'ancien hermitage de cet illustre anachorète qui passait pour un Dieu dans tout le Magadha (2). Kapila et Çakyamouni, tout préoccupés qu'ils étaient de la délivrance finale, ce but essentiel et presque exclusif de leurs instructions, nourrissaient probablement à ce sujet la même pensée que M. Barthélemy St-Hilaire. Ils pouvaient croire qu'imiter les Brahmanes orthodoxes qui, pour soustraire leurs ascètes à la métempsychose, les faisaient absorber dans l'âme du monde, comme les gouttes d'eau dans un lac, c'était anéantir leur personnalité, et professer, en

(1) Voir, entre autres, Colebrooke, *Misc Essays*, I, p. 52, 57, 76, 310, 317, 371 et suiv., et Fr. H. H. Windischmann, *Sancara*, etc., p. 132-51.

(2) Sur le lieu de naissance de Çakyamouni, voir le *Bouddha et sa Religion*, p. 3-4 avec la note, et mieux encore le *Journal des Savants*, année 1854, p. 355 avec la note 1, ou Eug. Burnouf, I, p. 143, et Lalita-Vistara-Foucaux, p. 31, et sur la déification de Kapila, le *Mémoire sur le Sânkhya*, p. 356, ou Colebrooke, *Misc. Essays*, I, p. 230.

réalité le vrai néant de l'âme individuelle (1).

Il y a plus : à ces deux époques, l'orthodoxie brahmanique était ici en défaut sur un point important. Elle n'osait pas encore affirmer que l'absorption dans le *Grand-Tout* serait absolue et définitive : son éternel et suprême Brahma neutre se faisant un jeu d'agir avec les êtres émanés de lui comme l'araignée avec les fils de sa toile, c'est-à-dire de les faire sortir de son sein et de les y faire rentrer tour-à-tour durant des périodes immenses sans doute, mais non pas éternelles (2). On conçoit sans effort que le chef des Sânkhyas ait repoussé à la fois ce dieu panthée et cette délivrance insuffisante (3), lui qui voulait une séparation éternelle de l'esprit d'avec la matière, de l'âme d'avec le corps. On sait en effet que, pour atteindre ce but, il commençait par poser deux grands principes des choses : l'un purement spirituel, mais multiple et individuel, appelé *Pouroucha*, l'esprit, ou *Atmâ*, l'âme, et l'autre purement matériel, mais universel, nommé *Prakriti*, la nature, ou *Pradhânam*, le primordial, et investi de tous les attributs physiques de Brahma neutre, avec lequel il semblait le confondre (4); qu'ensuite il osait avancer que si les Védas font mention de l'*Atmâ* ou du *Pouroucha* au singulier, ce n'est pas

(1) Le *Bouddha et sa Religion*, Avertissement, p. VI.

(2) Voyez *Lois de Manou*, I, 51-7; 68-78.

(3) Voir pour celle-ci la *Sânkhya-Kârikâ* de Wilson, st. 15 et 68, ou le *Mémoire sur le Sânkhya* de M. Barthélemy Saint-Hilaire, p. 319-21; 350-8.

(4) Le commentaire indien de Gaurapâda le nomme *Brahma* sur la st. 22 de la *Sânkhya-Kârikâ*, p. 78, de même qu'en revanche l'*Amara-kocha*, I, p. 313, lig. 6, de l'édition française, applique à Brahma ou à *Parmâthmâ* le titre de *Pradhânam*.

pour désigner un seul esprit universel, répandu partout comme la nature absolue, cause du monde, mais seulement pour indiquer l'identité générique de toutes les âmes (1); qu'enfin il insistait sur la multiplicité, l'individualité, la spiritualité de son Pouroucha éternel, indivisible, inaltérable, infini, etc., dans la crainte sans doute qu'on ne le confondît avec le *Pouroucha* universel des orthodoxes, autrement dit avec l'impersonnel Brahma neutre. Dès lors on doit comprendre avec la même facilité que le Bouddha, instruit à l'école fondée par ce grand maître, ait très bien pu suivre son exemple. En résulte-t-il que ces deux sages entendaient placer le bonheur suprême dans l'anéantissement total des ascètes délivrés, et cela parce qu'ils enseignaient: l'un leur éternelle isolation (kaivalyam) de la nature (Prakriti), et l'autre leur éternelle extinction (Nirvânam), soit dans la vacuité complète (Çounyatâ), soit dans le vide absolu (Çounyam)? Il est très-permis d'en douter quand on voit un autre chef d'école, Gôtama, le fondateur du système Nyâya ou de la dialectique, parler à son tour d'un éternel abandon (Apavargam) des liens du monde, comme s'il eût songé à réunir les âmes affranchies non pas à l'âme suprême (Paramâtman), que pourtant il paraissait admettre à l'exemple des autres Brahmanes orthodoxes, mais bien dans quelque séjour extrà-mondain placé en dehors du *Brahmalôka*, ou paradis de Brahma neutre (2).

On sait, et le docte critique le reconnaît, après Eug.

---

(1) Colebrooke, *Misc. Essays*, I, p. 267-8. — Barthélemy St.-Hilaire, *Journal des savants*, année 1853, p. 201 et 341. — Voir aussi *du Nirvâna indien*, p. 19-50.

(2) *Ouv. cité*, Avertissement, IV-V.—Eug. Burnouf, I, p. 210. — Comp. Colebr. *Misc Essays*, I, p. 370 et 376.

Burnouf, que c'est postérieurement aux siècles de Kapila et de Çâkyamouni que les partisans orthodoxes de la Mîmânsâ et du Védânta, éclairés par les objections des Sânkhyas et des Bouddhistes, songèrent de leur côté à éterniser l'absorption de leurs ascètes dans Brahma neutre (Brahmabhoûyam ou Brahmasâyoudjyam). Eh bien ! après ces rectifications, il apparut clairement que si l'athéisme, tel que l'entend notre philosophie spiritualiste, était au fond des doctrines du Sânkhya pur et du Bouddhisme primitif, ce qui paraît quelquefois douteux à M. Barthélemy Saint-Hilaire lui-même, en ce sens du moins qu'il ne s'y montre pas à découvert (1), cet athéisme, réel ou présumé, pourrait en être détaché sans que ces doctrines en souffrissent, même dans la partie qui concerne la délivrance finale. De l'un en effet est née l'école théiste de Patandjali, appelée le *Sânkhya-yôga*, et de l'autre l'école également théiste des *Aiçvarikas*, toutes deux admettant un grand Dieu *Içvara* (souverain), à la fois créateur et directeur de l'univers (2), toutes deux aussi parlant : la première d'une extinction dans Brahma (*Brahma-Nirvânam*) (3), et la seconde d'une extinction (*Nirvânam* tout court) dans le sein d'un

---

(1) *Ouvr. cité*, p. 179-80. Mais à l'en croire, Çâkyamouni et le Bouddhisme tout entier ignorent Dieu complètement, voir avertissement, p. V, introd., p. IV, texte, p. 165, 168, 171, 178-9. — M. Barthélemy Saint-Hilaire aurait-il oublié, à l'égard du premier, le texte cité par Colebrooke, *Misc. Essays*, I, p. 252, et à l'égard du second, le texte cité par Eug. Burnouf, II, p. 192 ?

(2) Pour la première, voyez Colebrooke, *Misc. Essays*, I, p. 241, 251, etc. et pour la seconde, Eug. Burnouf, I, p. 411-2 et 573.

(3) *Bhagavad-Gîtâ*, II, 72; V, 24, dans Bopp, *Vocab. sansc.*, p. 198, *initio*.

Adibouddha ou Bouddha primordial qui, de l'aveu du savant critique, fut imaginé vers les premiers temps de notre ère et qui se rapproche beaucoup de la notion d'un être suprême (1). Dira-t-on pour cela que ces deux écoles reniaient les principes de Kapila et de Çâkyamouni dont elles se font gloire d'être issues ? N'en doit-on pas induire au contraire qu'elles n'ont fait qu'interpréter d'une façon plus déterminée, l'une la solitude (Kaivalyam), et l'autre la vacuité (Çounyatâ), dans lesquelles ces deux chefs placent les âmes affranchies ? (2)

Sixièmement enfin, M. Barthélemy Saint-Hilaire attache une telle importance à ce qu'il nomme l'athéisme instinctif et spontané des anciens Bouddhistes, que cette préoccupation l'entraîne à soutenir qu'ils n'ont pas divinisé le Bouddha (3), et que si leurs successeurs l'ont fait dans les pays du Nord, tels que le Népâl, le Tibet et la Mongolie, ceux du Sud et de l'Est, c'est-à-dire de Cey-

---

(1) *Ouv. cité.* Avertissement, p. XI. — L'auteur paraît suivre ici l'opinion de M. Ch. Lassen, *Indische Alterthumskunde*, II, p. 819-50, 1081; III, p. 381-5. Mais le savant indianiste de Bonn, par suite des objections de M. A. Weber, a reconnu depuis, *ouv. cité*, III, p. 1193-4, que les inscriptions barbares des rois Tourouchkas, sur lesquelles il se fondait, paraissent s'appliquer, non pas au mythique Adibouddha du Népâl, imaginé seulement au X° siècle de notre ère, selon Ksoma de Korös, mais bien à Çâkyamouni lui-même, représenté comme le plus *grand dieu* et comme le plus parfait modèle de la vie ascétique.

(2) Ces considérations me paraissent suffisantes pour montrer que l'accusation d'athéisme est peut-être plus favorable que nuisible à la thèse spiritualiste que je persiste à soutenir. Ce sont des points de repère auxquels je reviendrai nécessairement dans les chapitres ultérieurs.

(3) *Ouv. cité*, introd., p. V, texte, p. 168-70.

lan, du Birman, de Siam et même de la Chine, s'en sont abstenus jusqu'à nos jours (1). Ces assertions auraient grand besoin d'être justifiées autrement qu'elles ne le sont. Elles me paraissent contredites par les livres bouddhiques sur lesquels on prétend les appuyer (2).

Voici d'abord le langage que font tenir au Bouddha lui-même les Soûtras les plus accrédités tant du Sud ou de Ceylan, que du Nord ou du Népâl : « Passé à l'autre « rive, c'est-à-dire ayant traversé l'Océan des douleurs « ou du monde (3), j'y fais passer les autres ; délivré, « je délivre ; consolé, je console ; arrivé au grand Nir- « vâna complet, j'y conduis les autres. Avec mon intel- « ligence absolue, je connais parfaitement tel qu'il

(1) *Ouv. cité*, avertissement, p. XI, et *Compte-rendu des travaux et séances*, etc., p. 350.

(2) Elles le sont aussi par les médailles des rois Tourouchkas, mentionnées à la note 1 de la page précédente et datant du premier siècle de notre ère. Çâkyamouni y est qualifié *Odi-Bod* et *Odyo-Boda*, en sanscrit *Adi-Bouddha, Adya-Bouddha, premier Bouddha, Bouddha suprême*, par comparaison soit aux Bouddas antérieurs, soit à Brahmâ et à Indra, dieux souverains, l'un des Brahmanes, et l'autre des Kchattriyas, au-dessus desquels les légendes bouddhiques se plaisent à le placer.

(3) En Sanscrit *Pâramitah*, lat. *transgressus*, « qui est allé au-delà » expression mystique employée par les Brahmanes aussi bien que par les Bouddhistes, pour désigner celui qui a obtenu la délivrance finale. Voir Eug. Burnouf, I, p. 413, avec la note, et II, p. 511-5, et Ph. Ed. Foucaux, *Lalita-Vistara*, p. 19 et 360 — Comp. *Lois de Manou*, IV, 191, et IX, 161. — Les Perses disaient dans un sens analogue : « qui a traversé le pont *Tchinevad*, » placé entre le Douzakh (l'enfer) et le Berezat (le paradis).—Dans la parabole évangélique du Lazare et du Riche (St-Luc, XVI, 26), un abîme infranchissable sépare l'enfer du *sein d'Abraham*.

» est ce monde-ci et l'autre monde ; je sais tout, je
» vois tout. Accourez tous à moi, Dêvas et hommes,
» pour entendre la loi. Je suis celui qui montre le che-
» min, le connait, l'enseigne et le possède parfaite-
» ment » (1). Ajoutons que les Soûtras donnent assez
souvent à Çàkyamouni et même lui font prendre le titre
de *Srayambhoû* ou *d'être existant par soi-même* (2), réservé
par le Brahmanisme à désigner l'être suprême ; qu'en
outre les litanies bouddhiques tant du Sud que du Nord
le qualifient : « Dieu des Dieux, Indra des Indras, Brah-
» mà des Brahmàs, seul libérateur, précepteur des trois
» mondes, etc. » (3) ; qu'au Tibet et dans la Mongolie, il
est assimilé à Brahma neutre (4) ; que les Pourânistes

(1) Voyez le *Lotus de la Bonne Loi*, et le *Djina-Alamkàra* du Sud, dans Eug. Burnouf, II, p. 76 et 376 ; le *Lalita Vistara*, dans Ph. Ed Foucaux, I, p. 115 et 287 ; le *Foé koué ki*, p. 5, 6, 25 et 109, et Abel Rémusat, *Nouveau Journal Asiatique*, VII, p. 249-50. — M. Barthélemy Saint-Hilaire n'a point relevé ce texte embarrassant. M. Koeppen, plus hardi, prétend qu'il ne faut pas se laisser leurrer par des phrases pompeuses (*Die Religion des Bouddha*, p. 219). L'assertion me paraît bien hasardée, pour ne pas dire plus.

(2) Voir le *Lotus de la Bonne loi*, avec la note d'Eug. Burnouf, II, p. 68, 282 et 336-7 ; le *Lalita-Vistara*, trad. Foucaux, p. 116 et 262. — Même *Lalita*, trad. de Radjèndra-Lâl-Mittra, p. 275, ligne 11, et p. 277, ligne 2, d'après la bienveillante communication de M. Foucaux.

(3) Spence Hardy, *Manual of Buddhism*, p. 36. — Ici M. Kœppen, *ouv. cité*, p. 130, convient que ces épithètes très-significatives semblent impliquer la divinisation du Bouddha.

(4) Voir les *Souvenirs d'un voyage dans la Tartarie, le Thibet et la Chine*, par M. Huc, missionnaire lazariste, II, p. 118 et 310.

indiens le considèrent eux-mêmes comme une incarnation de leur grand dieu Vichnou, bien qu'ils le prennent en mauvaise part (1); qu'enfin, après son entrée dans le Nirvâna et même durant sa vie, ses disciples ont rendu à sa cendre ou à sa personne, des honneurs inusités jusqu'alors dans l'Inde, comme on eût fait ailleurs à un dieu fait homme par théophanie ou à un homme devenu dieu par apothéose (2).

Ces faits et beaucoup d'autres que je néglige (3), me paraissent répondre suffisamment à l'imputation vingt fois répétée d'athéisme faite aux anciens Bouddhistes pour un temps et pour un pays où, comme dirait ici le grand Bossuet, tout était Dieu, excepté Dieu lui-même.

(3) Voyez M. A. Langlois, *Chefs-d'œuvre du Théâtre indien*, table alphabétique, au mot *Bouddha*, II, p. 400-1.

(1) Voyez sur ces honneurs presque divins, Eug. Burnouf, I, p. 264-5 et 348-57.

(3) M. Barthélemy St.-Hilaire, dans le texte de son *Ouv. cité*, au ch. 2e, intitulé *Légende du Bouddha*, p. 48-64, en a lui-même extrait un grand nombre. Les Mémoires de Hiouen-Thsang, traduits par M. Stan. Julien, en renferment aussi plusieurs.— Voyez, entre autres, la légende des trois escaliers précieux bâtis dans le royaume de Kapitha, pour Indra, Bouddha et Brahmâ, (dans le t. II de ces Mémoires, p. 237-9). Je reviendrai là-dessus au chapitre dernier, à propos de la connaissance qu'on avait à Édesse et à Alexandrie de la divinité du Bouddha, au 3e et même au 2e siècle de notre ère.

III.

De la nature de l'âme selon les Bouddhistes.

Recherchons maintenant si l'accusation d'aveugle ou d'étroit matérialisme (1) est mieux fondée. C'est la plus grave à mes yeux; car si dans la philosophie indienne, bien différente en ce point de la nôtre, l'athéisme n'implique pas l'anéantissement de l'âme humaine après la mort, il en serait tout autrement du matérialisme absolu. Entre ces deux extrémités, il y a place pour l'idéalisme, c'est-à-dire pour la confusion instinctive et spontanée de l'esprit et de la matière, avec prédominance du premier sur la seconde. Or, il est reconnu que les anciens sages de l'Inde se sont arrêtés durant nombre de siècles à ce *mezzo-termine* bâtard, jusqu'à ce que, subtilisant de plus en plus, ils en soient arrivés à immoler entièrement la seconde au premier. Le Bouddhisme a peut-être préludé à cette immolation tardive. En effet, je le crois toujours beaucoup plus spiritualiste au fond que matérialiste, et l'imputation de Nihilisme, qu'on lui fait également, lui conviendrait mieux, si l'on voulait bien en excepter l'âme et le Nirvâna (2).

(1) *Le Bouddha et sa Religion*, Avertissemnt, p. XXI, texte, p. 161.

(2) Dans le *Journal des savants* de l'année 1858, p. 573, M. Barthélemy Saint-Hilaire, en donnant son adhésion aux idées de M. Spence Hardy, qui sont les siennes mêmes, s'étonne, à la note, qu'on ait prêté à la doctrine Bouddhique un spiritualisme presque aussi pur que le spiritualisme chrétien. J'ose prendre ici ma bonne part de ce reproche indirect.

M. Barthélemy Saint-Hilaire est loin de partager cet avis ; car il n'admet aucune exception. Il impute au Bouddha la même ignorance sur la spiritualité de l'âme que sur l'existence de Dieu. Il reconnaît pourtant que ce sage avait admis le dogme indien de la métempsychose dans son principe comme dans ses conséquences. Ce dogme en effet était trop enraciné dans tous les esprits pour que l'on pût songer à le combattre. D'ailleurs Çâkyamouni avait trop d'intérêt à le maintenir comme base de sa morale pour concevoir un seul instant la pensée de chercher à le détruire. Loin delà, il se servit avec succès de ce levier puissant de moralisation, fourni par le Brahmanisme (1). Au lieu de lui en faire un reproche, M. Barthélemy Saint-Hilaire aurait dû l'en louer, ce me semble, et, par parenthèse, ne pas persister à soutenir qu'il n'y a nulle trace de ce dogme dans les Védas (2).

On sait que, dans l'Inde ancienne aussi bien que dans l'Inde moderne, la métempsychose forme le pivot de la religion brahmanique. Elle forme également celui du Bouddhisme, au Nord, à l'Est et au Sud de l'Hindoustan. Elle suppose que l'homme, être libre et responsable, doit compte de ses actes, et que, selon qu'il aura bien ou mal fait, il doit obtenir des récompenses ou subir des châti-

---

(1) Le *Bouddha et sa Religion*, p. 166-7, 177-8.
(2) *Ouv. cité*, p. 123. Comparez *Journal des savants*, année 1854, p. 113 et 212, et année 1855, p. 46. — M. Kœppen (*Die Religion des Bouddha*, p. 6), prétend que dans ma brochure du *Nirvâna Indien*, p. 12-4, je me fonde mal-à-propos sur un texte obscur du poëte Aryen *Dirghatamas*. Voir le *Véda des Hymnes*, trad. Langlois, I, p. 387, st. 32, où on lit : « Enveloppé dans » le sein de sa mère et *sujet à plusieurs naissances*, il (l'homme) » est au pouvoir de Nirriti » (la déesse du mal).

ments dans l'autre monde (1). Le Bouddha n'avait garde de la contredire. Il s'en prévalut au contraire pour promettre à ses adhérents laïques qui resteraient fidèles à sa loi, des destinées meilleures que celles qui leur étaient réservées par le Brahmanisme. Quant à ses adeptes, les Religieux, il les éleva, sans distinction de castes, au rang des Brahmanes voués à l'ascétisme. En outre, il les astreignit au célibat des élèves en théologie, et fit briller à leurs yeux les délices du Nirvâna. Le docte critique veut qu'il les ait plongés dans les horreurs du néant; mais pour arriver à cette conclusion, il se voit forcé de dire que Çâkyamouni a complétement méconnu la nature, les devoirs, la dignité de la personne humaine. « Il prétendait la délivrer, dit-il, il n'a fait que la » détruire ; il voulait l'éclairer, il l'a jetée dans les plus » profondes ténèbres » (2). Où sont les preuves de cette assertion ?

D'abord, il est reconnu que les Bouddhistes de l'Inde, les premiers en date, ont beaucoup emprunté aux Sânkhyas (3), et qu'à leur tour, les Djâinas restés dans ce pays, y sont les véritables héritiers des Bouddhistes (4). Il est reconnu aussi que les Sânkhyas et les Djâinas, à la différence des Brahmanes orthodoxes plus étroitement

---

(1) Eug. Burnouf, I, p. 152-3, 210-1, 299-300; II, p. 781. — Barthélemy Saint-Hilaire, *Mémoire sur le Sânkhya*, p. 156. — Voir aussi *du Nirvâna Indien*, p. 30-3.

(2) Le *Bouddha et sa Religion*, p. 178.

(3) Colebrooke, Wilson, Eug. Burnouf, Christ. Lassen, A. Weber, Barthélemy Saint-Hilaire, Koeppen, etc. etc., sont unanimes sur ce point.

(4) C'est l'opinion de Colebrooke, *Misc. Essays*, I, p. 378 et suiv.; d'Eug. Burnouf, I, p 293; de Ch. Lassen, *Ind. Alterth.*, IV, p. 588.

engagés dans le panthéisme, admettent l'individualité, la multiplicité, la spiritualité et l'éternité des âmes humaines (1). Dès lors, il semble tout naturel d'en conclure avec Colebrooke et même avec Eug. Burnouf (2), que les anciens Bouddhistes, disciples des Sânkhyas et précepteurs des Djâinas, devaient penser de même que leurs devanciers et que leurs successeurs, en exceptant, bien entendu, les partisans de Nâgârdjouna, tous postérieurs au commencement de notre ère (3).

La conséquence paraît d'autant plus légitime, que M. Barthélemy Saint-Hilaire se prévaut lui-même des intimes rapports de la philosophie de Kapila avec la doctrine de Çâkyamouni. Il loue le premier d'avoir savamment établi une profonde ligne de démarcation entre l'âme et le corps, entre l'esprit et la matière, trop souvent confondus, avant et même après lui, dans les écoles brahmaniques qui se disent orthodoxes. Il déclare nettement que, pour Kapila (il aurait pu ajouter et pour Gôtama (4), la distinction de l'âme et du corps est une conviction aussi profonde que pour Platon et pour Descartes (5). En aurait-il été différemment pour Çâkyamouni ?

(1) Colebr., *Ouv. cité*, p. 211 et 381-2. — MM. Eug. Burnouf, Ch. Lassen et Barthélemy Saint-Hilaire le reconnaissent pour les premiers, sans s'expliquer sur les seconds.

(2) Colebr., *Ouv. cité*, p. 391. — Eug. Burnouf, I, p. 510 et 520.

(3) Voyez ci-dessus chap. I, p. 321.

(4) Les Nyâyistes ou disciples de Gôtama pensent là-dessus comme les Sânkhyas. Voir Colebrooke, *Ouv. cité*, I, p. 267-8, et Barthélemy Saint-Hilaire, *Journal des savants*, année 1853, p. 201.

(5) *Mémoire sur le Sânkhya*, p. 171-3; 365. — Entre Platon et Descartes, on pourrait avec M. Th. Henry Martin (*la vie fu-*

Le docte critique le prétend, et pour le prouver, il s'appuie sur les Soûtras en général, sans néanmoins citer de textes bien précis en dehors de ceux des Nihilistes déjà nommés.

D'abord il conteste au Bouddha jusqu'au faible mérite d'avoir connu ou même soupçonné la distinction la plus simple et la plus vulgaire de l'âme et du corps. A l'en croire, cet élève de Kapila n'aurait jamais séparé l'une de l'autre ni entrevu qu'ils sont différents (1). « L'hom-
» me, à moins qu'il ne suive la voie du Bouddha, dit-il
» à ce propos, renaît tout entier dans telle espèce d'êtres
» ou dans telle autre, suivant ses mérites ; mais il n'y
» a pas eu de destinée spéciale ici pour son âme et là
» pour son corps (2). L'âme a transmigré dans un

―――

ture, p. 582-3), placer hardiment saint Grégoire de Nysse et saint Augustin, sans parler de quelques autres pères de l'Eglise, tels que le très-savant Origène, saint Hilaire de Poitiers, saint Ambroise et saint Cyrille d'Alexandrie, lesquels, comme Kapila et Leibniz, pensaient que les âmes des hommes et celles des anges sont revêtues d'un corps subtil, c'est-à-dire composées d'une intelligence et d'un organisme. Voir ci-après la note 3 de la seconde page ci-après.

(1) *Le Bouddha et sa Religion*, p. 161.

(2) Ces destinées différentes du corps et de l'âme *dans l'autre monde* ne seraient pas à l'avantage du Brahmanisme. Après le brûlement ou l'inhumation du corps, ses diverses parties retournent aux éléments d'où elles ont été tirées, comme le dit déjà un chantre Védique. Voir le *Véda des Hymnes*, trad. de feu M. Langlois, IV, p. 157, st. 4-9; c'est le sort commun des êtres détruits. Eh bien ! un texte des *Lois de Manou*, II, p. 28, porte que « l'étude du Véda, les observances pieuses... et les sacrifices solennels préparent le corps à l'absorption dans l'Etre divin, littéralement rendent le corps *Brahmyen*

» autre corps, c'est vrai ; mais elle n'est pas plus dis-
» tincte de ce corps nouveau qu'elle ne l'était de l'an-
» cien ; *elle ne vit jamais sans lui*, même dans ce fameux
» ciel du *Toushita* où trônent les dieux du panthéon
» brahmanique, pêle-mêle avec les Bodhisattas innom-
» brables qu'y a joints la superstition des Bouddhis-
» tes » (2).

J'avoue qu'en dépit de tous mes efforts, je ne parviens pas à comprendre comment une âme qui a transmigré d'un corps dans un autre ne serait pas plus distincte du nouveau qu'elle l'aurait été de l'ancien. De deux choses l'une : ou l'âme n'est qu'une modification, une qualité, une faculté du corps humain, ou bien elle constitue une substance spéciale, distincte et séparée. Au premier cas, elle naît et meurt avec chacun des corps qui l'acquièrent ou qui la perdent : on ne peut pas dire

---

ou propre à Brahma (Sanscr. *Bráhmiyam Kriyaté Tanuh*). Ce texte est évidemment conçu dans le sens du panthéisme. Comme le rédacteur de ces lois dit *in fine* (XII, 125) que « l'homme
» (partout ailleurs le Brahmane) qui reconnaît dans sa propre
» âme, l'âme suprême présente dans toutes les créatures, se
» montre le même à l'égard de tous, et obtient le sort le plus
» heureux, celui d'être à la fin absorbé dans Brahma, » il en résulte que ce bienheureux *s'identifie* tout entier avec le *Grand-Tout*, savoir : son corps avec le corps du Grand-Tout qui renferme tous les corps, et son esprit avec l'esprit du Grand-Tout qui renferme tous les esprits. Le premier domine éparpillé dans le monde d'en-bas, formé d'une matière plus ou moins grossière ; le second trône dans le monde d'en-haut, formé d'une matière subtile ou plus éthérée ; car Brahma, dans les Oupanichads, est souvent confondu avec l'*Akâça* ou l'élément supérieur de l'éther.

(2) *Ouv. cité*, Avertissement, p. VI.

alors qu'elle *transmigre*. Au second cas, elle existe indépendamment d'eux et sans eux, puisqu'elle passe de l'un à l'autre, comme on quitte un vieux vêtement pour en prendre un neuf; et c'est ainsi que l'entendent tous les partisans du dogme de la transmigration des âmes chez les Indiens soumis à la religion brahmanique, de même que chez les Bouddhistes des contrées voisines (1).

Pour ceux-ci, dit-on, l'âme ne vit jamais sans le corps. Il est évident que l'auteur a voulu dire *sans un corps quelconque*, grossier ou subtil, visible ou invisible, tangible ou insaisissable, comme je l'ai indiqué d'après Eug. Burnouf (3). Il sait mieux que personne

(1) Tel n'est pas l'avis de M. C. F. Koeppen, *Die Religion des Bouddha*, I, p. 302-3, ni celui de MM. Tennent, Spence Hardy et Sangermano qu'il cite. Ces quatre écrivains se prévalent de ce que les Bouddhistes comparent la transmigration soit à une lampe allumée avec une autre, soit à un arbre provenu d'un autre arbre, pour en conclure que, d'après cette doctrine, l'âme actuelle d'un homme n'a pas eu une existence antérieure. Mais déjà M. A. Weber, *Die neuesten Forschungen auf dem Gebiete des Buddhismus*, p. 18, a mis cette théorie en question, et à très bon droit: *Comparaison n'est pas raison*, dit un vieux proverbe, aussi vrai en Asie qu'en Europe.

(2) Du *Nirvâna Indien*, p. 90. — Eug. Burnouf, I, p. 498, 501-2; II, p. 161, st. 19 du *Lotus de la Bonne loi*.

(3) Il l'a complétement prouvé, après d'autres, dans son *Mémoire sur le Sânkhya*, et je me suis également expliqué sur ce sujet dans ma brochure du *Nirvâna indien*, p. 14-20; 61-2; 99-100. Les sages de l'Inde admettaient généralement deux corps pour les êtres animés, un subtil (soûkchma) et un grossier (sthoûla); les Sânkhyas et les Védântistes y joignaient même un rudiment très-subtil, appelé par les premiers *Lingam* et par les seconds *Vidjnânam* ou *Kâranam*, rudiment attaché à l'âme non

qu'il en était de même pour les Sânkhyas, pour les Nyâyistes et pour les Védântistes, tant que l'ascète n'avait pas obtenu après la mort la délivrance finale ou l'exemption des renaissances. Or, par cela même que Çâkyamouni admettait la transmigration des âmes, il admettait forcément leur différence d'avec les corps, puisque ceux-ci périssaient tour-à-tour, tandis que celles-là duraient indéfiniment.

Que dans l'exposition des doctrines de leur maître, les anciens apôtres du Bouddhisme, peu lettrés en général et parlant à des auditeurs plus ignorants encore (1), aient souvent mêlé des faits de tous les ordres et négligé de marquer nettement la distinction de l'esprit et de la matière, ou, pour parler d'une manière plus conforme à leurs idées populaires, la distinction des phénomènes extérieurs ou matériels qui tombent sous les sens, d'avec les phénomènes intellectuels ou intérieurs qui échappent aux sens et que conçoit l'intelligence, c'est ce que je reconnais après Eug. Burnouf (2). Mais en revanche, c'est aller beaucoup trop loin que d'en conclure avec M. Hodgson, que, selon le plus grand nom-

---

affranchie de la transmigration, et enveloppé avec elle par le corps subtil, comme celui-ci l'était par le corps grossier. Ces idées ont passé dans le néo-platonisme d'Alexandrie et même dans l'Eglise chrétienne des premiers temps. Au siècle dernier, Leibniz les a adoptées. Voir à ce sujet *la Vie future* de M. Th. Henry Martin, seconde édit., p. 198-9; 282-4; 313-4; 380-1; 485-6; 583-4.

(1) M. Barthélemy Saint-Hilaire le reconnaît. *Ouv. cité,* p. 79-80 et 121-2, après Eug. Burnouf.

(2) Eug. Burnouf, I, p. 484-5.

bre des Bouddhistes (1), l'esprit ne serait qu'une modification de la matière et que l'ordre de l'Univers qui est un, serait l'ordre physique (2) ; car cet étroit matérialisme ne convenait qu'à une fraction de l'école des *naturistes* ou *Srâbhârikas*, partisans de la nature abstraite ou absolue, cause du monde (3).

Je pourrais, à l'exemple de M. Barthélemy Saint-Hilaire, me borner à ces observations générales, sans entrer dans les détails du sujet. Mais les preuves textuelles ne manquent pas, tant que l'on s'arrête aux Soûtras réputés plus anciens d'origine ou plus répandus parmi les populations bouddhiques, en exceptant toujours, bien entendu, les livres des *Srâbhârikas* dont je viens de parler et ceux des *Mâdhyamikas* ou de l'école fondée par Nâgârdjouna, les uns trop matérialistes, les autres trop nihilistes, tous d'ailleurs relativement modernes, et, à ce que je crois, peu goûtés par les bouddhistes orthodoxes. Ainsi, l'on voit dans les anciens Soûtras que les premiers disciples de Bhagavat ou du Bienheureux (c'était le titre populaire du Bouddha), n'hésitaient point à reconnaître dans l'homme un principe pensant qui affirme sa personnalité, en disant *je* ou *moi*. « Ce je ou « moi, ajoutaient-ils, c'est la personne, le *Poudgala* (4). » Le moi (*âtmâ*), ce n'est ni les attributs (*Skandha*), ni « les signes des qualités sensibles (*Ayatana*), ni les éléments (*Dhatu*) ». En d'autres termes, « le moi, comme

---

(1) L'auteur anglais qui écrivait au Népâl, a voulu parler des *naturistes* ou *Srâbhârikas* matérialistes qu'il nomme à l'endroit cité par Eug. Burnouf, et qui paraissent très répandus dans ce pays.

(2) Id. *Ibid.*

(3) Comparez *ibid*, p. 441-2 et p. 633.

(4) Eug. Burnouf, I, p 508-9.

» le remarque très-judicieusement Eug. Burnouf, au-
» quel j'emprunte ces citations, le *moi* n'est pas le corps
» de l'individu qui est composé des attributs intellec-
» tuels, des sens et des éléments » (1). Les mêmes Bouddhistes, à l'imitation des Sânkhyas, faisaient également
dire à leur *Poudgala*, identique au *Pouroucha* de leurs
précédesseurs, en parlant du corps qui le renferme :
« ceci n'est pas à moi : ceci n'est pas moi : ceci ce n'est
pas mon âme même » (2). Ils allaient même plus loin
que les Sânkhyas, et en ce point ils se rapprochaient
des Védântistes, ou plutôt ils préludaient à l'idéalisme
de la philosophie appelée *Mîmânsâ :* ils disaient de l'Univers matériel, qu'il est « passager, misère, vide, non-
» esprit, non-âme, non-substance » (3), c'est-à-dire simple
phénomène, variable et mobile, sans consistance et
peut-être même sans réalité, car, s'ils ne niaient pas précisément l'existence des choses, comme l'ont fait plus
tard l'auteur innommé de la *Pradjnâpâramitâ* et celui
du *Vinaya-Soûtra* que l'on sait être le sceptique Nâgârdjouna, ils ne croyaient point cependant à la permanence
d'aucun de leurs éléments (4). De là ces axiômes : « Au-
» cun phénomène n'a de substance propre » (5)... « Tout

(1) Eug. Burnouf, *Ouv. et lieu cités.*
(2) Id. *Ibid.*, p. 509-10.
(3) C'est une sorte d'acte de foi philosophique que feu Eug.
Burnouf, p. 202-3; 462, 509-10, et II, p. 372, a extraite de divers traités contenus dans l'*Avadâna Çataka* du Népâl.
(4) Eug. Burnouf, I, p. 521. L'auteur y remarque que les
Brahmanes, tout en contestant la réalité du monde extérieur,
admettent son existence passagère. En ce point, ils ne diffèrent
donc pas des Bouddhistes.
(5) *Lalita-Vistara*, trad. Foucaux, p. 321. — La *Pradjnâpâramitâ* a répété dans le même sens : « Tout phénomène est vide »,
dans Eug. Burnouf, I, p. 463.

» composé est périssable ; et comme l'éclair dans le ciel,
» il ne dure pas long-temps » (1)... « Toute condition
» (Dharma) est tout-à-fait vide » (2)... « Au-dedans est le
» vide ; au-dehors est le vide » (3).

Les idéalistes du Bouddhisme indien tenaient-ils le même langage à l'égard du principe pensant? Disaient-ils de lui ce que proclame en thèse générale la *Pradjnâ-pâramitâ*, et ce que répète le *Lalita Vistara* dans une circonstance particulière à propos d'apparitions magiques dont le Bouddha aurait failli être le jouet sans sa présence d'esprit : « La personnalité elle-même est sans substance? » (4). Je réponds hardiment que non. Car ils opposaient la personne qui prononce *je* ou *moi* (aham) au monde matériel qui est *anâtmâ*, non-esprit, non-âme, non-substance. A l'exemple des Sânkhyas, ils considéraient le principe pensant comme existant en soi et par soi de toute éternité, malgré ses pérégrinations forcées dans des corps successifs qui l'enchaînent à la matière, nonobstant même les dégradations, les somnolences, les défaillances qu'il peut y éprouver par suite de ses fautes, de ses vices, de ses chutes.

Eugène Burnouf, ce sagace et profond historien des doctrines bouddhiques les plus anciennes, affirme positivement que leurs promoteurs, à l'exemple des Sânkhyas, admettaient en principe l'existence, la multipli-

(1) Même *Lalita*, p. 172, et *Soûtra de Mândhâtri*, dans Eug. Burnouf, I, p. 81 et 162.

(2) Même *Lalita*, p. 324.—Sur le mot élastique *Dharma*, voyez Eug. Burnouf, I, p. 481.

(3) Même *Lalita*, p. 295.

(4) *Pradjnâpâramitâ*, dans Eug. Burnouf, I, p. 477. — *Lalita Vistara*, p. 295.

cité et l'éternité des âmes (1). Dès lors, ni eux ni leur maître n'avaient pu concevoir la pensée de les anéantir en les faisant entrer dans le Nirvâna pour les soustraire à la loi des transmigrations. En effet, ce qui est éternel, au sens philosophique du mot, peut bien se transfigurer, en apparence du moins, mais au fond ne peut pas périr; autrement il y aurait contradiction dans les termes. Cela est vrai surtout dans des systèmes qui, tels que le Sânkya et le Bouddhisme, supposent que l'âme individuelle (le Pouroucha ou le Poudgala) n'a ni son principe ni sa fin dans un Dieu à la fois créateur et destructeur, et qui proclament comme, axiome irréfragable, que : « ce qui n'a pas d'origine n'a pas de des- » truction » (2).

M. Barthélemy Saint-Hilaire croit sauver la difficulté en alléguant que les premiers Bouddhistes admettaient non *l'éternité des âmes* qui transmigrent, mais *l'éternité des êtres* qui se transforment sans jamais s'annihiler (3). La vérité est que nulle part l'expérience ne nous offre aucun exemple d'anéantissement, à prendre les mots à la rigueur. De telle sorte que la question n'est pas de savoir si l'âme, considérée comme substance. peut s'anéantir, mais bien si ses fonctions sont susceptibles de cesser ou de disparaître comme celles de la vie organique (4). Les sages de l'Inde le croyaient puisqu'ils relé-

(1) Eug. Burnouf, I, p. 510 et 520.
(2) C'est le *Vinaya-Soûtra* lui-même qui s'exprime ainsi dans Eug. Bournouf, I, p. 562.
(3) *Ouvr. cité*, p. 126.
(4) J'emprunte ici (par addition) la remarque toute récente de M. Paul Janet, dans la *Revue des Deux Mondes*, du 15 mai 1863, p. 132.

guaient certaines âmes coupables jusque dans des roches immobiles (1). Mais les Sânkhyas n'en persistaient pas moins à soutenir que le *Pouroucha* humain est un pur esprit et un esprit éternel.

En ce point le docte critique blâme Kapila, et ce blâme, dans mon opinion, retombe en plein sur Çâkyamouni. Il avance que l'on conçoit fort bien le dogme de l'immortalité du principe pensant comme une conséquence nécessaire de la nature même de ce principe (2), mais qu'il en est différemment de la doctrine de son éternité, c'est-à-dire de la croyance qu'il n'avait pas eu plus de commencement qu'il ne devait avoir de fin (3). Les philosophes de l'antiquité n'étaient pas de cet avis. La permanence des âmes après la mort leur paraissait être une suite naturelle et nécessaire de leur préexistence avant la vie (4). Les Brahmanes orthodoxes eux-mêmes ne

(1) Kapila et Çâkyamouni sont d'accord sur ce point. M. Barthélemy Saint-Hilaire, *Ouvr. cité*, p. 123, reste en doute quant aux Brahmanes orthodoxes; mais il me semble que c'est à tort; car Manou, XII, 12, parle en général des *êtres privés de mouvement*, expressions qui comprennent les minéraux aussi bien que les végétaux. Comparez *ibid.* XII, 91. — Du reste, après avoir reconnu, dans son *Mémoire sur le Sânkhya*, p. 553, et. 54, que Kapila était aussi formel à ce sujet que le Bouddha, M. Barthélemy Saint-Hilaire a mauvaise grâce, ce me semble, à plaisanter ou à critiquer ce dernier, comme il le fait aux p. 125-6, 162-3 et 173 de son dernier ouvrage : le copiste ne méritait qu'une faible partie du blâme à infliger aux inventeurs.

(2) M. Jules Simon (*la Religion naturelle*, p. 309-12), fait aussi valoir, dans le même sens que son ancien collègue, l'argument tiré de l'indissolubilité des âmes humaines.

(3) *Mémoire sur le Sânkhya*, p. 166.

(4) On peut en voir les preuves dans le t. II de l'*Histoire du*

pensaient pas autrement. Car, en même temps qu'ils en faisaient des parcelles de leur grande âme du monde (*Mahâtmâ*) sortant d'elle à chaque création et rentrant en elle à chaque destruction des trois mondes, ils prétendaient que ces révolutions périodiques de l'Univers se renouvellent éternellement (1).

M. Barthélemy Saint-Hilaire, pour abréger, s'en tient aux généralités. Ainsi, il ne rappelle plus dans son Mémoire-Avertissement la célèbre théorie bouddhique des douze causes et effets de la vie qui débute par l'*Avidyâ* (l'ignorance), pour aboutir au *Nirvâna* (l'extinction), ou, *vice versa*, qui part de l'extinction pour arriver à l'ignorence, selon que l'on suit l'ordre direct ou l'ordre inverse des évolutions de l'âme (2). Mais, comme il s'en prévaut encore dans la réimpression de ses anciens mémoires sur le Bouddhisme, je me permettrai de renvoyer le lecteur soit aux observations d'Eug. Burnouf (3), soit à mon premier résumé (4). Il y verra que cette espèce d'échelle double, dont l'idée, profondément modifiée, se trouve dans d'autres systèmes religieux de l'antiquité (5), suppose un principe pensant et sensible, un esprit préexistant qui peut ignorer ou connaître la vérité touchant les choses, penser qu'elles existent réellement

---

Manichéisme, par Beausobre, ou dans le 3me *Mémoire* de l'abbé Mignot *sur les anciens philosophes de l'Inde*, anc. collection de l'Académie des inscr. et belles-lettres, t. XXXI des Mémoires, p. 393 et suiv., édition in-4°.

(1) Voir *Lois de Manou*, I, 51-7; XII, 124.
(2) Le *Bouddha et sa Religion*, p. 127-31 et 167-8.
(3) *Premier ouvr.*, p. 491-510.
(4) *Du Nirvâna indien*, p. 90, 93-7.
(5) Voyez ibid., p. 127-8. Comp. p. 95.

ou savoir qu'elles sont purement illusoires, et par suite rouler dans le cercle éternellement mobile des renaissances, ou, quand il y est tombé, et que par une expérience nouvelle, il en a reconnu l'illusion, s'en détacher, s'en affranchir définitivement pour entrer dans le Nirvâna, c'est-à-dire, selon moi, pour redevenir ce qu'il est par son essence, esprit pur, substance simple, être indivisible, à l'exemple du *Pouroucha* détaché des philosophes Sânkhyas (1).

J'ajoute ici deux considérations qui m'avaient échappé. Il paraît d'abord que l'*Avidyâ* de Çâkyamouni correspond à la *Prakriti* de Kapila, comme l'a soutenu M A. Weber (2), ou, ce qui est la même chose, à la *Mâyâ* de la Mîmânsâ, comme le veut M. C. Fr. Kœppen (3), en sorte que la *Trichnâ* ou le désir qui figure au nombre des douze causes de l'existence, désigne ce besoin de s'unir à la nature que l'âme éprouve à la vue de cette enchanteresse (4). Ensuite, il y a probablement quelque allusion indirecte à cet ordre d'idées dans le texte bouddhique qui suit : « O Ananda,

(1) *Ibid.* p. 97.
(2) *Die Neuesten Forschungen auf dem Gebiete des Buddhismus*, p. 16.
(3) *Die Religion des Bouddha*, I, p. 613, note 1. — Partisan du système nihiliste, l'auteur avance même que la Mâyâ est la réflexe de Brahma (ou de l'être universel), et l'Avidyâ la réflexe du néant (ou du Nirvâna). L'antithèse est jolie, mais est-elle vraie ! Je dois reconnaître d'ailleurs qu'elle vient de M. Goldstuecker. Voir Eug. Burnouf, I, p. 507, note 3.
(4) Voir là-dessus, outre Eug. Burnouf, I, p. 497-8, mon petit livre *du Nirvâna indien*, p. 31; 66-72; 113-9, et la *notice* de feu M. le baron d'Eckstein *sur les Mémoires de Hiouen-Thsang*, p. 71-3. Peut-être aurai-je plus loin occasion de revenir sur ce sujet fort obscur de la philosophie indienne.

« si l'intelligence (*Vidjnânam*) ne descendait pas dans le
» sein de la mère, est-ce que le nom et la forme (c'est-à-
» dire les deux premiers rudiments de l'existence phéno-
» ménale), viendraient s'y ajouter ? Non, Seigneur, ré-
» pondit Ananda. » (1).

Le terme sanscrit *Vidjnânam*, employé dans ce texte pour désigner l'âme qui descend dans le sein de la mère, c'est-à-dire qui s'incarne ici-bas dans l'humanité, est très-intéressant par lui-même ; il l'est aussi par l'extension que les Bouddhistes lui ont donnée. C'est un mot très-compréhensif qui exprime à la fois la connaissance, l'intelligence et la conscience (2), c'est-à-dire l'âme qui sait, qui pense et qui se sent elle-même. Sous ce double rapport, il mérite de fixer notre attention.

L'illustre Colebrooke qui, bien avant Eug. Burnouf, avait examiné et analysé les doctrines bouddhiques, d'après les livres des Brâhmanes Védântistes, revient plusieurs fois sur le *Vidjnânam* dont je parle. D'abord il distingue dans le Bouddhisme indien quatre écoles principales : les *Vaibhâchikas*, les *Sautrântikas*, les *Yôgâtchâras* et les *Mâdhyamikas*, écoles qu'Eugène Burnouf croit plus anciennes que celles des *Srâbhâvikas*, *Aiçvarikas*, *Kârmikas* et *Yâtnikas*, mentionnées par MM. Hodgson et Csoma de Koros (3). Ensuite il déclare que si la quatrième (dont le chef est le nihiliste Nâgârdjouna) soutient que le tout est vide, la troisième, — (il aurait pu y joindre hardiment la première et la seconde,

(1) Extrait du *Mahânidâna Sutta* pâli, dans le recueil intitulé *Digha-nikâya*, traduction d'Eug. Burnouf, II, p. 539. — Voir aussi *Foé koué ki*, p. 287.

(2) Eug. Burnouf, II, p. 514, et I, p 502-3.

(3) *Id*., I, p. 441-53. — Comparez Colebrooke, *Misc. Essays*, I, p. 391-2.

suivant Eug. Burnouf (1), — en excepte l'intelligence, *Vidjnânam* (2), maintient l'éternelle existence du *conscious sense* ou de *l'individual consciousness* (3), et prend ce *Vidjnânam* pour le *Tchittam* des Védàntistes ou intelligence, identique au moi (Atmâ) (4). Il ajoute que les Bouddhistes en général ne reconnaissent point d'âme (Djiva ou Atman) distincte de l'intelligence (Tchittam) (5). Il avait dit auparavant, à propos des Djainas, que ces sectaires regardent le *Djiva* (ou l'Atman individuel) comme éternel ; qu'ils le nomment *Tchaitanâtmâ* ou *Bôdhâtmâ*, âme pensante et sentante, et le considèrent sous trois aspects différents, selon qu'il est lié à un corps, délivré, ou devenu Arhat ou Djina à perpétuité (6). Enfin, il termine par affirmer que ni les Djainas ni les Bouddhistes n'envisagent le repos sans fin accordé à leurs saints parfaits comme emportant discontinuation de l'individualité, c'est-à-dire de l'*individual consciousness* (7). Lors donc qu'en parlant des cinq *Skandhas* ou attributs à la fois intellectuels et sensibles de la théorie bouddhique, il annonce que le second ou le *Vidjnâna-Skandha* est identique au moi (Atman) et à l'intelligence (*Vidjnânam* ou *Tchittam*) ; qu'il n'y a là ni un autre agent ni une *âme éternelle*, mais une simple succession de pensées avec conscience individuelle habitant dans le corps (8), il entend que les Bouddhistes n'ad-

(1) *Ouv. et lieu cités.*
(2) Colebrooke, *Ouv. cité*, p. 391
(3) *Id., ibid.*
(4) *Id., ibid*, p. 391-5.
(5) *Id , ibid*, p. 393.
(6) *Id., ibid*, p. 381-2
(7) *Id., ibid*, p. 402.
(8) *Id., ibid*, p. 391-5.

mettent ni le *lingam* des Sânkhyas, cet être primordial qui accompagne le *Pouroucha* dans toutes ses renaissances, en tant qu'il agirait en place du *conscious sense* (1), ni le *Djivâtman* des orthodoxes, considéré comme parcelle ou émanation de l'âme suprême. Autrement il y aurait contradiction dans les termes comme dans les pensées (2).

On voit par là que le *Vidjnânam* des anciens Bouddhistes tant du Nord que du Sud, n'était originairement que l'âme individuelle, l'âme intelligente et sensible, ayant conscience d'elle-même et considérée comme attachée, comme enchaînée au corps (3) auquel elle s'unit en descendant dans le sein de la mère, lors de la conception du fœtus, et duquel elle sort au moment du décès, pour remonter à sa source si elle en est digne, sinon, pour s'incorporer de nouveau. Dans la suite des temps on l'a généralisée, à l'exemple du *Tchittam* des *Védântistes*. D'abord on l'a prise pour une sorte de *Tchit-Akâça*, d'éther pensant, d'élément immatériel, d'élément générateur, qui est pour l'homme l'origine ou la cause de la prise d'un nouveau corps (4). Puis on l'a assimilée ou plutôt on l'a subs-

(1) *Id., ibid*, p. 215.
(2) Peut-être Colebrooke a-t-il emprunté son explication du *Vidjnâna-Skandha* a quelque livre émané de la secte nihiliste des *Mâdhyamikas*. Ce qui me le ferait croire, c'est qu'Eug. Burnouf, I, p. 502-3, ne la relève point. D'ailleurs ce dernier fait observer (*ibid*) que les cinq Skandhas de la théorie bouddhique du *Nidâna* sont *doubles*; qu'ils figurent d'abord dans le corps idéal ou archétype, et ensuite dans le corps réel, copie du premier. Or, dans celui-ci le *Vidjnâna* est évidemment un principe éternel.
(3) Dans Eug. Burnouf, II, p. 470, et Schrœter, *Bhotanta diction*. p. 312, dans *Id.*, I, p. 503.
(4) Voir l'extrait du Soûtra *Garbha-Avakrânti* (descente au sein d'un fœtus), dans Eug. Burnouf, II, p. 515, et I, p. 497.

tituée au *Paramâtman*, ou esprit universel de la théorie brahmanique, terme de l'absorption des éléments matériels (1). A ce nouveau titre, on l'a placée au-dessus de l'espace, de l'éther, du vide ou du *manas*, cinquième élément matériel (2). « L'intelligence (Vidjnânam) échappe
» à la vue, porte un texte pâli ; elle est sans bornes ;
» elle est lumineuse de toutes parts ; c'est en elle que
» vont s'anéantir et les cieux et la terre, et le feu et le
» vent... C'est là que le long et le court, le subtil et
» le solide, le bien et le mal, c'est là que le nom et la
» forme s'anéantissent sans qu'il en reste rien. » Par
» la cessation de l'intelligence (Vidjnânam), tout cela
» cesse d'exister » (3). Evidemment, la cessation du *Vidjnânam* n'est pas plus l'anéantissement de ce principe que la cessation du Brahma neutre n'est l'anéantissement de celui-ci ; car, dans les deux systèmes, on n'a en vue que la période de non-activité (Nirôdha ou Nirvritti) de tous les êtres durant le *Pralaya* des mondes. De là deux conséquences : 1° le Vidjnânam général est éternel comme le Brahma neutre ou *Sarvabhoutâtman* (âme de tous les êtres) ; 2° les intelligences individuelles qui en sortent ou qui y rentrent participent à son éternité.

En effet, « le panthéisme, quel qu'il soit, spiritualiste
» ou matérialiste, ou l'un et l'autre à la fois, c'est-à-dire
» idéaliste, le panthéisme n'admet pas de création
» proprement dite, ainsi que l'a judicieusement remar-
» qué Abel-Rémusat, parce qu'il n'accorde pas à la
» cause suprême une existence distincte de celle de ses

(1) Eug. Burnouf, II, 515.
(2) *Pradjnâpâramitâ*, dans Eug. Burnouf, I, p. 637.
(3) *Kevadda Sutta*, dans Digha Nik, f° 58, a et b, extrait par Eug. Burnouf, II, p. 515.

« effets, et qu'il tend sans cesse à identifier soit l'es-
« prit universel et les esprits particuliers, soit la
« nature et les corps, soit Dieu et les êtres en général
« (1). L'antériorité de l'intelligence à l'égard du monde,
« ajoutait-il, peut ne pas être dans le temps, mais dans
« l'action » (2). Ceci était vrai, même pour les anciens
Bouddhistes qui, à l'exemple des philosophes Sânkhyas,
attribuaient aux âmes particulières la formation des
mondes et des corps (3), à l'aide des éléments que leur
fournissait la nature (4). Dans les deux théories, ces
âmes individuelles ou ces intelligences distinctes remplaçaient l'âme du monde des orthodoxes : elles étaient
réputées éternelles, mais non les êtres matériels et chan-
geants créés par elles. On serait même tenté de croire que
le *Vidjnânam* universel, imaginé plus tard, a été formé
de la collection, de la réunion, de la fusion de tous les
Vidjnânâni particuliers, bien qu'il corresponde d'un côté
à l'*Adibouddha* des Népâlais, de l'autre au Bouddha divinisé des Tibétains, etc., et que, comme eux, il soit réputé principe et fin de toutes les âmes, de toutes les
créatures, de tous les êtres, comme le Brahma neutre
des Védântistes (5).

(1) *Journal des savants*, année 1831, p. 724.
(2) *Ibid*, p. 725.
(3) Eug. Burnouf, II, p. 833.
(4) Eug. Burnouf, I, p. 521, a dit, et M. Barthélemy Saint-Hilaire (*le Bouddha et sa Religion*), p. 139, répète après lui que Çâkyamouni ne reconnaissait pas plus *Prakriti* que *Paramâtman* ou
Brahma neutre. Mais *Prakriti* figure au moins par comparaison
dans le *Lalita-Vistara*, trad. de M. Foucaux, p. 398-9, où on lit
que la loi (du Bouddha) a la même étendue que la nature et
qu'elle est *la réalité de la nature* elle-même.
(5) Quoiqu'il en soit de ces dernières conjectures, on sent ici
l'influence du Brahmanisme, déjà signalée par Eug. Burnouf, I,

IV

Du Nirvâna au temps de Çâkyamouni.

On vient de voir qu'au sentiment des Bouddhistes orthodoxes, comme à celui des philosophes Sànkhyas, le principe pensant est un être simple, éternel et indissoluble. Par conséquent il ne périt point à la mort. Cependant le mot sanscrit *Nirrânam*, pris à la lettre, signifie *extinction* ; ou, pour mieux dire, il désigne, par son étymologie, l'état d'une chose qu'on ne peut souffler, qu'on ne peut plus éteindre en soufflant dessus. De là vient cette comparaison si fréquente dans les livres bouddhiques, d'une lampe qui s'éteint et qu'on ne peut plus rallumer. « Mais cette analyse, toute exacte qu'elle
» est, remarque avec raison M. Barthélemy St-Hilaire,
» reste à la surface des choses, et cette expression de
» *Nirvâna*, ainsi entendue, si elle suffit à représenter
» l'image de la mort (c'est-à-dire d'une mort qui ne sera
» pas suivie de renaissance), ne nous dit rien de l'état
» qui la suit, selon le système de Çâkyamouni. Quand
» le Bouddha meurt à Kouçinagara (à l'âge de 80 ans),
» son cousin Anourouddha, qui l'accompagne, ainsi
» qu'Ananda, prononce la stance suivante restée célèbre
» dans la tradition :

p. 152-3.—MM. S. Munk et Ad, Garnier, membres de l'Institut, ont trouvé des idées analogues, d'abord dans Maimonide pour la confusion des intelligences particulières avec l'intelligence universelle, et ensuite dans Avicenne pour leur séparation comme êtres distincts, comme existences individuelles, le tout après la mort. Voir *le Guide des Egarés*, traduction du premier, et l'article du second sur cet ouvrage, dans le *Journal des savants*, cahier d'avril 1863, p. 234-7.

« Avec un esprit qui ne faiblissait pas, il a souffert
« l'agonie de la mort ; *comme l'extinction d'une lampe,
« ainsi a eu lieu l'affranchissement de son intelligence* » (1).

Antérieurement, Eug. Burnouf avait remarqué, à propos de cette comparaison populaire, que les idées relatives à l'entrée dans le Nirvâna n'ont guère pour les Bouddhistes d'autres analogues dans le monde matériel que les notions *d'extinction, d'anéantissement* (2). Mais on voit, par la citation qui précède, que si le Bouddha (humain) s'est éteint comme une lampe, son intelligence (divine) au contraire a été complètement *affranchie* (3). C'est ce que Çâkyamouni entendait lui-même à Ourouvilva, lorsque, exténué par les jeûnes et les macérations qu'il pratiquait en vue de se préparer à sa mission apostolique, il répondait à *Mârâ* ou *Pâpîyân* (le Satan des Bouddhistes), qui l'exhortait à reprendre des forces, qu'il n'en ferait rien, par cette raison que :
« la chair étant venue à se dessécher, *l'esprit* en deviendrait d'autant plus pur » (4).

Le Nirvâna est si peu l'anéantissement de l'âme, qu'il est, jusqu'à un certain point, compatible avec la vie dans les croyances bouddhiques, ni plus ni moins que dans celles du Brahamisme où la délivrance finale portait quel-

---

(1) *Le Bouddha et sa Religion*, p. 132-3.
(2) Eug. Burnouf, I, p. 590 et II, p. 335 et 339.
(3) Le texte en pâli, cité par Eug. Burnouf, II, p. 339, porte, après les mots : *Vipadjôtasséra Nibbanam* (en latin : *Lampadis-velut extinctio*), ceux-ci : *Vimôkhô Tchétasô ahu* (en latin : *Liberatio mentis fuit*). Le système que je combats exigerait un second *Nibbanam* (pour le sanscrit *Nirvâna*) en place de *Vimôkhô*. Voir au surplus du *Nirvâna indien*, p. 99, avec la note 3.
(4) *Lalita-Vistara*, trad. de M. Ph. Ed. Foucaux, p. 252.

quefois ce nom de *Nirvânam* au siècle du Bouddha, conjointement avec d'autres dénominations plus fréquentes qui, quoique différentes en la forme, exprimaient au fond, sinon identiquement les mêmes idées, au moins des idées très analogues (1).

M. Barthélemy Saint-Hilaire n'en disconvient pas : « On peut, dit-il, le conquérir même avant d'être mort, » bien que ce ne soit pas encore là le vrai Nirvâna. Le » procédé pour atteindre à ce Nirvâna incomplet, gage » de celui qui le suit en restant éternel, c'est le *Dhyâna* » ou la contemplation, et pour parler plus nettement, » c'est l'extase » (2). Mais cela reconnu, l'auteur, au lieu d'en conclure que puisque le Nirvâna transitoire et corporel n'est pas le néant, le Nirvâna incorporel et définitif ne doit pas l'être davantage, en tire une conclusion tout opposée.

Pour y parvenir, il commence par analyser, après Eug. Burnouf, les quatre degrés du *Dhyâna* ou de l'extase ascétique, puis les quatre sphères de la région sans formes (Aroupadhâtou) qui y font suite ou qui y correspondent (3). Je ne le suivrai pas dans ces deux

(1) Voir Colebrooke, *Misc. Essays*, I, p. 401. et *Lankâvatâra*, dans Eug. Burnouf, I, p. 516-9. — La *Bhâgavad-Gîtâ*, déjà citée au chapitre précédent, prouve que le nom de *Nirvânam* a été adopté par le Sânkhya-Yoga de Patandjali; car on y lit que l'ascète ou Yôgui obtient le Nirvâna de Brahma, étant lui-même devenu Brahma (Brahmanirvânam apnôti Brahmabhabhûta). Voir le *Bouddha et le Bouddhisme* de M. C. Schœbel, dans les *Annales de Philosophie chrétienne*, janvier 1857, 4e série, XV, p. 17.

(2) Le *Bouddha et sa Religion*, p. 135.

(3) *Ouv. cité*, p. 135-8. — Cette région sans formes, d'invention bouddhique, était placée au-dessus de la région des formes

analyses où il s'est fourvoyé au jugement même de M. Kœppen, son champion habituel. D'abord il veut que, dans le dernier degré du *Dhyâna*, l'ascète perde la mémoire et le sentiment de son indifférence (pour les choses de ce monde), ce qui revient à dire qu'il y perd la conscience de sa personnalité (1). Eugène Burnouf avait fait voir le contraire (2) ; M. Spence Hardy a depuis imité le philosophe français (3), et M. Kœppen approuve leur interprétation des textes allégués (4). Ensuite l'auteur veut que, dans la quatrième sphère du monde sans formes, il n'y ait plus ni idées, ni même une idée de l'absence d'idées, de même que dans la troisième il n'existe plus absolument rien. M. Eugène Burnouf nous avait avertis de ne pas attribuer trop de portée à ces tournures énigmatiques ou pyrrhoniennes, familières aux écrivains bouddhistes, puisqu'au-dessus de ces régions imaginaires, l'ascète ou contemplatif est censé en parcourir quatre autres dans chacune desquelles il conserve l'*idée* de celles qu'il vient de quitter immédiatement (5). Je me garderai donc bien de répéter, après M. Barthélemy Saint-Hilaire : « Il me semble que la

---

(Roupadhâtou), comme celle-ci l'était au-dessus de la région de désirs (kâmadhâtou), toutes deux empruntées au Brahmanisme. Ces trois régions formaient un ensemble de vingt-huit cieux superposés sur la description desquels on peut lire Eug. Burnouf, I, p. 599 et suiv. et II, p. 801 et suiv.

(1) *Journal des savants*, année 1855, p. 57-9, et ouvr. ci-dessus cité, p. 137.

(2) Voir son *second ouvrage*, p. 476, 807.

(3) Voir son *Eastern Monachism*, p. 270.

(4) *Die Religion des Bouddha*, I, p. 587.

(5) Eug. Burnouf, II, p. 809. Comp. d'ailleurs les p. 811-5.

» doctrine du *Dhyâna* est un commentaire décisif de
» celle du Nirvâna; et que si, par cet état transitoire
» de l'extase, c'est déjà un néant transitoire comme elle,
» et anticipé, que l'on poursuit, on ne peut chercher
» dans le Nirvâna lui-même qu'un néant éternel et
» définitif » (1). En effet, Eug. Burnouf, notre guide à
tous dans le débrouillement de ces rêveries abstruses,
a remarqué qu'il y a dans le dernier degré de l'extase,
deux états bien distincts qu'il ne faut pas confondre,
savoir : la vie physique réduite à peu près au seul mouvement de la respiration, et la vie intellectuelle réduite
à la persistance de l'intelligence pure, abstraction faite
de toutes ses applications (2). Dans ce Nirvâna incomplet, l'âme et le corps sont tous deux en état de repos,
d'impassibilité physique et morale : ils ne sont pas
anéantis. Le second l'est dans le Nirvâna complet, la
chose est incontestable, puisqu'alors il est sans respiration, sans haleine, sans souffle, qu'il a entièrement
péri comme organisme vivant, et qu'il n'est plus susceptible d'être ranimé, c'est-à-dire remplacé par un
nouveau ; mais la première est-elle également morte,
éteinte et perdue à jamais ? l'intelligence pure qui la
constitue au jugement des Bouddhistes, comme nous
l'avons vu précédemment (3), cesse-t-elle absolument
d'exister ? Là est toute la question, et la trancher ce
n'est pas la résoudre.

Le sagace et profond Colebrocke, dont l'autorité est si
grande en pareilles matières, au jugement de M. Barthélemy Saint-Hilaire lui-même (4), affirmait, après

(1) *Le Bouddha et sa Religion*, p. 139.
(2) Eug. Burnouf, II, p. 819.
(3) Voir ci-dessus, chap. III, p. 361 et suiv.
(4) *Mémoire sur le Sânkhya*, p. 169.

informations prises (probablement auprès des Pandits de Calcutta), que le Nirvâna véritable, le grand Nirvâna complet des Bouddhistes et des Djainas, leurs héritiers dans l'Inde, n'était point l'anéantissement de l'âme, comme on serait tenté de le croire en s'en tenant à la lettre du mot *Nirvânam*, mais bien son calme profond, sa parfaite apathie, son impassibilité incessante, sa quiétude imperturbable (1), en d'autres termes, l'état de repos, de béatitude ou d'extase sans fin acquis à l'âme par son affranchissement définitif des liens du monde matériel.

Cette interprétation de l'illustre Colebrooke avait un instant appelé l'attention d'Eug. Burnouf, à la fin de son dépouillement des Soûtras sanscrits du Népâl ou du Nord. Il s'était réservé d'y revenir et de l'examiner, lorsqu'il aurait procédé à l'analyse des Souttas pâlis de Ceylan ou du Sud (2). Malheureusement sa mort prématurée ne lui a pas laissé le temps d'entreprendre ce second travail, au grand regret de tous les érudits qui s'intéressent à la littérature et à la philosophie indiennes. Pour ma part, je me plais toujours à croire que s'il avait pu se livrer à la nouvelle étude qu'il projetait, il aurait changé d'avis. Il n'était pas homme à persévérer dans ses opinions *quand même*. Il nous en a donné plus d'une preuve dans ses deux chefs-d'œuvre sur le Bouddhisme indien, et notamment dans le second (3).

Pour me résumer sur le mot Nirvâna, je conclus que

(1) Colebr. *Misc. Essays*, I, p. 400-2.
(2) Eug. Burnouf, I, p. 589.
(3) Je fais ici allusion et je renvoie surtout à ses trop modestes déclarations des p. 792 et 817 du *second ouvrage*.

les Bouddhistes orthodoxes, car je laisse de côté les Nihilistes absolus, l'emploient par métonymie, par cette figure de rhétorique qui met la cause pour l'effet. Ils disent : « tel ascète est entré dans le *Nirvâna* », pour « est entré dans l'état qui suit le Nirvâna », c'est-à-dire l'extinction du dernier souffle, l'abandon du dernier corps, comme nous disons : « un tel vit de son travail », pour « vit du fruit de son travail ». Quelquefois aussi ils disent en d'autres termes : « Le religieux (défunt) n'aura plus à transmigrer de nouveau (1), c'est-à-dire à respirer sous d'autres formes corporelles, comme les Sânkhyas disaient de leur côté : « L'ascète a obtenu l'isolement (kaivalyam) ou la séparation définitive de l'âme d'avec le corps, de l'esprit d'avec la matière (2). »

Mais abordons les nouveaux arguments de M. Barthélemy Saint-Hilaire; je veux parler de ceux qu'il a condensés dans son *Mémoire-Avertissement*.

Voici comment il débute; c'est sa première argumentation sur le Nirvâna proprement dit : « Le Sânkhya-athée,
» remarque-t-il, le Sânkhya, long-temps avant le Boud-
» dhisme, enseignait ainsi que lui la délivrance de
» l'homme par la science et la vertu; et l'on ne peut
» pas dire que Kapila absorbât l'âme humaine en Dieu,
» puisque Dieu n'existe pas dans son système, et que
» c'en est là le caractère particulier. Que faisait-il donc
» de l'âme, et que devenait-elle une fois délivrée ? Sur ce
» point, qui est le seul grave, le philosophe se taisait;
» et son silence jetait sur sa solution une incertitude et

---

(1) Pour les développements, voyez ou Eug. Burnouf, I, p. 162, 510; II, 319-50, *in fine*, ou mon *Mémoire du Nirvâna indien*, p. 119.

(2) *Sânkhya-Kârikâ*, de Wilson, st. 68, p. 185.

» une obscurité que le Bouddha a courageusement dis-
» sipées. L'âme, ou plutôt ce composé d'âme et de corps
» qu'on appelle l'homme, n'est délivrée réellement que
» si elle est anéantie ; car pour peu qu'il en restât le
» moindre atome, l'âme pourrait encore renaître sous
» une de ses apparences sans nombre que revêt l'exis-
» tence, et sa libération prétendue ne serait qu'une illu-
» sion comme toutes les autres. Le seul asile, et la seule
» réalité, c'est le néant ; car on n'en revient pas ; et une
» fois reposée dans le *Nirvâna*, l'âme n'a plus rien à
» craindre, non plus qu'à espérer. » (1).

On voit que, pour mieux atteindre les Bouddhistes, le docte critique s'attaque d'abord aux Sânkhyas, leurs prédécesseurs d'au moins deux siècles (2), au risque de se rétracter sans le reconnaître ouvertement. Mais c'est en cela même qu'il fournit des armes contre sa théorie nihiliste.

Dans mon opuscule de 1856, j'avais montré, en résumant son travail sur le Sânkhya, que le fondateur de cette philosophie hétérodoxe, loin d'anéantir les âmes, les divinisait. En effet, à la différence des orthodoxes qui en faisaient des parcelles de l'âme du monde, sortant d'elle à chaque création et rentrant en elle à chaque destruction de l'univers, il les regardait comme existant individuellement en elles-mêmes et par elles-mêmes de toute éternité. Il admettait toutefois, avec les

(1) *Le Bouddha et sa Religion*, Avertissement, etc., p. VII-VIII. — A la p. 177 du texte, il répète ce qu'il avait déjà écrit antérieurement, savoir, que : « Le Nirvâna (néant) est le seul
» refuge assuré ; on est bien certain de ne plus revenir, du mo-
» ment qu'on ne sera plus ».

(2) *Mémoire sur le Sânkhya*, p. 503.

autres Brahmanes, qu'elles étaient indéfiniment soumises à transmigrer dans des corps successifs, plus ou moins subtils ou grossiers, suivant les mérites ou démérites résultant de leurs renaissances antérieures, jusqu'à ce que, par la science et la philosophie, d'après son système, elles fussent parvenues à s'affranchir de tous leurs liens corporels, à revenir à leur état primitif d'esprits purs, d'essences intelligentes, de substances simples, immatérielles (et partant indivisibles, indissolubles, impérissables). Il enseignait que l'esprit individuel de l'ascète délivré, le *Pouroucha kêrala* comme il l'appelait, après s'être ainsi détaché entièrement de la nature et avoir détruit en lui la cause (des renaissances), dans une création antérieure, que cet esprit, dis-je, devenait dans une autre création (sans dire laquelle), esprit primordial (Adipouroucha) ou âme suprême (Paramâtman), sachant tout et dominant souverainement tous les êtres (1). C'était dire en d'autres termes, qu'il y jouissait des prérogatives de l'âtmâ universel des orthodoxes. J'en concluais, après M. Barthélemy St-Hilaire, qu'au moment de leur libération finale, les âmes affranchies s'envolaient à travers tous les cieux superposés du Brahmanisme, y compris le monde supérieur de Brahma neutre ou le *Brahmalôka*, jusqu'à l'espace supercéleste ou vide extra-mondain, appelé, à mon avis, *Kaivalyam* ou solitude par les Sânkhyas. Car, il me semblait que ce nom vague, dérivé de *kêrala*, isolé, solitaire, devait désigner non seulement l'état de délivrance ou d'isolement de ces âmes, mais encore le séjour où elles en jouissaient éternellement, au-delà et au-dessus de l'en-

(1) Kapila, lecture III, Soûtra 19, dans le *Mémoire sur le Sânkhya*, p. 286-7, 321, 476-7.

ceinte des trois mondes sur lesquels dominait la nature, selon les Sânkhyas, ou l'âme universelle, suivant les orthodoxes (1).

En ces deux points, la philosophie indépendante se montrait plus orgueilleuse que l'orthodoxie védantique, puisqu'en rejetant l'être absolu, à la fois cause efficiente et cause matérielle des créations et des destructions périodiques de l'univers, elle mettait en sa place, par delà tous les cieux, les âmes humaines divinisées, et qu'au lieu de s'en tenir à l'idée d'un seul *Pouroucha* universel et suprême, sauf à effacer de cette conception panthéistique ce qui lui restait d'empreintes matérialistes pour la ramener au pur spiritualisme, elle semblait admettre autant de *Pourouchas* suprêmes et individuels, devenus purs esprits, qu'il y avait d'âmes délivrées (2). Mais en même temps, et c'était là prendre une bien noble revanche contre la doctrine orthodoxe, elle traçait entre l'esprit et la matière une profonde ligne de démarcation. En outre, elle établissait une différence énorme entre la déification des âmes délivrées au moyen de leur isolation de la nature (3) et l'absorption de ces mêmes âmes dans le sein de Brahma neutre.

Ce point de vue tout spiritualiste n'avait pu ni dû

(1) *Du Nirvâna indien*, p. 75-8 et 103-13.
(2) *Mémoire sur le Sânkhya*, p. 178-9. Comp. *Le Bouddha et sa Religion*, p. 169-70.
(3) *Kaivalyam*, comme je l'ai remarqué dans mon précédent Mémoire, p. 63, note 3, répond à *isolation* et à *isolement*. Selon les Sânkhyas, la philosophie opère dans cette vie l'*isolation* provisoire, ou l'action d'isoler, et la mort l'état définitif d'*isolement*. Ce dérivé d'ailleurs signifie encore *détachement*, *séparation*, et même *abstraction*, etc.

échapper à la sagacité de M. Barthélemy Saint-Hilaire lorsque, dans les années 1851 et 1852, il rédigeait à tête reposée son important *Mémoire sur le Sànkhya*. Alors comme aujourd'hui, il demandait bien ce que Kapila faisait des âmes délivrées, et ce qu'elles devenaient dans son système (1) ; mais comme il admettait sans difficulté que ce précurseur du Bouddha-Bhagavat avait été le premier, sinon le seul dans l'Inde, à proclamer l'individualité, la spiritualité et l'éternité des âmes humaines (2), il faisait aux deux questions qu'il venait de poser et qu'il réitère aujourd'hui, une réponse toute différente de celle que je citais tout à l'heure. Il conjecturait que le fondateur du Sànkhya, pour donner plus de consistance à son système, avait dû admettre comme séjour des esprits délivrés, un quatrième monde, un monde idéal, un monde archétype, un monde intelligible ou intellectuel, placé en dehors et au-dessus des trois mondes adoptés par les Brahmanes orthodoxes (terre, atmosphère, ciel (3). Il ajoutait, avec toute rai-

(1) *Mémoire sur le Sânkhya*, p. 476-7 et 497.
(2) *Ibid.*, p. 169-99. — Gôtama paraît n'avoir été en cela que son imitateur. Voir Colebrooke, *Misc. Essays*, I, p. 267-8, et M. Barthélemy Saint-Hilaire, *Journal des savants*, année 1853, p. 201, bien que ce dernier, dans son *Mémoire sur le Nyâya*, imprimé au t. III des *Mémoires de l'Académie des sciences morales et politiques*, p. 155, considère ce second système comme un des plus vieux monuments du vieux monde indien.
(3) Ce quatrième monde hypothétique, superposé aux trois mondes des *Brâhmanas*, est l'antipode d'un autre quatrième monde, l'enfer ou le *Naraka*, figuré au-dessous de la terre par les *Oupanichads* et les *Pourânas* et divisé en autant d'étages qu'ils comptaient de cieux superposés, c'est-à-dire 7, 14, 21 ou 28. Voir du *Nirvâna indien*, p. 35-6.

son, ce me semble, que si la réponse de ce philosophe restait vague et insuffisante, c'est que ce sujet obscur ne comportait pas de grands développements (1).

Je m'étais empressé d'adopter cette ingénieuse conjecture d'un quatrième monde supercéleste et même de la développer. Toutefois, à l'exemple de M. Barthélemy St-Hilaire, je ne me dissimulais pas ce que son application au Sânkhya paraissait avoir d'étrange. Je me disais que les esprits purs, à le bien prendre, n'occupent aucun lieu en particulier ; qu'ils sont partout et qu'ils ne sont nulle part ; qu'ils appartiennent au monde des intelligences, et non plus au monde des corps ; que si déjà, de leur vivant, les ascètes qu'ils avaient animés, étaient parvenus à se renfermer en eux-mêmes, *comme la tortue dans sa carapace,* pour ne plus rien éprouver ni sentir du *milieu* dans lequel ils respiraient, c'est-à-dire des êtres extérieurs dont ils étaient environnés (2), à plus forte raison ces esprits purs, après la destruction de leurs dernières enveloppes corporelles, devaient pouvoir subsister, libres et indépendants, au sein de la nature, grâce à leur isolation absolue et surtout à leur puissance magique qui paraissaient assez efficaces pour les soustraire aux atteintes des êtres matériels (3).

Il est possible, en effet, que Kapila se soit élevé à cette hauteur *d'abstraction*, puisque le terme *kairalyam*

---

(1) *Mémoire sur le Sânkhya*, p. 178-9 et 197.

(2) Voyez là-dessus *Étude sur le Sy-Yéou-Tchin-Tsuen*, roman bouddhique chinois, par M. Théod. Pavie, dans le *Journal asiatique*, cinquième série, X, p. 361. Il y est question des disciples de Lao-Tseu, imitateurs de ceux de Kapila.

(3) Je crois entrevoir des vues analogues dans le *Milinda-Praçna-Soutta* pâli dont je dirai quelques mots au chap. VI.

qu'il a mis en vogue reçoit cette signification particulière. Cependant il faut reconnaître que s'il l'a fait, ses commentateurs indigènes, ceux que nous connaissons du moins, ne nous l'ont pas fait savoir (1), et dans l'ignorance où ils nous laissent à cet égard, nous sommes amenés à supposer que Kapila s'en référait sur ce point délicat aux idées et aux croyances brahmaniques en vigueur de son temps, *mutatis mutandis*. En effet, les *Pourouchas-kéralas* ou esprits détachés, devant jouer dans son système le rôle de *Paramâtman* ou d'*Adipourouchа*, il fallait, pour que la parité fût complète, leur assigner une demeure suprême, un séjour privilégié, un monde inaccessible à la nature, et à l'abri des trois *gounas* ou qualités, qui sont comme des cordes ou anneaux avec lesquels cet immense *alligator* enlace les trois mondes et les êtres qui y séjournent (2).

Au reste, l'admission d'un quatrième monde, d'un monde supercéleste par ceux des philosophes Sânkhyas qui étaient contemporains de Çâkyamouni, ne devait pas être alors une étrangeté. A cette époque, en effet, un hymne cosmogonique et relativement moderne du Rig-Véda, intitulé *Pouroucha*, l'esprit suprême, annonçait que la triple essence de ce Dieu habite au-delà des trois mondes (3), et plusieurs anciennes *Oupanichads*,

(1) Voyez à ce sujet la remarque de Wilson, dans son commentaire de la Sânkhya-Kârikâ, sur la st. 18, p. 186.

(2) Sur les trois *Gounas* de Prakriti, voir Sânkhya-Kârikâ, st. Lois de Manou, XII, 24 et suiv. — La comparaison avec l'*alligator* figure dans un Soutta pâli dont je parlerai au chap. V.

(3) Voyez le *Véda des Hymnes*, trad. Langlois, IV, p. 310-1, st. 2-4, ou mieux le *Bhâgavata-Pourâna* d'Eug. Burnouf, I, préface, p. CXXI-III. — La triple essence de ce Dieu est sans doute la triade de Brahma, Vichnou et Çiva, figurée par le monosyllabe mystique *Aum*. Voir *Lois de Manou*, II, 74, 81.

conçues dans le même esprit, mentionnent un quatrième état de l'extase ascétique, le *Touriyam*, ou le *quatrième*, un état *surnaturel*, qui paraît faire allusion à ce quatrième monde, élevé au-dessus des trois mondes ordinaires. Car les Brahmanes avaient préludé aux quatre degrés du *Dhyâna* des Bouddhistes par leurs quatre degrés d'extase béatifique ou d'union avec l'Être Suprême, degrés appelés états de veille, de sommeil ordinaire, de sommeil sans rêve, et enfin d'extase complète. De plus, ces quatre états ou degrés correspondaient à autant d'étages célestes du monde de Brahma (1), de même qu'ils répondaient chez les seconds, à autant de sphères de leur région sans formes, placée au-dessus (2).

Les sages de l'Inde croyaient alors, et leurs successeurs croient encore de nos jours, que l'affranchissement des âmes est une ascension continue depuis l'enfer le plus bas jusqu'au ciel le plus élevé (3). Kapila lui-même avait dit que par le vice on descend en bas, et que par la vertu on monte en haut, ce qui doit s'entendre de l'échelle des mondes aussi bien que de l'échelle des êtres, ceux-ci étant casés dans ceux-là suivant l'ordre de leurs mérites ou démérites (4). Parvenue au plus haut de cet

(1) Il faut lire là-dessus les extraits de l'Oupnekhat d'Anquetil, publiés par M. A. Weber, dans ses *Indische Studien*, I, p. 279, 301, 386; II, p. 55-61; III, p. 325, ou le petit résumé de feu M. le baron d'Eckstein, *Journal Asiatique*, deuxième série, XI, p. 291, ou enfin le *Sanscr. Wörterbuch* de MM. Bötlinck et Roth, au mot *Turiyam*.

(2) Eug. Burnouf, II, p. 810-1.

(3) Colebrooke, ouvr. cité, I, p. 383.

(4) Eug. Burnouf, II, p. 106, rapporte que les Bouddhistes l'appelaient *Dêvasôpâna, échelle des Dieux*. — Pour la comparaison avec l'échelle de Jacob, de Mithra et de bien d'autres, voir 1° les

escalier double (1), l'âme délivrée entrait, selon l'orthodoxie brahmanique, dans le *Brahmalôka*, monde ou séjour de Brahma neutre, nommé encore *Akâça*, éther, espace ou monde supérieur, mais visible, et décoré aussi du titre de suprême séjour, bien qu'aux yeux des philosophes Sânkhyas, il parût ne mériter que celui de séjour *supérieur*, probablement parce qu'ils plaçaient au-dessus leur invisible *kaivalyam* (5). Lorsque Kapila eut annoncé qu'il fallait éviter même le retour dans ce monde supérieur, parce qu'on en revenait encore, et qu'en attendant on était comme un homme qui se débat pour sortir des flots (2), les Brahmanes orthodoxes imaginèrent de placer au-dessus un monde idéal, archétype, intelligible ou intellectuel, appelé par certains Védântistes *Tchit-Akâça*, éther pensant ou *Tchit* tout court, et par d'autres *Satyalôka*, monde de la vérité, dont on ne revenait plus (3), séjour ainsi nommé par opposition

Religions de l'antiquité, par M. Guigniaut, membre de l'Institut, I, p. 353-4 et 453-4; III, 302-12; 2° l'Oupnekhat d'Anquetil, I, p. 285, 291-3; II, p. 131, 266; 3° les *Misc. Essays*, de Colebrooke, I, p. 253, 365-7 et 375; 4° mon *Mémoire du Niredna indien*, p. 25 et 127-8, avec les renvois à un Mémoire précédent sur l'*Immortalité de l'âme selon les Hébreux*, p. 147-57 du tirage à part.

(1) Ce n'est là de ma part qu'une simple conjecture, mais conjecture, selon moi, très vraisemblable, en ce que le monde suprême, appelé supérieur par les Sânkhyas, comprenait le séjour de Brahma neutre, suivant l'interprétation de M. Barthélemy Saint-Hilaire, dans son *Mémoire* tant de fois cité, p. 177-8.

(2) Kapila, lect. 3, Soutras 46-7, dans le *Mémoire sur le Sânkhya*, p. 319-20, 477-8 et 558.

(3) Sur ce *Tchit-Akâça* ou *Tchit*, qui rappelle le *Vidjnânam* général ou *Vidjnânadhâtou* des Bouddhistes, mentionné à la fin

aux trois mondes, domaine de *Máyà* ou de l'illusion. De leur côté, les Djainas créèrent ou adoptèrent un *Alôkâkâça*, éther, espace ou vide extra-mondain, également situé au-dessus des trois mondes et duquel on ne revenait pas davantage (1).

C'est là, selon moi, que le philosophe Kapila et après lui l'ascète Çâkyamouni plaçaient, l'un ses *Pourouchas-Kêralas* ou esprits définitivement isolés de la nature, et l'autre ses *Poudgalas parinirvritas* ou esprits reposant à toujours dans la plus parfaite quiétude, absolument comme le *Svayanbhoû*, être existant par lui-même, des Védântistes, lequel s'endort durant la dissolution des trois mondes, l'esprit plongé dans un profond repos (Nirvrita) (2). Je ne comprends pas en effet dans quelle école les Djainas, essentiellement imitateurs, auraient puisé l'idée de leur *Alôkâkâça*, espace ou vide supercéleste, si ce n'est dans celle des Bouddhistes, dont ils descendent immédiatement, ou dans celle des Sânkyas, dont ils sont les successeurs médiats. Cet *Alôkâkâça* ne me paraît pas différer de la *Mahâçounyatâ*, vacuité complète, ou du *Mahâçounyam*, vide absolu des Bouddhistes, appelés encore par ceux-ci *Adrichtalôka*, monde invisible, par opposition à leur *Sahalôka*, monde de la patience dont Brahmâ (masculin) est réputé le chef (3),

du chapitre précédent, voyez Baron d'Eckstein, *Journal asiatique*, 2e série, XI, p. 206-9 et 292, ainsi qu'Eug. Burnouf, I. p. 637, ou mon *Mémoire du Nirvâna indien*, p. 38.

(1) Colebrooke, ouvr. cité, I, p. 386. Ils donnaient à l'ensemble des cieux visibles le nom de *Lôkâkâça*, espace des mondes, et en faisaient la demeure des êtres non affranchis.

(2) *Lois de Manou*, I, 52-4.

(3) Sous le titre de *Brahmasahampati*, Brahmâ, seigneur des patients. Voyez Eug. Burnouf, I, p. 595.

et nommé de son côté *Drichtalóka*, monde visible (1). De même le *Çounya* ou la *Çounyatá* des Bouddhistes me semble correspondre au *Kairalyam* ou isolement des Sânkhyas, considéré à la fois comme état et comme séjour des âmes délivrées (2), à l'imitation du *Touriyam* des Oupanichads.

Tel paraît être aussi le sentiment de M. Ph. Ed. Foucaux, si j'en juge par ses notes sur le *Lalita-Vistara* qu'il a retraduit du tibetain en français. Il y déclare que les Bouddhistes ont substitué l'union avec le *Çounya* ou la *Çounyatá* à l'union avec Brahma, et que, par ces deux termes sanscrits, ils entendent le vide de la nature avant la création (3), le *milieu* où l'univers a pris naissance et s'est développé, en d'autres termes, le vide d'où tout est sorti et où tout doit retourner (4). Mais comme, durant les périodes de création, l'univers subsiste (5), il est clair qu'alors l'union avec le vide absolu ne peut s'opérer entièrement qu'en dehors, au-delà et au-dessus des trois mondes, et que par conséquent ce grand vide correspond à l'*Alókákáça* des Djainas, et, selon moi, au *kairalyam* des Sânkhyas (6).

(2) Sur ces divers mots, pris dans un sens général, voyez E. Burnouf, I, p. 112 et 162, et II, p. 370.

(3) Revoyez ci-dessus, p. 373-5, et du *Nirvâna indien*, p 75-8 et 108-13.

(4) C'est-à dire durant la dissolution des mondes.

(5) *Lalita Vistara*, traduc. franç., p. 151, note 10, et p. 287, note 1.

(6) En réalité ou en apparence, peu importe ici, car l'illusion a aussi ses phénomènes, selon la philosophie des Brahmanes, voir *Analyse de l'Oupnékhat*, par Lanjuinais, p. 74.

(6) Je tâcherai de caractériser ce vide absolu vers la fin du chap. VI ci-après.

M. Barthélemy Saint-Hilaire paraissait être de cet avis, du moins en ce qui concerne Kapila, lors de la publication de son grand mémoire déjà cité, quoique, dès cette époque, il se montrât très peu favorable à Çâkyamouni. Il reconnaissait pourtant alors avec ses devanciers, W. Jones, Colebrooke, Ch. Lassen, Wilson, Eug. Burnouf, etc., que le Bouddhisme n'est que le Sânkhya sorti de l'école et exposé au vulgaire avec de légers changements de forme pour se faire mieux écouter des auditeurs grossiers auxquels il parlait : « mais, ajoutait-il de son chef, c'est le Sânkhya poussé » par la doctrine du Nirvâna à sa limite extrême, sans » d'ailleurs s'avouer l'abîme où il est tombé » (1). Ainsi, selon lui, le *kaivalyam* de Kapila n'était point le néant ; le *Nirvâna* seul avait ce caractère, mais c'était, pour ainsi dire, à l'insçu de Çâkyamouni.

Il faut que, depuis cette époque, le savant critique ait changé d'opinion à l'égard de ces deux philosophes. En effet, il veut aujourd'hui trois choses : la première, que l'un ait préludé auprès de ses adeptes privilégiés, (les Brahmâtchârins, ou élèves en théologie), à la doctrine du *Nirvâna-néant* que l'autre a complétée et divulguée pour le salut des créatures ; la seconde, que celui-ci n'ait été que le plus logique et le plus audacieux des disciples de celui-là ; la troisième enfin, que tous deux partagent la responsabilité, si ce n'est la gloire de cet enseignement nihiliste ; car, poursuit-il, « le second n'a guère fait que révéler au monde les

---

(1) *Mémoire sur le Sânkhya*, p. 498-502, et *Journal des savants*, année 1854, p. 112. — Comparez Eug. Burnouf, I, p. 211, 455, 511 et 520.

(2) *Le Bouddha et sa Religion*, Avertissement, p. VIII.

» tristes principes de l'école du premier, en les pous-
» sant à bout avec une rigueur (de sectaire sans doute)
» qui s'est précipité dans l'abîme aperçu et redouté
» peut-être par la philosophie » (2). Il oublie que tous
deux s'expriment en termes qui écartent l'idée de cet
abîme prétendu, ou plutôt qui la repoussent expressément. Ainsi, Kapila nous déclare, comme je l'ai
déjà rappelé, que l'esprit détaché (Pouroucha kèvala),
peut devenir, dans une autre création, esprit suprême
(Paramâtman) ou esprit primordial (*Adipouroucha*) (1).
De son côté, Çâkyamouni nous annonce que le religieux
entré dans le Nirvâna (Parinirvrité) peut atteindre au
rang de Bouddha parfaitement accompli, d'être existant
par soi-même (Svayambhoû) (2). Dès lors, ne serait-il
pas dérisoire de prétendre qu'en empruntant aux Védas, aux Brâhmanas, aux Oupnichads, des dénominations consacrées à désigner l'Etre Suprême, absolu,
éternel, infini, etc., et qui plus est, en attribuant formellement à leurs ascètes bienheureux toutes les prérogatives de la divinité, l'omniscience, l'omnipotence, l'omniprésence et la domination souveraine sur tous les
êtres, Kapila et Çâkyamouni entendaient parler d'anéantissement total ? N'en résulte-t-il pas clairement,
au contraire, que le *Kaivalyam* de l'un et le *Nirvâna* de
l'autre désignaient à la fois et l'état des âmes redevenues purs esprits et le lieu de leur résidence habituelle,
je veux dire le séjour extra-mondain et supercéleste
dans lequel elles jouissent d'un bonheur éternel, semblable à celui du Brahma neutre des orthodoxes dont
elles prennent la place ?

(1) Ci-dessus, p. 372.
(2) M. Barthélemy Saint-Hilaire le reconnait implicitement.
Voir le *Bouddha et sa Religion*, p. 170.

Il n'y a donc là, quoiqu'en dise aujourd'hui l'habile académicien, aucune tache à la mémoire de Kapila, ni par suite à celle de Çâkyamouni, son imitateur. Par conséquent, je puis persister à soutenir que le Nirvâna du Bouddhisme primitif n'est pas le néant, jusqu'à ce que le savant auquel je réponds ait démontré la thèse contraire par des preuves positives tirées des soûtras bouddhiques, ou du moins, comme le dit le Code, par des présomptions *graves*, *précises* et *concordantes*, résultant du fonds même du sujet. C'est ce que nous allons rechercher au chapitre suivant.

V

Du Nirvâna sous la période des Conc… et des Soûtras Bouddhiques.

(Depuis la mort du Bouddha jusqu'au Ier siècle de notre ère).

« Chose bien singulière et bien remarquable ! dit M.
» Barthélemy Saint-Hilaire, Çâkyamsuni a laissé planer
» sur le Nirvâna une obscurité presque complète; on ne
» pourrait citer un seul Soûtra où il se soit appliqué à
» le définir comme tant d'autres idées qui en valent
» beaucoup moins la peine. Tout au plus va-t-il jusqu'à
» réfuter les fausses notions qu'on s'en faisait dans le
» monde des Brahmanes (Tirthakaras); mais ces expli-
» cations *négatives*, si elles font comprendre dans une
» certaine mesure ce que n'est pas le Nirvâna, ne disent
» jamais ce qu'il est ; et c'est là cependant ce qu'il im-
» portait de savoir » (1). Ce qui ne l'empêche pas d'affir-

(1) *Le Bouddha et sa Religion*, p. 132.

mer en fait que le Nirvâna des Bouddhistes est le néant.
« C'est là, ajoute-t-il, le véritable sens des *Soûtras* boud-
» dhiques, et l'on serait fort embarrassé d'y découvrir
» un seul passage sur le *Nirvâna* qui signifiât autre
» chose. Le *Nirvâna* n'y est jamais donné que pour la
» délivrance éternelle, la cessation infaillible de toutes
» les douleurs et de toutes les renaissances, *par l'anéan-*
» *tissement de tous les principes dont l'homme est formé.*
» Il faut bien en croire les *Soûtras* eux-mêmes. Leur
» langage, j'en conviens, est obscur ; mais il y aurait
» lieu d'être surpris qu'il fût plus clair ; c'est l'idée
» elle-même du néant qui est remplie de ténèbres ; et par
» suite, les expressions destinées à la rendre n'ont
» qu'une lueur insaisissable et sinistre. Mais les *Soû-*
» *tras* sont la véritable autorité, si ce n'est la seule ; et
» ils ne sont pas plus récusables que ne le serait l'Evan-
» gile pour l'interprétation de la foi chrétienne » (1).

J'ai cité ci-dessus (2) un savant pandit converti, traducteur du *Lalita Vistâra*, qui se montre bien moins
affirmatif que le critique français. « Laissant de côté
» les hérétiques, remarque-t-il dans sa préface, nous
» trouvons que même les Bouddhistes orthodoxes sont
» divisés en quatre sectes différentes, suivant le sens
» qu'ils attachent au terme *Nirvâna*. Nous avions fait
» de longs extraits pour savoir comment il est *à la fois*
» (3) l'équivalent de l'éternelle matière (primordia cæca) ;
» le séjour de l'éternelle félicité ; l'affranchissement de
» la transmigration, et enfin, positivement le néant ou
» l'anéantissement ; mais ne nous étant pas trouvé plus

(1) *Ouvr. cité*, *Avertissement*, p. VIII-IX ; texte, p. 133-4.
(2) Chap. I, p. 316 (vol.), p. 12 (brochure).
(3) *Tour-à-tour* rendrait mieux la pensée de l'auteur.

» avancé après tant de travail, nous avons renoncé à le
» continuer. . . . . . » (1).

M. Barthélemy Saint-Hilaire s'attache, comme de raison, à la dernière des quatre sectes mentionnées par ce pandit, la seule qui favorise ouvertement son système du Nirvâna néant. Il fait abstraction des trois autres, bien moins nihilistes et bien plus accréditées (2), ou plutôt il veut les ramener toutes à son hypothèse. Du reste, il garde le silence sur les explications, non plus *négatives* mais *affirmatives*, de certains textes très-explicites. Il se contente à peu près de cette remarque générale : « Si l'on interroge les rares et incomplètes défini-
» tions qu'on peut trouver dans les Soûtras, on arrive à
» la même conclusion. Presque toujours le nom du Nir-
» vâna est suivi d'une épithète qui veut dire : « où il
» ne reste plus rien de l'agrégation, où il ne reste plus
» rien de l'existence, où il ne reste plus rien absolu-
» ment » (3).

(1) *Lalita Vistâra*, édit. de Calcutta, p. 25, n°. 7, par Râdjêndra-Lal-Mittra. (Note communiquée par M. Ph. Ed. Foucaux).

(2) Sur ces quatre sectes, que je suppose être les plus anciennes, citées par les Védântistes, voyez ci-dessus, ch. III, p. 360 (vol.), p. 56 (broch.).

(3) *Le Bouddha et sa Religion*, p. 131. — Au lieu de *presque toujours*, il eût été plus exact de dire *quelquefois*. — On va voir qu'il s'agit des deux Nirvânas énigmatiques, l'un avec reste d'*Oupadhi* ou agrégation, et l'autre sans reste d'*Oupadhi*, sur lesquels je me suis expliqué dans mon *Mémoire du Nirvâna indien*, p. 85, 91-8, 110-3, d'après Eugène Burnouf, I, 78, 83, 589-92 ; II, p. 14, 185 (st. 32), 216, 335-7, 781, 831. Ce grand philologue, tout habile devin qu'il était souvent, n'y voyait pas ici très-clair, et j'avais mille raisons pour imiter sa réserve. Cependant j'ai osé tenter à mon tour une explication que je maintiens, jusqu'à plus ample informé, comme on dit au palais.

Parmi les livres bouddhiques, ceux dont on peut se prévaloir en cette partie, sont souvent aussi obscurs que diffus, j'en conviens avec lui ; mais ces deux défauts viennent de la difficulté de la matière, de la nature de l'enseignement, de la composition de l'auditoire et de la tournure d'esprit des Indiens. S'il est un cas où l'axiome de saint Paul : *la lettre tue et l'esprit vivifie*, trouve son application, c'est bien celui qui nous occupe. Eug. Burnouf, qui avait profondément étudié le Bouddhisme indien, a fait remarquer que les auteurs des Soûtras se montrent très-enclins à exagérer les négations, et que, par un tour pyrrhonien qui leur est familier, ils disent souvent beaucoup plus qu'ils ne pensent (1).

M. C. Schœbel en a très-justement tiré la conclusion suivante : « Dans le Bouddhisme, tous les termes néga-
» tifs, même quand ils sont posés comme absolus, ont
» une valeur relative, et l'anéantissement se rapporte
» toujours à la nature, à l'être créé, à ce qui a une for-
» me quelconque et qui en rappelle les conditions de
» créature » (2).

Le Bouddha-Bhagavat avait dû naturellement admettre plusieurs Nirvânas, c'est-à-dire plusieurs étages, degrés ou séjours de bonheur suprême, proportionnés aux divers degrés d'intelligence, de vertu ou de perfection de ses religieux (3). On lui en attribue ordinairement trois, savoir : le Nirvâna simple ou inférieur

---

(1) Voir notamment *Lotus*, etc., p. 813-4.

(2) *Le Bouddha et le Bouddhisme*, dans les *Annales de philosophie chrétienne*, de M. A. Bonnetty, 4e série, XV, p. 171, (cahier de mars 1857).

(3) Jésus-Christ lui-même n'a-t-il pas dit en parlant du ciel : « Il y a plusieurs demeures dans la maison de mon père. »

pour les *Çrâvakas* ou Auditeurs ; le Nirvâna complet ou moyen pour les *Pratyéka-Bouddhas* ou Bouddhas personnels qui ne se sont occupés que de leur propre salut, et le grand Nirvâna complet ou supérieur pour les Bouddhas parfaitement accomplis qui ont constamment travaillé pour le salut des autres. Quelquefois on n'en compte que deux, nommés : l'un *Nirvâna* avec reste d'*Oupadhi* ou d'agrégation, et l'autre *Nirvâna* sans reste d'*Oupadhi*. Le *Lotus de la Bonne loi* les réduit même à un seul (1).

C'est aux deux Nirvânas, caractérisés par la présence ou par l'absence de l'*Oupadhi*, que M. Barthélemy Saint-Hilaire fait allusion dans son dernier texte cité tout à l'heure. Mais, malgré la généralité des expressions, les passages allégués me paraissent devoir s'entendre uniquement de l'annihilation de la vie phénoménale ou de la vie relative de l'âme humaine, d'abord ici-bas avec un corps subtil emboîté dans un corps grossier, né de père et de mère, ensuite là-haut avec un corps subtil, recouvrant l'atome animé (le *Lingam*) qui ne quitte pas l'esprit pur tant qu'il reste soumis aux transmigrations, même dans les régions célestes les plus élevées et les plus durables,

(1) Sur tout cela voir Eug. Burnouf, II, p. 114-6 et *alibi passim*. — On comptait naturellement aussi autant de *Véhicules* ou moyens de transport que de Nirvânas. Le *Lotus de la bonne loi* s'évertue à établir au contraire que le Nirvâna complet est unique, aussi bien que le Véhicule qui sert à y conduire. L'auteur reconnaît pourtant qu'à cause de la faiblesse d'esprit des créatures, on distingue trois degrés dans cet unique Nirvâna, ainsi que trois Véhicules. — Au temps des voyages de Hiouen-Thsang, on ne parlait que de deux Véhicules, le grand et le petit, correspondant sans doute aux deux Nirvânas, l'un sans et l'autre avec reste d'*Oupadhi*.

sans en excepter le cas du séjour dans le ciel suprême ou
supérieur (1). Ainsi l'avait décidé Kapila, et Bhagavat a
suivi son exemple, sauf de légères modifications dans les
termes (2). Ce sont ces deux manières d'exister qui se
trouvent détruites, savoir : la première dans le Nirvâna
complet avec reste d'*Oupadhi* ou d'agrégation (vide seulement des cinq Skandhas, c'est-à-dire des cinq attributs
sensibles et intellectuels de l'existence), et la seconde
dans le grand Nirvâna complet (vide de tout). Mais, dans
celui-ci comme dans celui-là, le principe pensant reste
intact, à titre d'être simple, pur, immatériel, indissoluble. Toute la différence consiste en ce que, dans l'un,
ce principe a encore un appui, un soutien, un support
(*Lingam* chez les Sânkhyas, *Oupadhi* chez les Bouddhistes), tandis que, dans l'autre, il n'a plus d'autre
soutien et d'autre raison de son existence que lui-même :
il est devenu *Svayambhoû*, existant en soi et par soi. Je
ne sache guère que le système entièrement nihiliste de
la *Pradjnâpâramitâ* et du *Vinaya Soûtra* (livres attribués
au célèbre Nâgârdjouna), qui l'anéantisse, et cela par
une raison bien simple, c'est que ces deux recueils n'en

(1) Sur ces trois enveloppes corporelles, voir ci-dessus chapitre III, p. 351, note 2 (vol), p. 47 (broch.), note 2.

(2) D'un côté, *Soukchma-Çarira* et *Lingam*; de l'autre *Pantcha-Skandhas* et *Oupadhi*. Ce mot *Oupadhi* « support, appui, soutien »,
me paraît correspondre à celui de *Lingam*, « signe, indice, attribut » d'abord de la transmigration qu'il provoque, ensuite de la
force virile qu'il met en jeu. Il n'est pas sans rapport, d'un côté,
avec l'*Avidyâ* ou l'ignorance qui pousse l'esprit à s'incorporer, et
de l'autre avec le *Kléça* ou le *péché* qui tient cet esprit dans la
matière et fait que celui-ci transmigre tant qu'il n'est pas devenu *Nichkléça* « sans péché ».

reconnaissent pas même l'existence, ainsi qu'on le verra plus loin. Mais, dans le Bouddhisme orthodoxe, toutes les fois que le nom de *Nirvânam* est suivi de l'épithète *Niroupadhisêcham* signifiant « où il ne reste plus rien » de l'agrégation, même avec cette glose « où il ne » reste plus rien de l'existence, où il ne reste plus rien » absolument » (1), cela veut dire que tout y est annihilé, hormis l'esprit pur, ou le principe pensant.

L'exception admise en faveur de ce principe résulte avec évidence d'un Soûtra métaphysique où Bhagavat est censé passer en revue les différents Nirvânas imaginés par les écoles du Brahmanisme. Là on lui fait tenir ce langage : « Les hommes, qui ne voient dans le » Nirvâna que l'anéantissement, ne parviennent pas au » Nirvâna », et au même endroit on explique quel sens ces Brahmanes nihilistes attachent ici au mot *anéantissement*: « C'est la cessation de tout exercice de la pensée, pro» duite par un anéantissement de sa cause, semblable » à celui d'une lampe, d'un germe, du vent, et résultant » de l'oubli des choses passées, futures et présentes » (2). L'auteur rejette cette opinion, et donne clairement à entendre que l'intelligence, première cause de la pen-

---

(1) Voir, entre autres textes, cités par Eug. Burnouf, ceux du t. II, p. 811-4.

(2) *Saddharma-Langkâvatâra*, dans Eug. Burnouf, I, p. 516. Le savant traducteur penche à croire que ce Soûtra émane de l'école des *Yôgâtchâras*, qui, en proclamant avec celle des *Mâdhyamikas*, que *tout est vide*, en exceptait néanmoins le principe pensant. Voir Colebrooke, *ouvr. cité*, I, p. 391. — Dans la légende d'Adjâtaçatrou, le roi rapporte une déclaration entièrement nihiliste qui lui a été faite par le célèbre Brahmane Adjita kêsakambali. Voir Eug. Burnouf, II, p. 156.

sée, n'est pas anéantie dans le grand Nirvâna complet des Bouddhistes orthodoxes.

On lit plus loin dans le même Soûtra : « Le grand
» Nirvâna complet n'est pas un composé ; ce n'est ni la
» destruction ni la mort, parce que si c'était la mort,
» après lui reviendrait la chaîne des renaissances, et si
» c'était la destruction, il tomberait sous la définition
» d'un être composé » (1), c'est-à-dire qu'il serait divi-
» sible, dissoluble, destructible dans toutes ses parties,
» par conséquent périssable, ou, en langage bouddhique,
» passager, misérable et sans substance, comme le monde
matériel. » Un autre Soûtra répète dans le même sens :
« le grand Nirvâna complet *n'est pas un composé*, et il
» échappe à toute conception » (2). Ces simples mots
étaient très-significatifs pour tous les Bouddhistes. En
effet, le Bouddha rappelait souvent et posait en principe
que tout composé est périssable (3) ; il ajoutait que toute
chose qui périt est un mal (4). En outre, il faisait dire à
Gouptika, son contemporain et son partisan : « la forme a
» la condition de périssable, et le Nirvâna qui consiste
» dans la cessation de la forme, n'a pas la condition de
» périssable » (5). Çâkyamouni ne trouvait donc d'immu-
» tabilité que dans le *Nirvâna* (6). Aussi n'hésitait-il pas

(1) *Ibid*, I, p. 519.
(2) *Djina Alamkâra*, dans *id.*, II, p. 831.
(3) *Soûtra de Mandhâtri*, dans *idem*, I, p. 81 et 162. — *Lalita-Vistara*, trad. Foucaux, p. 172.
(4) *Acadâna Çataka*, dans Eug. Burnouf, I, p. 509.
(5) Légende de Gouptika, *ibid*.
(6) M. Barthélemy Saint-Hilaire lui-même le reconnaît, *ouvr. cité*, p. 131 et 135, sauf que, la première fois, il traduit *Nirvâna* par le vide et le néant, au lieu de transcrire tout bonnement le mot sanscrit.

à annoncer celui-ci comme la félicité suprême, comme le souverain bien dans l'autre monde (1). Or, puisque, à son avis, le Nirvâna n'était pas une chose qui périt, ce n'était pas un mal, ce n'était pas un anéantissement absolu. « Le Nirvâna, disais-je en 1856, est donc un bien, » car, en dégageant l'esprit de la matière, il le détache » de ses liens, il l'affranchit de ses entraves, il lui rend » sa liberté d'action ou de pensée, il anéantit pour lui » l'existence complexe, cause de tous ses malheurs » (2).

C'est en ce sens qu'il faut entendre ce texte du *Lalita-Vistara* : « ma doctrine est en opposition avec tous les » mondes, invisible en son essence de vide, épuisant le » désir, exempte de passion, empêchant toute production » de l'être (sous-entendez phénoménal), et conduisant au » Nirvâna » (3). En effet, le Bouddha y avait déclaré précédemment que cette doctrine est la voie qui conduit à l'immortalité, la porte de l'immortalité, l'immortalité même (4). Or, il serait dérisoire de traduire *immortalité* par *néant*. Aussi, dans le même Soûtra, Bhagavat se plaît-il à jouer sur le double sens du terme sanscrit *Amritam*, *immortalité* et *ambroisie*, pour faire bien comprendre que Nirvâna et bonheur éternel sont la même chose (5), langage qui d'ailleurs était très-intelligible pour les Indiens.

« Le Bouddha, porte encore le même Soûtra développé, » le Bouddha, parvenu au Nirvâna, entré dans la cité » de l'omniscience, et mêlé véritablement à tous les

---

(1) Cela ressort des textes non nihilistes qui parlent du repos, de la quiétude, des *joies* du Nirvâna.

(2) *Du Nirvâna indien*, p. 91.

(3) Traduction de M. Foucaux, p. 114.

(4) *Ibid*, p. 365, 371.

(5) *Ibid*, p. 61, 63, 187, 199, 312.

» Bouddhas antérieurs, est devenu *indivisible* » (6), c'est à dire que s'étant débarrassé de toute enveloppe corporelle, grossière, subtile ou atomique, il s'est trouvé réduit à l'état d'esprit pur, d'intelligence immatérielle, de principe pensant, non servi par des organes.

Dans un autre Soûtra, Bhagavat, après une profonde méditation, qui avait eu pour objet de se rendre maître des éléments de sa vie (matérielle, phénoménale, relative ou complexe, comme on voudra l'appeler), déclare ce qui suit : « Le solitaire a renoncé à l'existence, qui est
» semblable et différente, aux éléments dont se compose
» la vie. S'attachant à *l'esprit*, recueilli (2), il a, comme
» l'oiseau né de l'œuf, brisé sa coquille » (3).

Voilà des textes assez positifs, ce me semble, et aussi clairs que le comportaient et la nature de l'enseignement oral, et la composition mélangée de l'auditoire.

Le dernier passage surtout est très-remarquable. L'oiseau embryonnaire, arrivé à terme, qui brise la coquille de l'œuf épuisé dans lequel il ne trouve plus la nourriture convenable et nécessaire à son nouvel état, renferme une métaphore très-intelligible. Le Nirvâna n'y est plus figuré par les images de mort, d'ex-

---

(1) *Ibid*, p. 337.

(2) Cet adjectif, suivant Eug. Burnouf, II, p. 807, se rapporte au quatrième degré de la contemplation et signifie que l'ascète se possède, se contient, avec l'extérieur devenu indifférent et apathique, sans cesser d'ailleurs d'être intelligent, etc.

(3) *Soûtra de Mandhâtri*, dans le *Divya-Avadâna* du Népàl, trad. de M. Eug. Burnouf, I, p. 80. — J'avais déjà cité ces divers passages dans mon petit livre *du Nirvâna indien*, p. 91 et suivantes. Mais il était bon de les rapporter de nouveau, puisque les partisans du Nirvâna-néant paraissent les avoir complétement oubliés.

tinction, d'anéantissement, mais par celles de vie, d'existence, d'activité et de mouvement. On y fait allusion à la délivrance de l'ascète pour qui la vie aérienne, la vie éthérée, la vie invisible va commencer, l'oiseau affranchi de son enveloppe écailleuse devant bientôt prendre son vol dans les airs et disparaître enfin dans les cieux.

Il en est de même, à mon avis, de cette comparaison qu'on lit dans le *Milinda-Praçna Soutta* pâli de Ceylan, ouvrage d'ailleurs fortement empreint de Nihilisme : « Celui qui a détruit en soi les cent huit modes de mau- » vais désir, s'est délivré lui-même de la naissance (phé- » noménale), comme des anneaux d'un alligator » (1). Il ne peut pas être là question d'anéantissement de l'âme ; car alors la comparaison n'aurait pas de sens. L'homme délivré des étreintes du serpent, n'est pas étouffé, de même l'ascète qui a échappé par le Nirvâna aux anneaux de la transmigration, n'est point anéanti. Autrement il serait tombé de Carybde en Scylla. Le premier respire comme auparavant ; le second rentre dans son état originel et normal de pur esprit, de substance simple, d'intelligence libre et indépendante, de principe indestructible.

Enfin, M. Ph. Ed. Foucaux a bien voulu me communiquer tout récemment plusieurs passages du *Mahâparinirvâna Soûtra*, extraits et traduits par lui de la version tibétaine du Kandjour qui appartient à la Bibliothèque impériale de Paris (2). Les courts fragments qu'il a eu

---

(1) Dans l'*Eastern Monachism* de M. Spence Hardy, p. 291.— L'auteur anglais attribue ce Soûtra pâli au célèbre nihiliste *Nâgaséna*, ou mieux *Nâgârdjouna*; mais on verra plus loin, au chapitre VI, qu'il lui est postérieur.

(2) Il paraît que le texte sanscrit de ce curieux Soûtra manque en France. Je ne vois nulle part dans les deux grands ouvrages

l'obligeance de copier pour moi se rapportent trop spécialement aux principales notions que je veux relever ici, pour que je néglige de les transcrire avec son autorisation. J'y joindrai quelques éclaircissements qui me sont personnels, dans l'attente des explications plus complètes qu'il ne manquera pas de publier avec sa traduction de ce Soûtra développé.

« La délivrance complète (Parinirvânam) a une essence
» solide (Sâra), comme, par exemple, le Khadira (1), le
» Sandal et l'Agarou (2) qui d'eux-mêmes sont solides.
» La délivrance complète est pareille ; par essence elle
» est solide et durable » (3).

Il ne faut chercher ici aucune allusion au néant qui, n'étant absolument rien, ne saurait être appelé ni *solide* ni *durable*. On lit aussi dans la traduction anglaise du *Milinda-Praçna-Soutta*, cité tout-à-l'heure, que le Nirvâna est *ferme* et *stable*, en même temps qu'il est calme, pur, subtil, non-fait ni créé, non-sujet à croître ou à diminuer, libre de toute contrainte ou direction, exempt de la mort, de la douleur, des maux de l'existence, et procurant une grande béatitude (4).

« La délivrance complète, ajoute notre Soûtra, est le
« *vide du non-vide*. Ce qu'on appelle le *vide du vide* n'est
» absolument rien, et ce qui n'est absolument rien est
» pareil à la délivrance complète des Tîrthikas, des

d'Eug. Burnouf sur le Bouddhisme indien, que ce dernier ait eu communication soit du texte sanscrit, soit des deux versions tibétaine et chinoise ; mais il paraît avoir connu le texte pâli.
(1) Mimosa Catechu (note du traducteur).
(2) Aquilaria Agallocha (note du même).
(3) *Mahâparinirvâna Sûtra*, t. I, f°. 121 (note du même).
(4) Dans l'*Eastern Monachism* de M. Spence Hardy, p. 292.

« Nirgranthas, etc. (1). Pour les Nirgranthas elle est
» dite : « vide du vide », mais la délivrance complète
» qui ne ressemble pas à celle-là, est dite : « vide du
» non-vide » (2).

Je m'arrête en cet endroit, bien que la seconde idée
appelle une explication que l'auteur va bientôt donner ;
mais comme il n'explique pas la première, il est bon de
rechercher, par conjecture, ce qu'elle peut signifier.

Il paraît que, sous la période des Soûtras, la grande
dispute entre les Brahmanes et les Bouddhistes roulait
sur le vide (Çounya) et sur le plein (Poûrna). Les uns,
par horreur du premier, disaient : les espaces terrestres,
intermédiaires et célestes, sont pleins de Brahma. Les
autres, en haine du second, répondaient que ces espaces
sont vides de ce Grand-Tout (3) dont ils ne reconnais-
saient pas l'existence. Cependant ils exceptaient du vide
universel le principe pensant, *Atmâ* ou *Poudgala* multiple ;
ils ne s'en croyaient pas moins autorisés à déclarer que
la délivrance finale des Brahmanes orthodoxes ne pouvait
être que le vide du vide. En effet, l'âme universelle et
mixte, inventée par ces derniers, n'existant pas, selon les
Bouddhistes, il en résultait que ses parcelles, les âmes
particulières, ne devaient pas exister davantage dans le
système brahmanique ; car les parties d'un tout imagi-

---

(1) Les Soûtras bouddhiques appellent ainsi les Brahmanes
mendiants qui fréquentaient les confluents des rivières ou qui
marchaient nus.

(2) *Même Soûtra*, t. I, f°. 129 (note du traducteur).

(3) Sur cette querelle du plein et du vide, voyez la *Notice* de
feu M. le baron d'Eckstein *sur les Mémoires de Hiouen-Thsang*,
p. 28-9.—Ce Nestor de la littérature sanscrite en France adop-
tait du reste l'opinion de M. Barthélemy Saint-Hilaire.

naire ne pouvaient être elles-mêmes que chimériques. Cet argument *ad homines* n'était pas sans force, en raisonnant dans l'hypothèse des adversaires, *secundum subjectam materiam*. Les Bouddhistes paraissaient donc fondés à dire aux Nirgranthas : votre délivrance finale est le vide du vide ; la nôtre, au contraire, est le vide du non-vide.

Le *Mahâparinirvâna Soûtra* croit prouver cette seconde proposition en ajoutant ce qui suit :

« Comme, par exemple, un petit vase d'eau, de
» beurre, de caillé, de liqueur ou de miel, même quand
» il n'y a dedans ni eau, ni beurre, ni caillé, ni miel,
» s'appelle encore vase à l'eau, au beurre, etc. Ce qu'on
» appelle non-vide, c'est la forme durable, le bien-être,
» le moi, la pureté inébranlable qui ne transmigrent
» pas. Telles sont dans le petit vase l'existence de la
» forme, de l'odeur, du goût, du toucher, qui font qu'on
» dit que ce n'est pas le vide.

» La délivrance complète est pareille à ce petit vase, à
» la différence que si le petit vase rencontre une cause
» (de destruction), il se brisera, tandis que la délivrance
» complète est indestructible. *L'indestructibilité, voilà la
» délivrance complète* » (1).

On trouvera peut-être que la comparaison du vase fragile avec le Nirvâna indestructible cloche un peu trop, en ce qu'elle semble mettre sur la même ligne la matière ordinairement réputée *vide* et l'esprit déclaré *non-vide*. Mais il ne faut pas oublier que l'auteur écrit pour le peuple et s'exprime à dessein comme le ferait un homme du peuple (2). On saisit sans peine qu'il

(1) *Mahâparinirvâna Sûtra*, t. I, f°. 129-30, (note du traduct.).

(2) M. Barthélemy Saint-Hilaire, *Le Bouddha et sa Religion*, p. 79, a fait ressortir, après Eug. Burnouf, l'infériorité littéraire du Bouddhisme à l'égard des écoles brahmaniques, infériorité

entend ici par le mot *vide* la disparition du corps, et par le mot *non-vide* la permanence de l'âme. En effet, sa pensée est que l'esprit seul est indestructible, tandis que la matière est toujours périssable ; car il déclare nettement que « le non-vide, c'est la forme durable, le bien-
» être, le *moi*, la pureté inaltérable qui ne transmigrent
» point ».

Ce texte signifie donc que l'esprit pur, qui est affranchi de la nécessité de s'incorporer de nouveau, conserve non seulement son individualité, comme dans les systèmes de Kapila et de Gôtama (1), mais encore son *moi*, sa personnalité, son *Vidjnânam*, ainsi que l'appellent les Bouddhistes, c'est-à-dire cette triple faculté de la connaissance, de l'intelligence et de la conscience qui, pour eux, constitue l'âme tout entière (2), Kapila n'était pas clair sur ce point capital. Il plaçait la conscience *du moi* dans le *lingam*, dans cet atome animé, dans cet être primordial et très-subtil qui, selon lui, accompagne le *Pouroucha* dans le cours de ses transmigrations et ne le quitte, pour se dissoudre lui-même dans la nature, que lorsque cet esprit individuel a obtenu définitivement le *Kaivalyam* ou l'isolation complète. Ainsi, le chef de Sânkhyas réduisait l'âme affranchie à un rôle vague, indéterminé et insaisissable, en la représentant concentrée en elle-même (3), à l'exemple de l'âme du

résultant de l'obligation où il se trouvait de prendre un langage accessible à toutes les intelligences, c'est-à-dire le plus simple possible et le plus vulgaire.

(1) M. Barthélemy Saint-Hilaire, *Mémoire sur le Sânkhya*, p. 117 et suiv., et *Journal des savants*, année 1853, p. 201.

(2) Voyez ci-dessus, chap. III, p. 360 (vol.), p. 56 (broch.).

(3) M. Barthélemy Saint-Hilaire, *Mémoire sur le Sânkhya*, p. 262, 264, 268, 273, 157-8.

monde des Védàntistes durant les dissolutions périodiques de l'univers (1). Il en était de même, à plus forte raison, de Gôtama, qui assimilait l'état de libération de l'âme à l'état parfait d'insensibilité d'un homme profondément endormi et qui ne fait point de songes, parce que ce dialecticien, à l'imitation de Kapila, distinguait l'intelligence de l'âme elle-même, appelée par lui *Djîvâtmâ*, esprit vital, et l'en séparait, de manière que, dans ce second système, l'âme, qui ne comprend plus rien et qui ne s'intéresse plus à quoi que ce soit, doit être plongée dans une sorte de léthargie, ainsi que l'a très-bien remarqué M. Barthélemy Saint-Hilaire (2). L'auteur du *Mahâparinirvâna-Soutra*, plus populaire que ces deux philosophes, est aussi plus conséquent. Il restitue au *Poudgala* de Çâkyamouni, identique au *Pouroucha* de Kapila et au *Djîvâtmâ* de Gôtama, le sentiment de sa personnalité, son *moi* propre et caractéristique. l'*Aham*, je ou *moi*, qui le distingue en même temps qu'il le constitue suivant les plus anciennes écoles du Bouddhisme indien.

Voilà pourquoi une légende bouddhique, citée par Hiouen-Thsang, rapporte que « quand l'Honorable du siècle (le Bouddha) eut fini de convertir les hommes, il se plongea dans *les joies du Nirvâna* » (3), tandis qu'une autre, celle du roi Açôka, explique ainsi l'entrée de Bhagavat dans l'élément du Nirvâna sans reste d'*Oupadhi* : « Le grand Richi, ce sage doué d'intelli-
» gence et d'une grande compassion, *est entré dans le*

---

(1) *Lois de Manou*, I, p. 52-1.
(2) *Journal des savants*, année 1853, p. 311.
(3) *Mémoires sur les contrées occidentales*, trad. de M. Stanislas Julien, I, p. 310.

« *repos*, tranquille désormais parce qu'il n'avait plus
« d'êtres à convertir « (1).

Telle est, en définitive, la métaphysique du Nirvâna
selon les Soûtras simples et les Soûtras développés.
Elle est abstraite, j'en conviens, mais elle n'est pas
nihiliste. Aussi M. Barthélemy Saint-Hilaire ne s'en
montre-t-il pas satisfait. Il a recours de préférence à
deux Soûtras de très-grand développement dans lesquels il trouve amplement à se dédommager. Je veux
parler tant du fameux livre de la sagesse transcendante
(Pradjnâpâramitâ) dont l'auteur paraît être Nâgârdjouna, que des préceptes de discipline (Vinaya Soûtras),
émanés de ce Sceptique, réputé fondateur de l'école ou
secte des Mâdhyamikas (2).

Mais avant d'aborder ces deux recueils nihilistes, rappelons en quelques lignes ce que dit du Nirvâna le
Lotus de la Bonne loi, traduit en français par Eug.
Burnouf, ouvrage qui, conjointement avec le *Lalita-Vistara*, également traduit en français par M. Ph. Ed.
Foucaux, fait autorité dans le Bouddhisme orthodoxe.
Comme M. Barthélemy Saint-Hilaire nous renvoie à ces
deux Soûtras (3), et que j'ai déjà amplement puisé dans
le second, il convient, pour compléter ma revue rétrospective, de puiser dans le premier. Celui-ci n'admet

---

(1) Dans Eug. Burnouf, I, p. 389. — A la p. 370, on avait dit
que Bhagavat est alors *parvenu au comble de la quiétude*. — Notez
que *l'intelligence* mentionnée à la page 389, est la *Bôdhi*, faculté
acquise par les *Bouddhas* et communiquée aux *Bôdhisattvas* dont
le nom signifie « êtres unis à l'intelligence » ou « êtres doués
d'intelligence. »

(2) Voyez ci-dessus, chap. II, au commencement.

(3) *Compte-rendu des séances*, etc., etc., déjà cité, X, p. 318.

qu'un seul Nirvâna au lieu de deux ou trois. Mais, à l'exemple des autres Soûtras développés, il le présente comme l'état d'éternel repos que nous souhaitons aux morts dans notre doxologie catholique : *Requiem æternam dona eis, Domine*, etc. C'est, selon lui, le pur, le fortuné, l'immortel Nirvâna (1), le dernier terme de l'existence (relative) (2), l'affranchissement de la naissance, de la vieillesse, de la mort et de la douleur (3), l'état futur du Bouddha parfaitement accompli (4), le trésor de la science de la *Bôdhi* (ou de l'intelligence du Bouddha), le trésor de la science du *Tathâgata* (sorti de ce monde), de la science du *Svayambhôu* (existant par soi-même, le joyau de l'omniscience, le plus précieux de tous les biens (5). « Je ne sache pas, écri-
» vais-je en 1856 (6), et j'ose le répéter aujourd'hui ,
» je ne sache pas qu'en aucune langue, religion
» ou philosophie, on ait ainsi parlé du néant. Les
» Bouddhistes, en renchérissant sur les Brahmanes,
» entendaient, comme eux, par leur grand Nirvâna
» complet, le *nec plus ultra* du bonheur éternel, en sans-
» crit *Nihçrêyasâmritam* » (7). Il va de soi que cette suprême béatitude consistait principalement dans les avantages ci-après : la négation de toute forme corporelle et périssable, l'anéantissement du malheur, l'ex-

(1) Dans Eug. Burnouf, II, p. 88, et 63.
(2) *Ibid*, p. 28.
(3) *Ibid*, p. 45.
(4) *Ibid*, p. 63.
(5) *Ibid*, p. 68 et 282.
(6) *Du Nirvâna indien*, p. 120.
(7) Dans les *Lois de Manou*, XII, 82 et suiv., ou Colebrooke, ouvr. cité, p. 101.

tinction de l'incendie des vices, la purification de toutes les souillures et de toutes les corruptions du péché, l'affranchissement de toutes les misères de l'existence (en corps et en âme, s'entend), enfin, l'obtention de *l'état de repos et de quiétude qui est le Nirvâna*, disent les Soûtras bouddhiques de toutes les nuances (1)

Combien différent est le langage des deux traités nihilistes dont s'autorise M. Barthélemy Saint-Hilaire !

Là, on ne se borne plus à sacrifier la matière à l'esprit, le phénomène à la substance, la chose qui est connue à l'intelligence qui connaît : on immole les deux à la fois. On n'y reconnaît pas plus l'existence du sujet pensant que la réalité de l'objet pensé. Là, les trois vérités sublimes, appelées la triple science (Tri-vidyâ) : « Ceci est passager, ceci est misère, ceci est » vide ou sans substance » (2), qui, dans le Bouddhisme orthodoxe, ne s'appliquent qu'au monde physique, s'étendent *à fortiori* au monde immatériel. Le Bouddha s'était borné à prêcher le néant de toutes choses, en face du Nirvana qui seul, à ses yeux, est réel et immuable (3). De même, chez les Juifs, l'Ecclésiaste n'avait appliqué qu'aux choses d'ici-bas sa désolante maxime : *Vanitas vanitatum et omnia vanitas*. Mais, chez les Indiens, la *Pradjnâ-pâramitâ* et le *Vinaya-Soûtra* de Nâgârdjouna ont aussi passé le niveau sur les choses d'en haut.

(1) Voir les textes cités par Eug. Burnouf, I. p. 370, 389, 411 et 509 ; II, p. 332, 405, 519, 521 et 511. — Voir aussi *du Nirvâna indien*, p. 92.

(2) Revoir ci-dessus, chap. III, p. 331 (vol), ou p 50 (bro.).

(3) *Le Bouddha et sa Religion*, p. 131 et 155. — Eug. Burnouf, I, p. 509.

La première proclame sans hésiter l'absolue vacuité non seulement de toute existence, mais encore de toute notion (1). « Il est difficile de croire, remarque à ce
» sujet notre grand philologue, que Çâkyamouni fût
» devenu le chef d'une réunion d'ascètes destinée plus
» tard à former un corps de religieux, s'il eût débuté
» par des axiomes tels que ceux que je viens de rap-
» peler » (2).

Le second, au jugement du même critique, va encore plus loin, s'il est possible. Ce n'est d'un bout à l'autre qu'une longue théorie du Nihilisme : « Tout y passe, fait
» encore observer ce juge impartial, Dieu et le Bouddha,
» l'esprit et l'homme, la nature et le monde…. On a peine
» à comprendre comment ce livre peut se donner pour
» une des autorités de la doctrine de Çâkyamouni. Il
» semble qu'un Brâhmane voulant réduire au néant
» cette doctrine, ne pourrait mieux faire que d'adopter
» les arguments négatifs de Nâgârdjouna et de son
» commentateur » (3).

Remarquons à ce sujet que les deux recueils en question et les commentaires ou livres qui s'y rattachent, ont peu d'autorité, si ce n'est pour la secte même des *Mâdhyamikas*; qu'ils ne font pas partie de la collection des ouvrages réputés *canoniques* au Tibet, et qu'ils ne se trouvent que dans le *Standjour*, c'est-à-dire dans la collection des gloses et des ouvrages littéraires (4).

Cela se conçoit; car, à en croire ces deux livres, il n'y aurait ni sauveur, ni sauvés, ni salut. Il n'existerait au-

(1) Voir les passages cités par Eug. Burnouf, I, p. 171-83.
(2) Eug. Burnouf, I, p. 184.
(3) Eug. Burnouf, I, p. 560.
(4) Suivant Csoma de Koros et Eug. Burnouf, I, p. 130.

un être ; le nom de Bouddha lui-même ne serait qu'un mot, qu'une pure illusion, qu'un mirage (1).

M. Barthélemy Saint-Hilaire ne se borne pas à prendre la sagesse transcendante pour l'expression la plus haute de la philosophie bouddhique, c'est-à-dire pour le développement logique des germes dispersés dans les Soûtras antérieurs, ainsi que l'avait fait Eug. Burnouf (2) ; il y voit de plus la reproduction exacte des principes métaphysiques du Bouddha lui-même, expliqués par lui durant cinquante ans et familiers à tous ses disciples (3). Il faudrait donc appliquer à la doctrine du maître ce jugement sévère, mais juste, que le docte critique porte lui-même avec toute raison contre la *Pradjnâpâramitâ* : « Elle va bien au-delà du scepticisme le plus
« audacieux de la Grèce et de la Renaissance. Elle
« essaie de tout nier jusqu'à l'esprit qui nie ; et si une
« telle contradiction est digne de dédain plus encore
« que d'étude, elle ne laisse du moins aucun doute sur
« le système de ceux qui la tentent avec *autant d'énergie*
« *que de déraison* » (4).

Sur ce dernier point, aucun doute n'est possible. Mais, en 1855, M. Barthélemy Saint-Hilaire n'osait pas accuser le Bouddha des excès de scepticisme où la *plupart* de ses adhérents, disait-il en exagérant beaucoup, se sont laissé emporter. Il se bornait à l'en rendre responsable jusqu'à un certain point, parce que c'est lui qui en aurait déposé le germe dans ses doctrines princi-

(1) Eug. Burnouf, I, p. 178, 180 et 593.
(2) Eug. Burnouf, I, p. 181 et 522, et Barthélemy Saint-Hilaire, *ouv. cité, Avertissement*, p. XIII.
(3) *Ibid, Avertissement*, p. XIV.
(4) *Ibid, Avertissement*, p. XIII-IV.

pales (1), reproche qu'il réitère dans la réimpression de ses anciens Mémoires (2). C'était déjà trop ; car, à ce compte, le Christ lui-même ne serait pas entièrement à l'abri des justes critiques infligées à certains interprètes de son enseignement divin. La vérité est que, suivant la très-judicieuse observation d'Eug. Burnouf, « il y a » entre les Soûtras, considérés comme source de la mé- » taphysique bouddhique, et la *Pradjnâ* ou les livres » qui en dépendent, l'intervalle de plusieurs siècles, et » la différence qui sépare une doctrine qui n'en est qu'à » ses premiers débuts d'une philosophie qui a atteint à » ses derniers développements » (3) ; ajoutons : mais qui est arrivée à des conséquences extrêmes que le Bouddha eût certainement désavouées.

Ici d'ailleurs se présentent trois graves difficultés : la première est de savoir si ces énergumènes du pyrrhonisme indien, venus seulement six à sept siècles après la mort de Çâkyamouni, ont recruté beaucoup de disciples dans l'Inde même où on les a vus apparaître à la suite de Nâgârdjouna ; la seconde, si leur doctrine nihiliste a jamais pu triompher chez une nation essentiellement religieuse, au sein de laquelle la croyance à l'autre monde a constamment prédominé depuis la période Védique jusqu'à nos jours ; la troisième enfin, si ce pyrrhonisme incroyable s'est propagé, étendu, imposé comme règle de foi parmi les peuples des contrées voisines. Car, ne l'oublions pas, le Bouddhisme, de simple philosophie qu'il était d'abord, est devenu une grande religion : c'est le grain de sénevé qui, semé

(1) *Journal des savants*, année 1855, p. 52.
(2) *Le Bouddha et sa Religion*, p. 131.
(3) Eug. Burnouf, I, p. 522.

en bonne terre, y a produit jusqu'à nos jours d'innombrables rejetons.

M. Barthélemy Saint-Hilaire résout ces trois questions par l'affirmative, mais sans autres preuves que les attestations des anciens Brahmanes et des missionnaires modernes. Il s'objecte cependant à lui-même que « ces
» étranges aberrations de l'esprit humain, qui déjà nous
» surprennent de la part des philosophes les plus scepti-
» ques, ne sont plus possibles, si l'on prétend les retrou-
» ver dans des nations entières. » Voici son unique réponse : « Pour ma part, dit-il, je ne vois pas pour-
» quoi des nations, quelque nombreuses qu'elles soient,
» ne penseraient pas ce que pense l'individu. Les peu-
» ples bouddhiques ont reçu la foi qui leur était offerte
» et qui ne laissait pas que d'avoir quelques grands
» côtés, comme les peuples du paganisme et du moyen-
» âge ont reçu la foi chrétienne. Les masses suivent
» toujours aveuglément les chefs qui ont mérité leur
» confiance. Je ne fais pas au Christianisme, ajoute-t-il,
» l'injure de le comparer au Bouddhisme ; mais je ne
» crois pas qu'il soit mieux compris de notre vulgaire
» dans ses admirables profondeurs, que le Bouddhisme
» ne l'est par les peuplades de la Mongolie, du Ti-
» bet, de la Chine ou de Ceylan. » (1).

Je le demande à tout lecteur impartial et désintéressé, est-ce là répondre ? La *comparaison* que l'on fait ici, tout en se défendant de la faire, prouve-t-elle que les peuplades de Ceylan, de la Chine, du Tibet et de la Mongolie adorent le néant, aspirent au néant et ne placent que dans le néant leur espoir contre les maux de l'existence ? Non assurément, et nous allons voir au chapitre suivant que M. Barthélemy St-Hilaire n'est pas éloigné d'en convenir

(1) *Le Bouddha et sa Religion*, Avertissement, p. XXII-III.

VI.

Du Nirvâna depuis l'époque des derniers Soûtras jusqu'à nos jours.

Après avoir déclaré que les Soûtras ne sont pas plus récusables pour les Bouddhistes, que ne le serait l'Evangile pour les chrétiens, M. Barthélemy Saint-Hilaire poursuit en ces termes :

« Je ne nie pas d'ailleurs que l'on ne puisse alléguer
» bien des exemples où des personnages bouddhistes,
» bôdhisattvas, arhats, bhikchous ou autres, entrés dans
» le *Nirvâna*, n'en ressortent pleins de vie (1). Il semble
» donc que le *Nirvâna* n'est point le néant, puisqu'on en
» peut revenir. Mais cet argument, s'il avait quelque
» portée, en aurait beaucoup trop. Le *Nirvâna* ne serait
» pas plus alors l'absorption en Dieu que l'anéantis-
» sement. A quoi bon être absorbé en Dieu, et être déli-
» vré sous cette forme, si l'on en est encore à rentrer dans
» l'existence pour prendre part à ses épreuves et à ses
» douleurs ? Ainsi dans la doctrine bouddhique, les ré-
» surrections arrachées au *Nirvâna* ne signifient rien ; ce
» ne sont que des jeux d'imagination, des légendes plus
» ou moins extravagantes, comme toutes celles où se
» plaît le génie indien, et qu'on retrouve aussi nom-
» breuses et aussi déraisonnables dans les *Brâhmanas*
» védiques et dans les *Soûtras* du Bouddhisme, dans les

---

(1) *Le Lotus de la Bonne loi* en fournit nombre d'exemples chez les bouddhistes du Nord qui, selon la remarque d'Eug. Burnouf, II, p. 10, se plaisent à peupler l'infinité de l'espace d'un nombre infini de Bouddhas existants par eux-mêmes ou *Svayambhoûrah*.

» poëmes épiques et dans les *Pourânas*. Mais chaque fois
» que les *Soûtras* bouddhiques abordent directement la
» notion du *Nirvâna*, c'est toujours pour en donner l'in-
» terprétation que j'adopte (1). Il est vrai que pour
» définir le *Nirvâna*, ils s'attachent bien plutôt à dire ce
» qu'il n'est pas, qu'à dire ce qu'il est (2). Mais la cause
» de cet embarras est évidente, et le néant qui a fui
» des esprits aussi subtils et aussi délicats que les
» sophistes de la Grèce, échappe à bien plus forte raison
» à ces esprits désordonnés et intempérants des moines
» bouddhistes. Ils oublient bientôt les esquisses impar-
» faites qu'ils ont tracées du *Nirvâna* ; et rendus à l'ins-
» tinct de la nature humaine, ils n'hésitent pas à évo-
» quer du néant ces saints personnages qu'ils adorent
» et auxquels ils s'adressent dans leurs ferventes priè-
» res. Ils les réalisent sans penser un instant qu'ils les
» ont anéantis, et que le néant a été la récompense de
» leur incomparable vertu » (3).

N'en déplaise à l'habile dialecticien, la stupidité de
ces moines bouddhistes serait par trop incroyable. N'est-
il pas plus simple et plus rationnel de penser que s'ils
réalisent leurs Bouddhas entrés dans le grand Nirvâna
complet, c'est qu'ils ne croient pas à leur anéantissement, pas plus que les philosophes sânkhyas ne croient
à l'anéantissement de leurs *Pourouchas* détachés pour
jamais des liens de la nature, pas plus que les brahmanes orthodoxes ne croient à l'anéantissement des âmes

---

(1) Je crois avoir démontré le contraire au chapitre V qui précède.

(2) On a vu au même chapitre que toutes les explications qu'ils donnent du Nirvâna ne sont pas purement *négatives*.

(3) *Ouvr. cité, Avertissement*, p. IX et X.

de leurs ascètes après leur union intime avec Brahma neutre.

M. Barthélemy Saint-Hilaire prétend, il est vrai, qu'en cette matière les védântistes et les sânkhyas ne sont pas plus raisonnables que les bouddhistes, puisqu'ils font aussi réapparaître dans le monde les ascètes qui ont obtenu la délivrance finale. Mais je me permettrai de lui rappeler ce que lui-même avait reconnu dans les années 1853 à 55, à savoir : que toutes les écoles philosophiques ou religieuses de l'Inde, attribuaient des pouvoirs magiques et des facultés surnaturelles non seulement aux contemplatifs qui, dans ce monde, étaient parvenus aux degrés supérieurs de l'ascétisme, mais encore et surtout, dans l'autre monde, aux âmes définitivement affranchies, pouvoirs et facultés qui permettaient à celles-ci, non pas de prendre part, comme il le dit maintenant, aux épreuves aux douleurs de l'existence, mais bien de porter intérêt aux créatures enlacées dans les liens de la matière, sans pour cela y retomber elles-mêmes (1); sauf, chez les bouddhistes, le cas exceptionnel où un Bôdhisattva, jouissant des délices du ciel appelé *Touchita*, obtient de l'un des Bouddhas antérieurs l'inappréciable avantage d'en descendre et de s'incarner sur la terre pour y travailler, en qualité de Bouddha parfaitement accompli, au salut de toutes les créatures (2). Ce sont là, je le reconnais, de pures rêveries, des légendes plus ou moins extravagantes à notre point de vue moderne;

(1) Voir 1° *Mémoire sur le Sânkhya*, p. 198 et 389 ; 2° *Journal des savants*, de 1853, p. 00 en note, et 3° *le Bouddha et sa Religion*, p. 113, à la note.

(2) Voir là-dessus Eug. Burnouf, I. p. 160, et II. p. 302.

mais on les retrouve aussi chez les théurges du Néoplatonisme, et chez certains Gnostiques de l'Eglise primitive. Elles présupposent nécessairement que nulle part on ne plongeait les âmes délivrées dans le néant absolu. Partout on les croyait vivantes d'une vie plus ou moins caractérisée, soit qu'avec les Brahmanes orthodoxes on les absorbât dans Brahma neutre, soit qu'avec les Brahmanes Nyâyistes on les livrât à un sommeil profond et léthargique en quelque sorte, soit enfin qu'avec les bouddhistes orthodoxes on les plongeât dans le grand vide (Mahâçounya) ou dans la grande vacuité (Mahâçounyatâ).

« Mais, objecte M. Barthélemy Saint-Hilaire, si le « Nirvâna des Bouddhistes n'est pas un néant éternel et « définitif, qu'on nous dise ce qu'il est ? (1) » Les Soûtras cités au chapitre précédent répondent suffisamment à cette question. Dans celui-ci, je me bornerai tout-à-l'heure à rapporter la réponse du *Milindapraçnasoutta* pâli, autorité qui ne doit pas lui paraître suspecte, puisqu'on la dit émanée du nihiliste Nâgârdjouna. « Le » Bouddha lui-même, ajoute-t-il, n'a jamais donné une » autre signification au *Nirvâna*. Que si plus tard, et » après de longs siècles, les explications du Nirvâna ont » quelque peu varié, elles n'altèrent point le caractère » originel de la doctrine. Les écoles qui subsistent en» core de nos jours au Népâl, ne sont que des échos peu » fidèles, qu'il vaut mieux ne pas appeler en témoi» gnage, quand nous pouvons consulter les monuments » primitifs que nous avons entre les mains. Qui pour» rait nier que le Bouddhisme ne se soit modifié dans le » cours de son existence, ou qu'il ne se modifie encore ?

(1) *Ouvr. cité*, texte, p. 139.

« Mais quand on parle du Bouddhisme, c'est celui qu'a
» fondé le Bouddha lui-même, qu'ont fixé les Trois Con-
» ciles (1), qui est déposé dans les ouvrages canoniques
» de la Triple corbeille (2), et qu'ont adopté les Trois
» précieux (3). Celui-là, c'est le Bouddhisme de l'anéan-
» tissement, tel que je l'ai compris, et tel qu'il s'est
» compris lui-même (4). Ainsi, poursuit-il quelques
» lignes après, les développements qu'a pu recevoir
» postérieurement le Bouddhisme n'ont aucune valeur
» contre l'opinion que je défends. Je ne veux discuter
» que le Bouddhisme des *Soûtras*, laissant les autres
» pour ce qu'ils sont et les trouvant à la fois moins au-
» thentiques et moins conséquents » (5).

Malgré ses réserves étudiées, le savant critique avoue ici, très implicitement il est vrai, que les écoles théistes du Népâl ou du Nord comprennent le Nirvâna autrement que lui. Et, en effet, elles y voient une absorption de l'âme affranchie les unes dans leur mythique *Adi-bouddha* (6), les autres dans la *Pradjnâ* ou sagesse divine (7), d'autres encore dans le *Vidjnânam* universel (8), les dernières enfin dans le Bouddha-Bhagavat lui-

(1) Ou les *quatre*, car M. Lassen, *Indische Alterthumscunde*, II, p. 62-3, 79, 85, 229, 412 et 860, en compte tout autant pour concilier les traditions des Tibétains avec celles des Singhalais.

(2) Ou le *Tripitaka* comprenant la morale, la discipline et la métaphysique.

(3) Ou le *Triratna* composé du Bouddha, de la loi (Dharma), et de l'assemblée (Sangha).

(4) *Ouvr. cité, Avertissement*, p. XI.

(5) *Ibid*, p. XI-XII.

(6) Dans Eug. Burnouf, I, p. 112-3 et 637.

(7) *Ibid*, p. 112.

(8) Dans *idem*, II, p. 476, 512 et suiv.

même, élevé au rang de Bouddha suprême et qualifié « le premier des êtres ou le suprême des êtres, le dieu « des dieux, plus élevé que tous les dieux, non surpassé « par aucun autre » (1).

Dans sa réponse à MM. Ad. Franck et Ad. Garnier, l'auteur que je combats se retranche prudemment derrière les Bouddhistes du Sud ou de Ceylan, du Birman et de Pékin (2), dont les livres religieux sont moins connus que ceux des Bouddhistes du Nord ou du Népâl. Mais déjà on a vu qu'eux aussi adorent le Bouddha comme *le dieu des dieux* (3) et font également rentrer les êtres dans l'universel *Vidjnânam*, substitué par eux comme par ceux du Nord au *Paramâtman* brahmanique (4). Nul doute, par conséquent, qu'ils ne se forment du Nirvâna la même idée que leurs co-religionnaires du Népâl.

M. Barthélemy Saint-Hilaire oserait-il prétendre, par hasard, que les deux querelles métaphysiques sur ce sujet qui divisaient les ascètes du Bouddhisme, savoir : dans l'Inde au VIIe siècle de notre ère, et dans l'île de Ceylan au commencement du nôtre, roulaient sur la question de savoir quel est celui des deux partis contraires qui jouirait du bonheur de l'anéantissement total après la mort ? Il raconte lui-même qu'au temps de Hiouen-Thsang, les Bouddhistes de l'Inde se partageaient en deux sectes rivales et acharnées l'une contre l'au-

(1) *Lalita-Vistara* de M. Foucaux, p. 114-5; 311 et 317. — *Manuel tibétain*, traduit par M. Huc, missionnaire français, ouvr. cité. II, p. 118. — Voyez d'ailleurs ci-dessus, chap. II, *in fine*.
(2) *Compte-rendu des séances*, etc., déjà cité, p. 350.
(3) Voyez ci-dessus, chap. II, p. 313 (vol.), ou p. 39 (broch.).
(4) *Ibid*.

tre; que les partisans du *Grand-Véhicule* privaient du Nirvâna leurs co-religionnaires, sectateurs du *Petit-Véhicule*, en prétendant que ceux-ci, malgré toutes leurs austérités, restaient toujours soumis aux transmigrations (1). Il ajoute plus loin qu'il y a une quarantaine d'années, les prêtres de Ceylan et ceux d'Amarapoura, qui étaient venus du Birman dans cette île pour y réformer certains abus, se déniaient les uns aux autres le Nirvâna (2). Pense-t-il sérieusement que ces disputes si ardentes, si envenimées, aient eu pour cause et pour objet l'espoir de ne plus exister du tout après la mort, afin d'échapper plus sûrement à la fatale loi des renaissances? Non sans doute; car, en dernière analyse, il juge plus prudent de ne point dépasser le Bouddhisme des Soûtras.

Néanmoins le Bouddhisme plus ancien auquel il se raccroche, ne se montre guère favorable à sa thèse, si ce n'est, à Ceylan, dans les livres des Mâdhyamikas, et au Népâl dans ceux des *Sråbhåvikas* purs. Et encore, les arguments qu'on y puise sont-ils tant soit peu équivoques, en ce qu'il y est parlé de l'absorption dans le vide, expressions que la plupart des missionnaires anciens et modernes confondent avec

---

(1) *Le Bouddha et sa Religion*, p. 302.—On ne sait pas au juste en quoi consistait la différence des deux *Véhicules* ou moyens de salut. Ils correspondaient sans doute aux *deux Nirvânas*, l'un sans reste et l'autre avec reste d'Oupadhi. On attribue l'invention du premier à Nâgârdjouna. Mais cette origine ne prouverait point que le grand Véhicule conduisait à l'annihilation du principe pensant, puisqu'il a été adopté par les *Yôgatâchâras*, partisans de l'éternité de ce principe. (Voir *Journal des savants*, année 1861, p. 74.

(2) *Même ouvr. cité*, p. 106.

l'absorption dans le néant, quoique ce ne soit pas la même chose. Je rapporterai pour exemple le *Milinda-Praçna-Soutta* pâli, déjà cité d'après les fragments traduits et publiés par M. Spence Hardy.

Ce Soûtra paraît être en vogue à Ceylan. On l'attribue communément au célèbre religieux Nâgârdjouna, plus connu dans cette île sous le nom de Nâgasêna. Mais si, comme le soutiennent MM. Benfey et A. Weber (1), le royal interlocuteur Milinda n'est autre que le roi gréco-bactrien *Menandros*, qui, sur ses médailles, est appelé *Minanda*, et paraît identique au roi de Sâgala (Çâkala), *Milinda*, il est évident que cet ouvrage ne peut émaner de Nâgârdjouna, qui écrivait près de cent ans auparavant (2).

Quelle que soit sa date exacte, ce Soûtra n'est peut-être pas aussi nihiliste qu'on le pense, ou, si on l'aime mieux, son Nihilisme est du moins tempéré par des propositions que l'orthodoxie bouddhique n'aurait pas désavouées, si tant est qu'elle ne les ait pas dictées elle-même ou fait insérer après coup dans le texte. Par exemple, on y lit celles-ci : « Le Nirvâna n'est ni aux » points cardinaux, ni au-dessus ni au-dessous de la

---

(1) Voyez l'*Histoire de la littérature indienne* de ce dernier, traduite par M. A. Sadous, p. 131, note 1.

(2) M. Ch. Lassen, *Ind. Alterth*, II, p. 327 et suiv., fait régner Ménandre, de l'an 144 à l'an 165 de notre ère. Nâgârdjouna, selon le même savant, *ibid*, p. 59, note 2, p. 413 et 889, était contemporain du roi kachmirien Abhîmaniou, successeur de Kanichka, sous le règne duquel eut lieu le dernier Concile (3e ou 4e, il n'importe ici). Kanichka avait régné, selon M. Lassen, (*ibid*), de l'an 10 à l'an 40, et Abhimaniou de l'an 41 à l'an 65 depuis Jésus-Christ.

« terre (1). Il n'a pas plus de *localité* que le feu... Où est
« le Nirvâna? Quand le feu est éteint, peut-on dire
« qu'il est ici ou qu'il est là? » (2). Ces passages, considérés à part, ne me paraissent pas emporter nécessairement l'idée que le Nirvâna soit le néant. Ils peuvent signifier qu'il est partout et nulle part, comme exprimant l'état indéfinissable, incompréhensible des âmes immatérielles entièrement isolées de la nature. En effet, d'un côté, l'auteur annonce que le Nirvâna n'a point de *locality*, comme porte la traduction anglaise, c'est-à-dire de présence, d'existence locale. D'un autre côté, au même endroit et quelques pages plus haut, il le confond expressément avec l'espace libre et ouvert (angl. open space), c'est-à-dire avec le vide immense, avec *le milieu* incommensurable au sein duquel réside l'univers (3). A la vérité, il avait déclaré auparavant que le Nirvâna n'est point une substance (4). Mais cela pouvait exprimer uniquement que le mot *âkâça*, dont tout le monde se servait dans l'Inde pour désigner l'espace en général, n'avait pas pour lui le sens brahmanique de *fluide éthéré*, mais bien la signification bouddhique d'*étendue vide*. De ce vide au néant, il n'y a qu'un pas sans doute, et, à titre de *Mâdhyamika* ou de Nihiliste, l'auteur a dû le franchir. Toutefois, notons bien ceci : pressé par le roi Milinda de dire au juste ce que c'est que le Nirvâna, ce docteur répond, vraisemblablement d'après les Soûtras antérieurs : « C'est un mystère ; c'est un état *surnaturel*,
« indescriptible, inénarrable, dont les attributs ou les

---

(1) Les antipodes étaient alors bien connus dans l'Inde.
(2) Dans l'*Eastern Monachism*, p. 299-300.
(3) *Ibid*, p. 293 et 299.
(4) *Ibid*, 292.

« propriétés ne peuvent être déclarés » (1). Ce qui signifie, sans nul doute, que c'est un état dont ne peut se faire une idée quiconque n'y est pas entré.

Ainsi entendue, cette réponse est encore celle à laquelle la philosophie spiritualiste est à peu près réduite de nos jours ; car, suivant la judicieuse remarque de M. Ferraz :
« Le monde futur est un monde scellé dont les secrets
» sont interdits à notre esprit comme à nos yeux ; nous
» ne saurions les surprendre sans mourir » (2).

M. Barthélemy Saint-Hilaire doit accepter la réponse de Nâgasèna ou plutôt de son disciple, si tant est que je l'aie bien interprétée, car elle revient à celle qu'il donnait lui-même à propos du *Kaivalyam* de Kapila :
« Ce sujet obscur, disait-il en 1852, ne comportait pas
» de grands développements », et il ne trouvait pas trop mauvais que le chef des Sânkhyas eût gardé là-dessus un silence prudent (3). Pourquoi donc se montre-t-il plus sévère à l'endroit du Bouddha ? Est-ce que ce dernier n'est pas plus explicite que son prédécesseur dans le sens de la permanence de l'âme délivrée ? Ne nous déclare-t-il point, par la bouche de Gouptika, son contemporain et son partner : « la forme a la condition
» de périssable, et le Nirvâna, qui consiste dans la cessation de la forme, n'a pas la condition de périssable » (3).

Je reconnais, du reste, que le *Milindapraçna Soutta* contient des assertions très nihilistes, en apparence du

(1) *Ibid*, p. 193 et 199.
(2) *Psychologie de St-Augustin*, d'après l'article précédemment cité de M. Paul Janet, *Revue des Deux Mondes*, 15 mai 1863, p. 135.
(3) *Mémoire sur le Sânkhya*, p. 178-9 et 197.

moins, si l'on en juge par la traduction anglaise. Mais considérées au fond, ces traces de Nihilisme absolu pourraient peut-être s'interpréter dans un sens orthodoxe. Ainsi, M. Spence Hardy y fait dire à son Nâgasêna : « nor is he a sceptic ; and he knows that there is no ego, no self », en parlant de l'ascète qui, ayant détruit en lui les cent huit modes du mauvais désir, s'est délivré lui-même de la naissance (birth), c'est-à-dire de l'obligation de renaître, comme on se délivre des anneaux d'un *alligator* (2). Le texte pâli portait sans doute : il n'y a là ni *moi* (aham) ni âme (âtmâ). L'absence du *moi* (aham) rappelle la théorie du Sânkhya qui plaçait le sentiment de la personnalité dans le *Lingam*, et non dans le *Pouroucha* (3). A son tour, l'absence de l'âme (âtmâ, angl. self), peut se rapporter au système Védânta qui, considérant l'âme individuelle comme une parcelle de l'âme du monde, l'en faisait sortir et l'y faisait rentrer aux époques de création et de destruction de l'univers. Dans cette hypothèse, la pensée de l'auteur indien serait, non pas que le principe pensant est absolument anéanti dans le Nirvâna, mais bien qu'il y perd à la fois sa personnalité, comme chez les Sânkhyas, et son individualité, comme chez les Védântistes, pour s'absorber dans le *Vidjnânam* universel dont j'ai parlé précédemment (4). Eug. Burnouf a en effet reconnu que ce *Vidjnânam* figurait dans les livres du Sud aussi bien que dans ceux du Nord; qu'il y remplaçait le *Paramâtman* brahmanique, et que la

(1) Extrait de l'*Aradâna Çataka*, dans Eug. Burnouf, I, p. 509.
(2) *Eastern Monachism*, p. 291.
(3) *Ci-dessus*, chap. III, p. 353, note 3 (vol.) ou p. 17, n. 3 (br.)
(4) *Ci-dessus*, chap. III, p. 365 (vol.), ou p. 59 (brochure).

Pradjnâpâramitâ, base du *Vinaya-Soûtra* de Nâgârdjouna l'avait adopté (1). C'est peut-être au sein de ce remplaçant spiritualisé de Brahma neutre que l'auteur du *Milindrapraçna* faisait absorber ses ascètes défunts après leur entrée dans *l'état surnaturel* appelé grand Nirvâna complet. Si cette conjecture a quelque fondement, elle viendra à l'appui du rôle que s'arroge de nos jours l'école des *Mâdhyamikas*, celui de tenir le milieu entre les deux opinions extrêmes admises auparavant, savoir : que l'âme subsiste éternellement ou qu'elle est entièrement anéantie (2). En effet, dans le système que je prête au livre en question, l'âme absorbée dans le Vidjnânam ne serait pas entièrement anéantie ; mais, comme elle y perdrait tout à la fois son individualité et sa personnalité, il serait vrai de dire qu'elle est éternelle (*in genere*) et qu'elle ne l'est plus (*in specie*).

J'avoue cependant que les passages traduits par le missionnaire Wesleyen ne parlent point de ce *Vidjnânam universel*. Ils ne mentionnent que l'espace ou le vide qu'ils confondent formellement avec le Nirvâna, ainsi que je viens de le dire. D'où l'on peut conclure qu'au lieu de remonter à la seconde des quatre sphères du monde sans formes (Aroupadhâtou), je veux dire à celle que les Soûtras appellent lieu de l'infinité de l'intelligence (Vidjnânadhâtou), qui est un pur attribut de l'esprit ou de l'intellect, l'auteur du *Milindrapraçna* s'arrête à la première, celle de l'infinité de l'espace (Akâçadhâtou), qui tient encore à la matière, selon les judicieuses observations d'Eug. Burnouf (3), et laisse

---

(1) Voir Eug. Burnouf, I, p. 637.
(2) Csoma de Körös, dans Eug. Burnouf, I, p. 449.
(3) Second ouv., p. 813.

ainsi planer sur le sort des âmes qu'il y relègue, une incertitude et une obscurité fâcheuses. M. Spence Hardy et, après lui, M. Barthélemy St-Hilaire, en tirent, contre tous les Bouddhistes, les conclusions beaucoup trop générales que l'on connaît (1). Quant à moi, je crois devoir les restreindre aux deux écoles nihilistes des Mâdhyanikas et des Svâbhâvikas purs, moins anciennes, moins nombreuses et moins accréditées que les autres. J'hésite même à les appliquer sans restriction au dernier rédacteur du *Milindapraçna*. En effet, il déclare que le Nirvâna est un état non fait ni créé, un état *surnaturel*. En quel sens? est-ce parce que le principe pensant, éternel de sa nature, y serait anéanti? Non; car ce docteur ajoute que c'est le plus grand bonheur du monde; mais que ses attributs ou propriétés ne peuvent être déclarés. Or, le *néant* ne peut avoir ni propriétés ni attributs, d'où la conséquence que le Nirvâna *est quelque chose*.

Telle me paraît être au fond la dernière pensée de ce livre où le Nihilisme finit par céder la place à l'instinct de la nature humaine. En effet, il décrit le Nirvâna à peu près dans les mêmes termes que le *Mahâparinirvâna Soûtra*, cité au chapitre précédent. Dans tous deux, le Nirvâna est un état calme, pur, stable, ferme, solide, durable, indestructible, etc., épithètes qui ne cadrent guère avec l'idée du néant (2).

Les traités des *Svâbhâvikas* purs ou *naturistes* athées sont plus franchement nihilistes, si l'on en juge par les extraits qu'en a donnés M. Hodgson, et qu'Eugène

---

(1) *Eastern. Monachism*, p. 291-2; 307-9. — *Journal des savants*, année 1858, p. 572-4.

(2) Voyez ci-dessus, chap. V, vers la fin, p. 101-2 (vol.), ou p. 97-8 (broch.).

Burnouf a résumés. Là, en effet, le vide (Çounyam) et la vacuité (Çounyatâ) paraissent se confondre plus nettement avec le néant absolu, et l'épithète de gens du néant (Nâstikas), peut être appliquée avec plus de raison. « L'état de cessation (nirvritti), portent ces livres (en
» d'autres termes, le Nirvâna), est un bien, quoiqu'il ne
» soit rien, parce que, hors de là, l'homme est condamné
» à passer éternellement à travers toutes les formes de
» la nature, condition à laquelle le néant même est pré-
» férable » (1).

Toutefois, là même, un doute est encore possible. En effet, de même que les Sânkhyas et les Nyâyistes comparaient l'état de l'âme délivrée à celui soit de *Prakriti*, soit de *Brahma* neutre, pendant les périodes de dissolution (Pralaya) de l'univers, de même les naturistes purs assimilaient l'état de cette âme à celui de leur nature abstraite (Svabhâva), cause du monde, durant les mêmes périodes. Ils déclaraient donc que leur *Svabhâva* ou nature universelle, infinie et éternelle, entrait successivement dans deux états bien distincts, celui d'activité ou d'action (Pravritti), et celui de cessation ou de repos (Nirvritti ou Nirôdha). L'âme affranchie ne pouvait-elle pas se trouver dans le second état après la mort, comme elle avait été dans le premier durant la vie? Cela est indubitable pour M. Eug. Burnouf, dans le système des naturistes mitigés ou théistes, par la raison que ceux-ci admettent que l'âme qui a quitté l'état de vie active et complexe (Pravritti), pour entrer dans celui d'existence simple et passive (Nirvritti), conserve dans ce dernier le sentiment de sa personnalité, et y a cons-

(1) Eug. Burnouf, I, p. 141-2.

rience du repos dont elle jouit éternellement (1). Mais ce grand philologue pense qu'il en est autrement dans l'opinion des naturistes athées ou rigides, comme il les appelle, parce que ces derniers croient que l'âme est alors anéantie, ou, ce qui revient au même, dissoute dans la nature (Svabhâva). Cependant, si cette âme s'évanouit dans les éléments matériels, c'est-à-dire si elle y perd ses cinq attributs sensibles et intellectuels (Pantchaskandha), n'est-elle pas exposée à y reprendre un corps subtil et à en sortir avec lui de nouveau dans une création subséquente ? D'ailleurs, comment peut-on donner à l'anéantissement de l'âme le nom d'*état* ou de *condition* de cette âme ? Comment peut-on dire que ce prétendu *état* est un *bien*, quoiqu'il ne soit *rien ?* Le Bouddha n'avait-il pas enseigné nettement que le Nirvâna n'a point la condition de *périssable*, et que tout ce qui périt est un mal ? Kapila n'avait-il point parlé dans le même sens de son *Kaivalyam* ou détachement des liens de Prakriti ? Est-il présumable qu'une école qui a réuni et fondu ensemble les deux doctrines du Sânkhya et du Bouddhisme, se soit écartée à ce point de l'une et de l'autre ? Peut-on croire que cette secte n'ait trouvé d'autre moyen de sauver l'âme que de la détruire ? Est-ce qu'il n'était pas à la fois plus simple et plus rationnel de lui ménager au-delà des espaces célestes, un asile inaccessible à *Svabhâva*, un *Kaivalyam* ou un *Mahâçounyam ?* (2) Hors de là, lui fait-on dire, l'homme est

(1) *Id., Ibid.*

(2) Kapila avait soutenu que par l'impassibilité ascétique des orthodoxes, (non accompagnée de la science de ses vingt-cinq principes), on obtient l'absorption dans le sein de la nature ; que cette absorption se réduit à la dissolution provisoire du *Lingam*, instrument et Véhicule perpétuel des trans-migrations ; que

condamné à passer éternellement à travers toutes les formes de la nature, condition à laquelle le néant même est préférable. Mais, à la manière dont Eug. Burnouf s'exprime en cet endroit, je serais porté à penser que le mot néant, qui a passé de la plume de M. Hodgson dans la sienne, n'est autre chose que l'explication anglaise d'un nom sanscrit équivalant à l'un des deux termes Çounya ou Çounyatá, sur lesquels roule la discussion (1).

Voilà des doutes plus ou moins sérieux qui demanderaient à être examinés de plus près si l'école népâlaise des naturistes purs jouissait de deux avantages qui pa-

lorsqu'elle finit (ce qui arrive dans une création subséquente), le Lingam se recompose de nouveau, s'adjoint les principes qui constituent le *corps substil*, ressaisit l'âme à laquelle il avait été uni avec les corps grossiers qu'elle avait revêtus antérieurement, et l'entraîne de rechef dans le cercle fatal des renaissances. (Voyez *Mémoire sur le Sânkhya*, p. 288-9, 319 et 558). Il est donc très possible que les *Svâbhâvikas* dont il s'agit n'entendent appliquer qu'au *Lingam* des Sânkhyas ce qu'ils disent de la dissolution de l'âme dans le sein de la nature, ce Lingam ayant seul la conscience de la personnalité dans la théorie psychologique de Kapila, comme dans celle des Bouddhistes chinois, instruits à l'école des Népâlais; car, selon le *Foé-koué-ki*, p. 151, quoique le *moi* soit éternel, il n'y a pas de *moi* sans le corps, sous entendez *subtil*. Je crois en effet que le texte sanscrit portait pour le *moi* éternel *Atmá*, et pour le *moi* périssable *Aham*, et que comme ces deux mots se prenaient souvent l'un pour l'autre, le traducteur chinois n'aura pas vu la différence ni fait la distinction.

(1) Je regrette de n'être pas à portée de vérifier le passage anglais auquel M. Eug. Burnouf, I, p. 441-2, renvoie ses lecteurs. Je dois convenir néanmoins que cet illustre philologue est très-affirmatif sur le système nihiliste des Svâbhâvikas athées.

raissent lui avoir manqué : l'antiquité relative et l'extension dans d'autres pays.

Les substantifs *Çounyam* (vide) et *Çounyatâ* (vacuité), figurent dans les Soûtras bouddhiques en tant de sens divers (on compte 18 espèces de vide, selon Hodgson (1) et Csoma de Koros (2), que les Européens peuvent aisément se tromper sur leur portée et sont très-excusables de s'y être plusieurs fois trompés. Je rappellerai, entre autres, ce texte passablement obscur du *Saddharma-Langkâvatâra*, qui fait correspondre le Nirvâna au vide absolu et définit ainsi ce dernier : « L'essence de la vacuité de » toute nature qui appartienne au Nirvâna » (3). Et cependant l'auteur de ce livre appartient, selon Eugène Burnouf, à l'école des Yôgâtchâras qui enseigne l'*éternité du principe pensant* (et sa persistance intégrale dans le Nirvâna (4).

J'ai peut-être insisté trop longtemps sur les opinions équivoques de deux sectes que l'on s'accorde généralement à considérer comme entachées d'un nihilisme absolu. Il est temps de revenir aux autres écoles bouddhiques des temps modernes. Bien que M. Barthélemy Saint-Hilaire ait dédaigné de s'en occuper, en raison de leurs inconséquences prétendues, je crois utile d'en parler, par la raison que si elles ne prennent point le Nirvâna pour le néant, il y a tout lieu de présumer qu'en cela elles ne font que suivre les errements de celles qui les ont précédées (5). Car, en

(1) *Journal asiatic of Bengal*, février 1836, p. 82.
(2) Dans Eug. Burnouf, I, p. 119, note 2.
(3) Dans *idem*, I, p. 519.
(4) Revoir ci-dessus, chap. III, p. 363 (vol), ou p. 59 (br.), et chap. V, p. 390, note 2 (vol.), ou p. 86, note 2 (broch.).
(5) Tel n'est pas l'avis de M. A. Weber, dans le fragment de

pareille matière, l'orthodoxie ne peut varier du tout au tout : ici le passage du néant à l'être ne se conçoit guère plus que ne se concevrait le passage de l'être au néant. Pour les orientaux en général, l'âme est éternelle, ou elle n'est pas (1).

On vient de voir que le *Milindapraçna Soutta* pâli confond expressément le Nirvâna avec l'espace illimité. A son tour, le *Mahâparinirvâna Soûtra* sanscrit le confond avec le Bouddha, si j'en juge par les fragments dont M. Ph. Ed. Foucaux a bien voulu me donner lecture sur la traduction qu'il en a faite et qu'il va bientôt publier.

Cette seconde confusion est digne d'attention sous deux points de vue. D'abord, elle fait songer à celle que les Oupanichads brahmaniques établissent entre l'éther ou l'espace (Akâça), et le Brahma neutre ou Paramât-

___

ses *Indische Skizzen*, traduit par M. F. Baudry, *Revue Germanique*, IV, p. 116, 159-60. — Ce savant indianiste estime que le Nirvâna bouddhique était originairement l'extinction dans le *tout*, dans *la substance première* et absolue, ou, ce qui revient au même, suivant lui, dans le néant, et ne différait que très-peu de la dissolution brahmanique dans l'esprit universel: mais que, dans la suite des temps, on l'a transformé en un état de béatitude ne portant aucune atteinte à la personnalité de ceux qui y sont parvenus, les Bouddhas et les Bôdhisattvas, et supposant même la persistance de la conscience et de la liberté morale la plus étendue. — Déjà dans la même *Revue germanique*, II, p. 291, il avait dit de la doctrine bouddhique que son côté spéculatif, l'anéantissement de l'existence personnelle (Nirvâna), considéré comme but suprême de la vie, a subi bien des modifications. Je crains que le docte indianiste n'ait ici confondu les opinions hérétiques avec les doctrines orthodoxes.

(1) Revoir ci-dessus chap. III, p. 356-9 (vol). ou p. 51-4 (br.)

man (1). Ensuite, elle paraît être générale dans le Bouddhisme du Nord, d'où elle a passé en Chine à une époque déjà ancienne. Elle nous conduit au rappel et au résumé de deux théories bouddhiques très importantes, l'une tibétaine-mongole et l'autre chinoise, qui, sans être identiques, ont entre elles de grandes ressemblances pour le fond des idées.

« Suivant la première de ces deux théories, chaque Bouddha possède trois natures distinctes, dont chacune appartient à un monde distinct comme elle. La première nature est celle de l'abstraction, de l'état absolu, de l'être en soi ou par soi (du Svayambhoû); elle n'existe telle que dans le premier monde, dans celui du vide : c'est le Bouddha dans le Nirvâna. La seconde nature est la manifestation du Bouddha au sein de la puissance et de la sainteté; elle paraît dans le second monde : c'est le *Dhyâni Bouddha* (Bouddha de la contemplation) ou *Anoupâdaka*, sans parents (Bouddha immatériel). La troisième est sa manifestation sous une forme humaine; elle paraît dans le troisième monde : c'est le *Manouchi Bouddha* (ou Bouddha humain). De cette manière le Bouddha appartient à la fois aux trois mondes, car il est essentiellement illimité » (2).

« Suivant la seconde théorie, les Bouddhas sont doués de trois corps dont le premier est celui de leur nature propre ou immatérielle, d'une pureté sans bornes, appelé corps de la loi (Dharmakâya). Ce corps est vide

---

(1) Revoir *ci-dessus* même chap., p. 365 (vol.), ou p. 59 (br.). J'y reviendrai au chapitre suivant.

(2) Eug. Burnouf, I, p. 116-8. — Le titre d'*illimité*, donné ici au Bouddha figure aussi dans le *Lalita-Vistâra*, traduit par M. Foucaux, aux pages 311 et 317.

et subtil comme l'éther ; il existe perpétuellement et circule en tous lieux sans rencontrer d'obstacles. Le second est celui des jouissances complètes (Sambhôga kâya) ; les Bouddhas l'ont acquis par leur vertu, leur pureté et leur intelligence infinies ; ils en jouissent éternellement, et à son aide ils augmentent la joie que leur procure la possession de la loi (1). Enfin, le troisième est celui des transformations (Nirmânakâya) avec lequel ils peuvent, en vertu d'une puissance divine qui échappe à la pensée humaine, se transfigurer à leur gré et apparaître en tous lieux pour expliquer la loi (2), afin que par là chaque homme obtienne toutes sortes d'avantages et de félicités (3). Aussi les ascètes du grand Véhicule aspirent-ils, selon Hiouen-Thsang, à arriver aux trois états sublimes du Bouddha (4).

M. Stan. Julien, auquel j'emprunte ces dernières citations, y ajoute le passage suivant, extrait et traduit par Eug. Burnouf, du *Souvarna prabhâsa tantra* : « Les » Dêvas comprennent ce que c'est que l'intelligence su- » prême d'un Bouddha parfaitement accompli. Ils disent » qu'un Bouddha n'entre pas dans le Nirvâna complet » (pris ici au sens d'extinction absolue), que sa loi ne

---

(1) Ce qui fait dire à Hiouen-Thsang : « Quand l'Honorable du » siècle (le Bouddha) eut fini de convertir les hommes, il se plon- » gea dans *les joies* du Nirvâna ». Voyez ses *Mémoires* déjà cités, II, p. 310.

(2) Le *Lotus de la bonne loi* le déclare formellement aux pages 113-4, st. 26-31, et à la page 166, st. 20.

(3) Je ne fais ici qu'analyser les textes de deux dictionnaires chinois, extraits par notre sinologue Stan. Julien, dans ses notes sur les *Mémoires de Hiouen-Thsang*, II, p. 161, au mot *Nirvâna*.

(4) *Mémoires précités*, I, p. 231.

» périt pas et que son corps est un corps éternel » (1). Ces textes, conclut l'habile sinologue, semblent montrer que le Nirvâna n'est point la destruction de tous les éléments de l'existence (2).

Quoique notre célèbre indianiste Eugène Burnouf n'ait retrouvé ces deux théories ni au Népâl ni à Ceylan (3), elles n'en sont pas moins conçues dans l'esprit du Bouddhisme de ces deux pays. Je n'en veux pour preuve que la grande proclamation de leurs Soûtras respectifs que j'ai rapportée en entier à la fin du chapitre II, et qui se termine par cet appel général : « Accourez tous à moi, Dévas et hommes, pour entendre » la loi. Je suis celui qui montre le chemin (du Nir- » vâna), qui indique le chemin, qui le connaît, l'ensei- » gne et le possède parfaitement ». Ne croirait-on pas entendre le fils de l'homme s'écriant : « Venez à moi, » vous tous qui êtes travaillés et chargés, et je vous sou- » lagerai. Chargez-vous de mon joug...... et vous » trouverez la paix de vos âmes » (4). Ou bien : « Je suis » la voie, la vérité et la vie ? » (5).

On voit par là que si le Bouddhisme du moyen-âge et des temps modernes est une religion sans monde réel, comme dans la philosophie indienne de la Mîmânsâ et

---

(1) Eug. Burnouf, I, p. 531.
(2) *Mémoires précités*, p. 461.
(3) Eug. Burnouf, I, p. 118. Il reconnaît pourtant, sur la première, I, p. 117, qu'au Népâl les *Dhyâni-Bouddhas surhumains* ou de la quatrième contemplation, passent pour être les véritables auteurs du monde ; mais qu'en même temps on y croit que les œuvres qu'ils produisent sont périssables.
(4) Saint Mathieu, XI, 28-9.
(5) Saint Jean, XIV, 6.

des Pourânas, ce n'est pas une religion sans Dieu ; car le Bouddha, soit sous son nom, soit sous celui d'*Adi-bouddha*, soit enfin sous le titre de *Vidjnânam* universel, y remplace le *Paramâtman* brahmanique : c'est de son sein que sortent les âmes ; c'est dans son sein qu'elles vivent de la vie complexe, relative ou phénoménale ; c'est aussi dans son sein qu'elles retournent lorsque, par la vertu, la science et les austérités, elles se sont rendues dignes d'entrer dans le grand Nirvâna complet. Ces croyances sont incontestables quant au bouddhisme du Nord. Si elles ne sont pas aussi clairement démontrées pour celui du Sud, elles n'en ressortent pas moins des documents connus jusqu'à ce jour, et je ne doute pas que ceux en plus grand nombre dont la connaissance nous manque encore, ne viennent confirmer ce que nous savons déjà, *exceptis excipiendis* bien entendu, car les livres nihilistes ne sont à mes yeux qu'une exception. Si parmi les autres, il en est quelques-uns qui paraissent tendre au Nihilisme, ce n'est qu'en apparence et non en réalité, comme l'a montré M. Stan. Julien, à propos de l'explication chinoise du mot *Çounya*, donnée dans le dictionnaire pentaglotte, car on y finit par déclarer que les *Çrâvakas* (ou religieux auditeurs), étant fatigués des douleurs de la vie et de la mort, voient d'une manière distincte que le *Nie pan* (Nirvâna) procure véritablement la *joie* du repos ou de la cessation (*Nirôdha*) (1).

Le qualificatif vague *Çounyam*, familier aux Soûtras bouddhiques, le vide, est pour la plupart des Européens une véritable pierre d'achoppement. Sous ce rapport, il

(1) Voir les *Mémoires déjà cités*, de Hiouen-Thsang, II, p. 613, en note.

mérite que j'y revienne et que j'essaie de l'expliquer. Ce sera le sujet principal du chapitre suivant, où je montrerai qu'il n'est pas sans analogie avec Brahma neutre.

VII

Comparaison du Brahmanirvâna des Sânkhyas-Yôgis avec le Çounyanirvâna des Bouddhistes orthodoxes.

De toutes les objections qu'on a faites jusqu'à ce jour contre l'hypothèse que je persiste à soutenir, la plus spécieuse, sinon la plus solide, est celle-ci : L'absorption dans Brahma neutre étant le néant de la personnalité humaine, l'absorption dans le vide absolu doit être le néant de l'âme elle-même.

Cette objection n'est pas nouvelle. Elle remonte aux anciens missionnaires catholiques, portugais et espagnols. Elle est reproduite de nos jours par les missionnaires Wesleyens d'Angleterre, et même par quelques membres des missions russe ou française. Eugène Burnouf l'a d'abord présentée comme une simple conjecture, l'a ensuite considérée comme offrant tous les caractères de la plus haute probabilité, et finalement s'y est arrêté. Après lui, M. Barthélemy Saint-Hilaire l'a prise pour une vérité démontrée. Suivant notre immortel philologue, Çâkyamouni, n'admettant ni le *Paramâtman* des Brahmanes orthodoxes, ni la *Prakriti* des Brahmanes Sânkhyas, ne délivre point les âmes en les absorbant dans le premier ou en les détachant de la seconde, mais en les plongeant dans le vide, c'est-à-dire en les anéantissant, *selon toute apparence* (1). Cette *conjecture* est *l'évidence* même pour M. Barthélemy Saint-Hilaire, toujours prêt à traduire Nirvâna par néant, et même à ne pas voir autre chose dans le *Kairalgam* de Kapila, précurseur de Çâkyamouni (2).

Quoique j'aie déjà répondu plusieurs fois à cette objection, beaucoup trop généralisée, il me paraît utile d'y revenir, ne serait-ce que pour mieux définir ce que les controversistes de l'Inde entendaient par les noms de *Mahâbrahma*, pris pour la grande âme du monde, et de *Mahâçounyam*, considéré comme le vide universel.

Il y a là, je l'avoue, des idées orientales très subtiles qui prêtent beaucoup aux équivoques. Je vais donc essayer de les éclaircir pour nos esprits européens.

A l'exemple des Brahmanes, les Bouddhistes croient que la vie est un état de douleur et de péché; que le corps est une prison où l'âme languit captive et misérable; qu'il n'existe dans les trois mondes aucune condition terrestre, aérienne ou céleste, qui ne mérite le dédain du sage, et que le meilleur emploi que l'ascète puisse faire de son existence, c'est de mériter constamment par sa conduite à sortir du cercle fatal des transmigrations (3). Mais, au lieu de faire rentrer les âmes délivrées dans le sein de Brahma neutre ou du Grand-Tout, ils les plongent dans le vide absolu où, selon eux, l'univers a pris naissance et s'est développé. Ils croient que là, et là seulement, elles recouvrent leur liberté et leur indépendance pour revenir à leur nature propre, à leur état essentiel d'esprits purs, d'intelligences cons-

---

(1) Eug. Burnouf, I, p. 522. — Comparez *ibid*, p. 411-2.
(2) Revoir *ci-dessus*, ch. IV, p. 371-81 (vol.) ou p. 67-80 (br.).
(3) Voir là-dessus Eug. Burnouf, I, p. 160; et II, p. 800.

cientes d'elles-mêmes, de substances simples, immatérielles, indissolubles, indestructibles.

Ce grand vide (Mahâçounyam), autrement nommé *Mahâçounyatâ*, la grande vacuité, et *Nirrânam*, c'est-à-dire extinction de toute forme, de toute phénoménalité, n'est pas plus le néant que le grand Brahma (Mahâbrahma) des Védântistes, esprit et matière tout ensemble, ou que la Prakriti-nature des Sânkhyas, bien qu'on le suppose placé en dehors et au-delà de l'enceinte occupée par ceux-ci. C'est l'espace illimité, pur, subtil, ingénérable, infini, incorruptible et très-parfait, qui enveloppe et pénètre les trois mondes (1), et qu'un Soûtra bouddhique croit définir par ces termes singulièrement obscurs, que j'ai déjà cités, mais que je reproduis à cause des mots *de toute nature* soulignés ici à dessein : « L'essence de la vacuité *de toute nature*, » qui appartienne au Nirvâna » (2). Quant à l'appréciation de cette vacuité, les docteurs bouddhistes ne sont pas tout-à-fait d'accord. Pour les uns, c'est une substance ou espèce d'être sans entendement, sans volonté, sans action, sans force et sans pouvoir, mais subtile, admirable, pure, calme, ferme, dure, solide, indestructible. Pour les autres, c'est l'existence absolue, opposée à l'existence relative, l'existence en soi et par soi, incréée et éternelle, qui soi-même se révèle par soi-même ; c'est l'état élémentaire ou l'essence de toutes choses, l'universel *ubi*, le mode d'existence de tous les êtres dans l'état de cessation ou de repos (Nirôdha, Nirvritti,

---

(1) Voir les extraits des *Tratados*, etc., sur la Chine, du P. Navarrete, résumés par La Croze, *Histoire du Christianisme des Indes*, II, p. 310.

(2) *Saddharma Langkâvatâra*, dans Eug. Burnouf, I, p. 519.

Nirvâna), par opposition à leur état d'activité et de transmigration (Pravrill, Sansâra) ; c'est le vide, l'absence ou l'abstraction de toutes les formes spécifiques, de toutes les qualités distinctives, de tous les attributs déterminés, etc., etc.; enfin, c'est l'espace doué d'intelligence, c'est l'essence intellectuelle (Bôdhanâtmika), ou l'*inconnu* par quoi et en quoi les êtres vivent et meurent (1); en sorte que St-Paul aurait pu appliquer au Çounam des Bouddhistes tout autant qu'au Brahma neutre des brahmanes, le célèbre axiome d'Aratus : « En lui nous avons la » vie, le mouvement et l'être » (2). Pour d'autres, à ce qu'il semble, la grande vacuité n'est pas une étendue réelle, mais seulement la possibilité indéfinie de l'étendue dans toutes les directions (3). Quelques Soûtras supposent que l'univers se termine à son extrémité inférieure par l'*Avîchi*, enfer le plus profond, et à son extrémité supérieure par le *Bhavâgra* ou point culminant de l'existence, dernier étage du monde sans formes, partie la plus élevée des 28 mondes superposés. Ils ajoutent qu'au-delà, par

(1) Voir *ci-dessus*, chap. V, p. 395 (vol.), ou p. 91 (broch.), les extraits tant du *Mahâparinirvâna Soûtra* que du *Milindapraçna Soutta*, et les développements donnés par La Loubère, La Croze, de Guignes, l'abbé Mignot et Benfey, dans les ouvrages et aux endroits désignés *ci-dessus*, chap. I, p. 315-6 (vol.), ou p. 11-2 (broch.). — Voir aussi *Foé-Koué-Ki*, p. 154-5 et 191, et Hodgson, *Journal of the royal asiatic society of Bengal*, février 1836, p. 71-7.

(2) *Actes des Apôtres*, XVII, 28.

(3) C'est en ce sens, je crois, qu'il faut entendre le texte obscur du *Milindapraçna Soutta*, cité *ci-dessus*, chap. VI, p. 415 (vol), ou p. 110 (broch.). — Voyez, d'ailleurs, sur la distinction métaphysique dont il s'agit, la *Vie future* de M. Th. Henri Martin, 2e édit., p. 513-4, avec ses notes.

en haut aussi bien que par en bas, ou pour mieux dire de tous les côtés, se trouve le grand vide, *Mahâçounyam*, appelé encore *Bhoûtakôti*, « littéralement bout, extrémité de ce qui est, non pas inclusivement, mais exclusivement, de manière, remarque Eugène Burnouf, auquel j'emprunte ces explications, de manière qu'avant la première chose qui est, on ne voie encore que le *vide* » (1).

Ce vide indéfinissable est celui qu'occupe le *Bouddha dans le Nirvâna*, et dans lequel les ascètes complètement délivrés vont le rejoindre pour s'unir à sa nature abstraite, pour participer à son état absolu, pour être, comme lui, des esprits purs existants par eux-mêmes, (Svayambhoûvah), autrement dit, pour aller se fondre dans son essence immatérielle. Il nous convient, à nous, hommes de l'Occident et peu idéalistes, de ne voir là que le néant. Mais les Orientaux s'en forment une idée toute différente. La question n'est pas de savoir s'ils ont tort ou raison, mais s'ils croient à l'anéantissement de leur âme, plutôt qu'à sa béatification (2).

Les Brahmanes, nous l'avons vu, considèrent le monde comme plein de Brahma ou de Prakriti. Les Bouddhistes, au rebours, le déclarent vide de l'un ou de l'autre (3). Cette divergence d'opinions qui, à première vue,

_____

(1) Eug. Burnouf, II, p. 309. — Il y a toute apparence que le Bouddha, en s'exprimant ainsi, se conformait à l'usage du vulgaire grossier qui nomme *vide*, *néant* ou *rien* tout ce qui n'a point de parties visibles ou tangibles, qui ne tombe pas ou qui ne peut tomber sous les sens.

(2) Voir là-dessus le *Génie des Religions*, de M. Edgar Quinet, p. 266.

(3) Revoyez *ci-dessus*, chap. V, p. 396 (vol.), ou p. 92 (br.).

paraît énorme, est, au fond, plus nominale que réelle. Elle ressemble à celle qui divise encore les astronomes de nos jours, sur la nature du *milieu* dans lequel circulent les étoiles fixes, les planètes et les comètes. Nos théologiens modernes ne se tourmentent pas de cette question du vide et du plein dans les espaces célestes. Mais elle inquiétait les Brahmanes orthodoxes. Ces sectateurs du fluide éthéré infligeaient aux Bouddhistes l'épithète injurieuse de *Poûrnavainâçikas*, partisans de la destruction du plein, et la faisaient marcher de pair avec celle de *Sarvavainâçikas*, partisans de la destruction du Tout (1). Mais on va voir qu'au temps de Çakyamouni, il n'y avait guère là qu'une querelle de mots.

A cette époque, le Brahma neutre, ou *esprit-matière*, des docteurs qui ont précédé et guidé les Védântistes, n'était, à vrai dire, qu'un être de raison, malgré sa double nature. Privé de qualités propres et d'attributs distinctifs, sans existence personnelle quelconque, trônant dans un infini absolu et se révélant dans les créatures, il se confondait tantôt avec l'éther, tantôt avec l'espace ou le vide, et ressemblait assez au *Mahâçounyam* des Bouddhistes (2). Cela est si vrai que nombre d'Oupanichads

---

(1) Dans Colebrooke, *Misc. Essays*, I, p. 393.

(2) Voyez à ce sujet les *Lois de Manou*, I, 7, et XII, 91, 123-5; l'*Indische Alterth.* de M. Lassen, p. 775, note 4, et IV, p. 838, et l'*Histoire de la littérature indienne*, de M. A. Weber, p. 362-3. — Joignez-y, en les lisant avec quelque précaution, les ouvrages récents de deux pandits convertis, K. M. Banerjea, et Néhémiah Nila Kantha Sastri Gore, ayant pour titres, le premier, *Dialogues on the Hindu philosophy*, London, 1861, p. 327-37, et le second, *Rational refutation of the Hindu philosophical Systems*, Calcutta, 1862, p. 219-34. — On cite dans celui-ci, à la p.

lui donnent le nom d'*Akâça*, éther ou espace suspendu sur nos têtes, littéralement le *resplendissant*, mot formé du verbe *kâç*, briller, avec *â* augmentatif (1), de même que celui de Brahma, dérivé du vieux verbe *Brah* ou *Vrah*, pour *Brih* ou *Vrih*, croître, s'étendre, signifie, à la lettre, étendue ou extension (2). La confusion de Brahma neutre avec l'*Akâça* est très fréquente dans les Oupanichads (3) ; elle a même donné naissance à l'école ou secte des *Akâçistes* qui révérait cet élément sous le titre de *Tchit-Akâça*, éther pensant, tandis qu'une autre, séparant l'*Akâça* du *Tchit*, plaçait celui-ci au-dessus de

219, un texte indien, traduit et publié par le docteur Ballantyne, portant que : « Brahma existe sans intellect, sans intelligence, sans conscience de sa propre existence ». Dans celui-là on affirme, à la page 327, que le Brahma des Védântistes est la *Prakriti* des Sânkhyas ou la substance de l'univers. On paraît oublier qu'il possède l'*omniscience* aussi bien que l'omniprésence et l'omnipotence. — J'adhère du reste à cette proposition de Nila-kantha, *ouvrage et lieu cités* : « Brahma sans qualités est le vide ». Reste à savoir si le vide est le néant.

(1) Voyez le *Sanscrit Wœrterbuch* de MM. Bœhtlingk et Roth, *in verbo*.

(2) Voyez le *Glossarium Sanscritum* de Bopp, *in verbo*. Cette étymologie, empruntée au grand dictionnaire sanscrit de Wilson, me paraît préférable à celle de MM. Roth et Lassen. Voir *du Nirdna indien*, p. 39, avec la note 1. — Elle a été adoptée par M. E. Fr. Kœppen, *ouvr. cité*, I, p. 30, en note.

(3) Voyez là-dessus Colebrooke, *Misc. Essays*, I, p. 52, 77-8, 268, 275, 338, 316, 373, 386, 398. — Lanjuinais, *Analyse de l'Oupnekhat*, p. 23-6, 36, 40, 63. — Fr. H. Hugo Windischmann, *Sancara, sive de Theologumenis Vedanticorum*, p. 162-4. — Baron d'Eckstein, *Journal asiatique*, deuxième série, XI, p. 206-9 et 292.

celui-là, ou faisait du premier le vêtement du second (1).

Les Bouddhistes, en imitant ici les Brahmanes, ont enchéri sur eux, selon leur habitude. Ils ont d'abord placé leurs ascètes affranchis dans l'*Acâça* considéré tantôt comme élément éthéré (Akâçadhâtou), tantôt comme espace vide, et nommé par eux *lieu de l'infinité de l'espace*. Puis ils lui ont superposé un élément immatériel et générateur, le *Vidjnânadhâtou*, appelé *lieu de l'infinité de l'intelligence*. Ensuite ils ont imaginé deux autres sphères supérieures appelées l'une *lieu où* (dans la pensée de ses habitants) *il n'existe absolument rien*, et l'autre *lieu il n'y a plus* (pour les êtres qui l'habitent), *ni idées ni absence d'idées* (2). Enfin, remontant toujours dans ces espaces imaginaires, ils en sont arrivés à placer leur grand Nirvâna complet dans le *Bhoûtakôti* mentionné ci-dessus.

Tout porte à croire qu'originairement les Bouddhistes s'étaient arrêtés, comme les Akâçistes, et sans remonter plus haut qu'eux, au *Tchitâkâça*, dans lequel ils voyaient quelquefois l'élément éthéré et plus fréquemment l'espace libre ou vide (3). Dans les deux cas, ils considéraient cet *Akâça* comme étant sans forme, sans bornes, sans appui, sans support, sans autre soutien que lui-même, c'est-à-dire comme un véritable *Svayambhoû*, existant par soi-même (4). Et il est ici bien remarquable

(1) Baron d'Eckstein, *ouvr. et lieu cités*. — Eug. Burnouf, I, p. 637. — Ch. Lassen, *ouvr. cité*, I, p. 775, note 4.

(2) Eug. Burnouf, II, p. 496-7, 502, 636-7; II, p. 476, 512-5 et suiv., 810-1.

(3) Eug. Burnouf, I, p. 118-9, 196, 636.

(4) Eug. Burnouf, I, p. 118-9, rapporte à ce sujet un texte curieux, attribué par le recueil indien qu'il cite, à la très ancienne école des *Vaibhâchikas*. — Voir aussi *Foé-koué-ki*, p. 151-5, et Hodgson, *Journal asiatic of Bengal*, 1836, p. 71-7.

que le *Nirukta* de Yâska, ou glossaire des mots Védiques, donne cette épithète de *Srayambhoû* pour l'une des dénominations de l'espace céleste. Les derniers Aryas en effet avaient dû prendre ce *milieu* incommensurable pour la substance première, pour la source essentielle et inaltérable des choses, pour l'abîme insondable d'où tout émane lors de la création des mondes, et où tout rentre lors de leur dissolution (1). J'oserais presque le

(1) Ce Tchitâkâça, type du *Tchittam* des Védântistes et du *Vidjnânam* des bouddhistes, ne paraît guère différer des dieux védiques *Indra* et *Varouna*, l'un ciel de jour et l'autre ciel de nuit, tous deux personnifiés, qu'Eschyle et Ennius ont chantés sous les noms de *Zeus*, *Dios*, et de *Jupiter*, *Jovis*, sanscrit *Divaspitar*, latin *Diespiter*. Les Perses, au rapport d'Hérodote, adoraient, comme une grande divinité, la vaste circonférence du ciel, c'est-à-dire le *Hoc sublime candens* du vieux poète latin cité tout-à-l'heure. — M. Alfred Maury, dans son *Essai historique sur la Religion des Aryas*, nouvellement réimprimé dans ses *Croyances et Légendes de l'Antiquité*, a établi, à l'aide du Véda des hymnes et des Psaumes bibliques, un parallèle curieux entre *Indra* et *Jéhovah*. — On sait que le *Varounah* des Aryas est l'*Ouranos* des Grecs et l'*Uranus* des latins. (Voir l'*Histoire des Religions de la Grèce antique*, par le même savant, I, p. 251). — M. Max Müller, dans *A History of ancient Sanscrit Litterature*, p. 539-42, a montré par la traduction et le rapprochement de divers hymnes du Rig-Véda, adressés à *Varouna* d'abord, puis à *Indra*, et enfin à *Agni*, que ces trois grands *Dévas* avaient représenté successivement le *Dieu unique aux noms multiples* des peuples Aryas ; il est douteux que leurs successeurs, les Brahmanes, plus fortement engagés dans le panthéisme, aient autant approché de l'idée d'un *Dieu* unique et personnel, avant leurs relations avec les premiers chrétiens. Voir là-dessus M. A. Weber, *Histoire de la littérature indienne*, p. 36, et *Revue germanique*, II, p. 296.

comparer à l'immense nébuleuse irréductible dont l'auteur de *la mécanique céleste* fait le principe et l'origine de l'univers.

Quoiqu'il en soit, c'est dans cet espace illimité qu'un hymne cosmogonique du Rig-Véda et la cosmogonie qui ouvre le Code de Manou, placent l'irrévélé *Tad* ou *Idam*, cela, l'indicible, l'ineffable, autrement nommé *Paramâtman, Pouroucha* ou *Svayambhoû*, durant les *Pralayas* universels, alors que tout est confondu en lui. Car ces deux récits traditionnels le représentent reposant alors *au sein du vide qui le porte*, et paraissant livré à un profond sommeil dont il sort pour procéder à de nouvelles créations, chassant le temps par le temps, dit le législateur indien (1). Eh bien ! ce vide qui porte l'embryon de l'univers, confondu avec l'esprit créateur, et que l'univers, en se développant, ne remplit pas tout entier, c'est le *Kaivalyam* de Kapila, c'est le Nirvâna de Çâkyamouni. Les *Pourouchas* individuels du premier, ou les *Poudgalas*, également individuels du second, qui remplaçaient l'universel Paramâtman, Pouroucha ou Svayambhoû des Brâhmanes orthodoxes, en sortaient à la fin de chaque Pralaya, à la place de leur modèle, pour créer les mondes ou les corps (2), et y rentraient, à sa place

---

(1) Voir l'hymne védique intitulé *Paramâtman*, retraduit de Colebrooke et Langlois par M. Barthélemy Saint-Hilaire, dans le *Journal des savants*, année 1853, p. 536, et les *Lois de Manou*, I, 5 et 51, traduction de feu Loiseleur-Deslongchamps.

(2) De là, selon Eug. Burnouf, II, p. 838, l'épithète d'*Aghasphoutâh*, éclos par le péché, que les Soûtras bouddhiques du Nord et du Sud s'accordent à donner aux corps et aux mondes. Quant aux livres sânkhyas, ils rapportent la création des uns et des autres

encore, au commencement de ces dissolutions périodiques de l'univers pour recommencer, comme lui, de nouvelles créations. Mais il y avait exemption, dispense, affranchissement pour ceux d'entre eux qui avaient obtenu la délivrance finale, c'est-à-dire pour les ascètes qui, par leurs propres efforts, étaient redevenus purs esprits et esprits purs, en d'autres termes, qui avaient conquis, les uns le *Kaivalyam* ou leur isolation complète de la nature, et les autres le *Nirvânam* ou l'extinction de tous les éléments de la vie matérielle, phénoménale, relative ou complexe.

Cet état d'indépendance et de liberté paraissait préférable à l'absorption brahmanique dans l'âme du monde. J'ai déjà montré ci-dessus qu'il devait paraître tel en effet au point de vue tout spiritualiste, puisque, dans les siècles où enseignaient les deux philosophes dont je parle, cette absorption avait le double défaut de n'être pas encore réputée éternelle ni exempte de tout mélange avec la nature, en sorte qu'elle était loin d'offrir les mêmes avantages.

On a vu ci-dessus que les Védântistes avaient senti leur infériorité sous ce double rapport, et que, pour se mettre à la hauteur de vue de leurs antagonistes, ils avaient fini par éterniser l'identification avec Brahma

---

aux 23 principes émanés de *Prakriti*, mais probablement avec le concours du *Pouroucha multiple*. En effet, Kapila assimile l'union de l'esprit et de la matière à celle du mari et de la femme, annonce que la création corporelle en est le résultat, et déclare que cette création cesse par la séparation de ces deux grands principes. Voyez la *Sânkhyakârikâ*, st. 21, 59-61, et 65-8, avec les commentaires, soit dans Wilson, soit plutôt dans M. Barthélemy Saint-Hilaire, *Mémoire sur le Sânkhya*.

neutre, et même par idéaliser celui-ci de plus en plus, au point de considérer la matière qui le revêtait comme une pure illusion de l'esprit.

On y a vu également que, de leur côté, les Bouddhistes, soit par le progrès naturel des idées, soit par l'influence du Brahmanisme, soit plutôt par ces deux causes réunies, avaient substitué à Brahma neutre, ou à l'esprit universel, les uns *Adibouddha*, les autres la *Pradjnâ*, d'autres le *Vidjnânam* universel, et d'autres encore le Bouddha Çâkyamouni, élevé au rang de divinité suprême, trônant dans le Nirvâna supercéleste, et de là attirant à lui les âmes délivrées (1). Car, quoique le *Mahâçounyam* fût censé entourer l'univers de tous les côtés, c'est dans la partie supérieure que devait naturellement se trouver le séjour des âmes délivrées (2), les religions antiques, dans leurs systèmes sur l'autre monde, ne tenant guère compte de la *révolution diurne*.

Il ne faudrait pas chercher bien loin dans les monuments du Christianisme primitif, pour y trouver des conceptions analogues. Par exemple, l'apôtre des Gentils ayant déclaré que Jésus-Christ s'est élevé *au-dessus de tous les cieux*, afin de *remplir toutes choses de sa présence* (3), le savant Origène en a conclu que les justes iront le rejoindre au-delà de tous les corps célestes, en

---

(1) Sur tout cela, voyez *ci-dessus*, chap. II, p. 338-41 (vol.), ou p. 31-7 (broch.), et en outre chap III, p. 362-4 (vol.), ou p. 58-60 (broch.). Voyez aussi Eug. Burnouf, I, p. 452-3, et p. 637; ma brochure du *Nirvâna indien*, p. 107-8, et Hodgson, *Asiatic Researches*, XVI, p. 440.

(2) Voyez *ci-dessus*, ch. IV, p. 378-81 (vol.), ou p. 74-7 (broch.).

(3) *Ep. aux Ephésiens*, IV, 10.

dehors de l'univers corporel (1). Cette opinion, adoptée par quelques autres pères de l'Église, tels que saint Bazile (2) et le faux Denys l'aréopagite (3), s'accorde d'ailleurs, d'un côté, avec celle des livres Zends sur le séjour d'Ormuzd et des bienheureux Mazdayaçnas (4), et, de l'autre, avec celle des Néoplatoniciens sur le prétendu *ciel empyrée*, qui enveloppe tous les cieux de cristal et qui sert de résidence à la divinité ainsi qu'aux âmes bienheureuses (5), pour ne pas citer ici les *Sephiróth* des kabbalistes et les *plérômes* des Gnostiques.

Ainsi, chez les Bouddhistes, chez les Mazdayaçnas, chez les Néoplatoniciens, chez les premiers Chrétiens, le séjour réservé aux élus était situé au-delà de tous les cieux, dans le vide incommensurable, dans l'espace infini placé en dehors de l'univers (6). Il plaît à M. Bar-

(1) *Sur l'Evang. de St-Jean*, sect. 19, t. XIV, p. 211. édit. de Wurzbourg. Comp. *Id. des Principes*, II, 3, n°s 6 et 7, t. III, p. 97-102, même édition.

(2) *Sur l'Œuvre des six jours*, III, 3.

(3) *Hiérarchie céleste*, XV, 2, t. I, p. 192-3, édit. d'Anvers, 1634.

(4) Voyez le *Zerduscht-Namèh*, cité par Anquetil-Duperron, *Zend-avesta*, I, part. 2, *Vie de Zoroastre*, p. 28-9.

(5) Voyez Porphyre, dans St-Augustin, *de civit Dei*, X, 9 et 27; Proclus, sur *le Timée*, p. 138 et 156, édit. de Bâle, et Théologie platonique, IV, 39; Simplicius *sur la Physique*, IV, f° 143 r° et 111 r° (Ald.), Plotin, *Ennéades*, passim.

(6) M. Th. Henri Martin, auquel j'emprunte mes six dernières citations, émet une hypothèse différente dont il croit trouver le germe dans deux textes de St-Augustin, rapportés à la page suivante. Il pense que le *ciel*, le *paradis* des catholiques, séjour des bienheureux, est dans les régions célestes des astres, au milieu des plus belles merveilles de la création où éclatent la gran-

thélemy Saint-Hilaire de dire que ce vide est le néant pour les peuples bouddhistes, et que leurs docteurs, à qui il refuse toute notion de Dieu, n'en ont pas moins déifié ce néant (1). Encore un pas de plus, et il aurait mieux compris que ce n'est point le néant qui se cache sous leurs bizarres formules, mais bien l'être absolu, l'être en soi et par soi, sans attributs spécifiques ou déterminés, c'est-à-dire Dieu, entendu d'une autre manière que la nôtre, mais d'une manière qui n'avait rien d'étrange ni d'insolite pour les panthéistes de l'Inde. Il l'a pressenti, mais il n'a pas voulu le reconnaître ou l'approfondir suffisamment (2). Il paraît avoir oublié que, de même que certaines Oupanichads confondent l'*Akâca* avec Brahma neutre, de même quelques Soûtras confondent le Nirvâna avec le Bouddha (3). De telle sorte

---

deur, la sagesse et la bonté du Créateur, sans toutefois déterminer plus spécialement aucune de ces immenses régions, sans même voir une probabilité bien grande en faveur de cette circonscription. Voyez son livre sur *la Vie future*, seconde édition, p. 312-7. Ce très-docte écrivain me paraît avoir ici trop oublié le vers suivant de la *Henriade*, qui résume si bien le texte biblique du Ier livre des Rois, VIII, 27 :

<blockquote>Au-delà de ces cieux le Dieu des cieux réside !</blockquote>

Si l'étendue du monde, comme toute quantité réelle, est *finie*, il semble que le *paradis* chrétien doit plutôt se trouver dans le vide sans limites, au-delà des étoiles les plus éloignées de nous.

(1) *Ouvr. cité*, I, p. 178.

(2) *Ouvr. cité*, Avertissement, p. I-III et XIX.

(3) Tel est, entre autres, le *Mahâparinirvâna Soûtra*, dont M. Ph. Ed. Foucaux va bientôt publier la traduction. En attendant, voyez l'extrait de la collection du Népâl donné par M. Hodgson, *Asiatic Researches*, XVI, p. 75 et 77. Voyez d'ailleurs le

que si le Bouddha est le reflet de Brahma, le Nirvâna est le reflet du *Niçréyasam*, c'est-à-dire le *nec plus ultra* de la béatitude éternelle, avec cette différence que le Dieu bouddhique est devenu purement spirituel, tandis que son modèle brahmanique est resté beaucoup plus longtemps esprit et matière, toutefois avec une subordination de plus en plus prononcée de celle-ci à celui-là, jusqu'à ce que la seconde fût entièrement éclipsée par le premier.

Ces conceptions successives, dans lesquelles l'intelligence divine a fini par supplanter la nature matérielle, n'ont d'ailleurs rien que de conforme à la marche naturelle du mysticisme. Il en ressort avec évidence, selon moi, que l'absorption soit dans le Brahma neutre, soit dans le Kaivalyam, soit dans le Çounya ou Nirvâna, soit enfin dans le Bouddha, l'Adibbouddha, la Pradjnâ ou le Vidjnânam, ne pouvait mettre obstacle aux apparitions surnaturelles que les Brahmanes et les Bouddhistes attribuent à leurs ascètes délivrés de la transmigration. En effet, que l'on soit devenu *Brahma-Srayambhoû* à la façon des Védântistes, ou *Adipouroucha-Paramâtman* à la manière des Sânkhyas, ou enfin *Bouddha-Srayambhoû* à la façon des Bouddhistes, on n'en conserve pas moins la faculté de reprendre à sa guise, en vertu des pouvoirs magiques acquis dès cette vie par l'ascétisme et conservés dans l'autre, une forme corporelle et miraculeuse, pour réapparaître dans l'univers : il n'y a que les êtres anéantis qui ne reviennent pas. Et ici qu'on me permette de citer St-Augustin : « Nous devons croire,

---

résumé des deux théories, l'une mongole et l'autre chinoise, sur les trois natures ou les trois corps du Bouddha, *ci-dessus*, chap. VI, p. 425-6 (vol.), ou p. 121-1 (broch).

disait ce grand docteur, en parlant des bienheureux ressuscités « nous devons croire qu'alors nous aurons
» des corps tels, que nous serons partout où nous vou-
» drons et quand nous le voudrons ». « Tu seras où tu
» voudras, ajoutait-il, et partout où tu seras, tu auras
» ton Dieu avec toi » (1).

Que dire maintenant de cette bizarre conclusion de M. Barthélemy Saint-Hilaire : « Le Bouddha a cherché
» héroïquement d'arracher l'homme au mal et au vice en
» lui promettant la délivrance éternelle sous la forme du
» néant au prix de la vertu ! » (2). Comme s'il était possible d'admettre non seulement que Çâkyamouni n'eût pas su trouver d'autre moyen de sauver l'âme que de l'anéantir, mais encore que, pour atteindre ce but étrange, il eût imaginé de recourir pour lui-même et d'exhorter ses disciples à recourir, comme lui, à des efforts héroïques, à des vertus surhumaines, à des abstinences, à des mortifications, à des austérités inouïes !

La disparate entre les voies de salut prêchées par le Bouddha et le but supposé par M. Barthélemy Saint-Hilaire, est tellement énorme, que ce savant s'est cru obligé de la pallier autant qu'il était en son pouvoir. Voici ce qu'il en dit :

« Çâkyamouni, par une contradiction qui l'honore, a
» voulu que l'homme employât sa vie à se racheter de
» la vie même par la vertu. Il a voulu que pour cesser

---

(1) *Serm.* 112, de *Resurr. corp.*, ch. 3 et 8, n°ˢ 5 et 11, t. V, p. 1010 B. et 1012 B. (édit. des Bénéd.). Ces deux textes prouvent-ils que le *Paradis*, tel que le concevait ce très-savant père de l'Eglise, était confiné dans les limites actuelles de l'univers ? Il est très-permis d'en douter.

(2) *Journal des savants*, mars 1863, p. 185.

» de vivre à jamais, on commençât par vivre selon toutes
» les lois de la raison, telles du moins qu'il les com-
» prenait ; et que l'on conquît une mort éternelle par
» l'existence la plus pure et la plus sainte » (1).

Cela veut dire, en d'autres termes, que le Bouddha, à l'exemple du Brahmanisme, ne permet pas aux misérables et aux désespérés de se débarrasser des maux de la vie par une mort volontaire, et que, pour leur en ôter l'envie, il les menace de retomber dans une existence plus malheureuse encore, en vertu de la fatale loi des transmigrations (2). Le Bouddha fait plus, car moins tolérant que ses devanciers, il n'autorise même pas le suicide religieux dont l'Inde offre encore maints exemples dans ces fanatiques *Yogins* qui, tous les ans, à la solennelle procession de *Djagannâtha* se précipitent sous le char du ce dieu, pour aller le rejoindre plus vite et s'absorber en lui dans son paradis Vaikountha. Il ne permet aux ascètes le sacrifice de leur vie que lorsqu'ils se l'imposent dans l'intérêt de l'humanité tout entière (3). On ne saurait ici le blâmer si, en échange des mortifications qu'il prescrit à ses adeptes, il leur présente en perspective autre chose que leur anéantissement. Mais dans le système nihiliste qu'on lui prête, ou plutôt qu'on lui impute, sa doctrine est aussi absurde que cruelle. Elle est même insensée au premier chef ;

---

(1) *Le Bouddha et sa Religion*, p. 157.

(2) *Compte-rendu des séances*, etc., réponse à M. Ad. Garnier, p. 350.

(3) Voir là-dessus Eug. Burnouf, I, p. 160-1. Selon le *Milindapraçna Soutta*, Bhagavat a défendu aux prêtres le suicide religieux toléré, ce semble, par les *Lois de Manou*, VI, 78. Voir cependant *ibid*, 45 et 49.

car si l'homme n'a point d'âme distincte du corps, à quoi bon prolonger une vie de misères, de souffrances et d'austérités, qui ne doit pas, qui ne peut pas être suivie d'une autre, puisque la perte du corps emporte celle de l'âme qui n'en est qu'une faculté ? (1) Il est vrai que le dogme de la transmigration suppose nécessairement la permanence du principe pensant. Mais bagatelle que tout cela ! (2). N'est-ce pas pour détruire à la fois et ce principe et ce dogme que Çâkyamouni a inventé son Nirvâna-néant ?

« Et ici, ajoute M. Barthélemy Saint-Hilaire, admirez
» la contradiction ! Tout en redoutant outre mesure les
» maux de la vie, et en cherchant à s'en délivrer éter-
» nellement par le néant, le seul moyen, ou du moins le
» moyen le plus efficace que l'on trouve de se guérir de
» l'existence, c'est d'en faire une torture et un supplice
» pendant les courts instants qu'on la possède en l'exé-
» crant.

(1) Revoyez *ci-dessus*, chap. II, p. 343 (vol.), ou p. 29 (broch.) à la note 1.

(2) A l'endroit indiqué dans la note précédente, j'ai oublié de rapporter un texte bouddhique extrait par Eug. Burnouf, I, p. 567, du Commentaire de l'*Abhidharma Kôça Vyâkhyâ*, et portant ce qui suit : « Le Sthavira Dharma trâta croit à la diversité des
» existences, puisqu'il a dit : Pour l'être qui transmigre dans les
» trois voies du temps, il y a *diversité d'existence*, et *non diversité de substance*. » — C'est incontestablement la pure et véritable doctrine orthodoxe. Aussi les Soûtras comptent-ils au nombre des cinq connaissances surnaturelles ou facultés surhumaines (Abhidjnâs) d'un Bouddha, celle de se souvenir, comme Pythagore, de tout ce qu'il a fait dans ses existences antérieures, et qui plus est, le pouvoir de connaître quelles ont été les diverses conditions des hommes dans leurs renaissances passées. Voir dans Eug. Burnouf, I, p. 295, et II, p. 291-2, 818-21.

« Quel code, poursuit-il, que celui qu'impose Çâkya-
» mouni à ses adhérents les plus aimés et les plus fidè-
» les ! Quelles observances que celles qu'il prescrit à ses
» religieux et qu'il pratique lui-même ! Des haillons et
» des linceuls pour vêtement, des forêts pour abri, des
» aumônes pour nourriture, des cimetières pour lieu de
» méditation, la plus rigide abstinence, la proscription
» de tous les plaisirs, même les plus innocents, le si-
» lence habituel qui éloigne les plus chers entretiens !
» C'est presque déjà la tombe. Sans doute l'austérité
» même de cette doctrine, qu'on ne limite pas à un cloî-
» tre, mais qu'on prêche au monde (1), prouve l'ardeur
» sincère de la foi qui la recommande. Il faut une bien
» énergique conviction pour se prescrire de si doulou-
» reux et de si longs sacrifices. Mais, si la vie est déjà
» un si grand mal, pourquoi aggraver encore ce mal
» nécessaire? Pourquoi à ces misères inévitables ajouter
» volontairement ces mortifications sous lesquelles le
» corps succombe? Ne serait-il pas plus conséquent à
» la doctrine qu'on enseigne de faire de la vie une éter-
» nelle jouissance et du plaisir la seule occupation de
» l'homme ? Ne faut-il pas tâcher d'atténuer la douleur,
» loin de l'irriter encore ? » (2).

(1) La pensée de l'auteur est sans doute qu'on la prêchait aux religieux comme *obligatoire*, et aux laïques comme simplement *facultative*. Car lui-même montre qu'il y avait une grande différence entre les devoirs de morale prescrits aux Oupâsakas, vivant dans le siècle, et aux Çrâmanas, voués à la vie régulière. Voir ouvr. cité, p. 81-93. Ce qui était *précepte* pour ceux-ci n'était que *conseil* pour ceux-là comme dans nos Evangiles. (Voir Abel Rémusat, *Foé-koué-hi*, p. 182-3, et Eug. Burnouf, I, p. 281-2).

(2) Ouvr. cité, p. 150.

Le docte critique espère-t-il faire oublier l'étrange bévue qu'il prête au Bouddha, en ajoutant : « Il est vrai
» qu'on ne touche pas les hommes en leur prêchant
» le plaisir ; et que cette lâche doctrine n'est pas faite
» pour entraîner les foules, tout ignorantes et sensuel-
» les qu'elles sont. Çâkyamouni a eu raison de ne pas
» descendre à cette bassesse que sa grande âme eût
» repoussée ; mais l'ascétisme n'était pas l'application
» qu'il devait logiquement tirer de ses principes » (1).

Non certes, l'ascétisme n'était pas l'application qu'il devait logiquement tirer de la doctrine du Nirvâna-néant, si cette doctrine eût été véritablement la sienne. Mais c'est précisément cette doctrine même que je conteste, comme n'étant pas plus soutenable en fait qu'en droit. « Rien, dit-on, en parlant du Bouddha, « rien
» n'a surpassé la grandeur de sa conviction que la gran-
» deur de son aveuglement » (2). C'est pour cela sans doute que les Brâhmanes orthodoxes, plus avisés que lui, ont su habilement détourner les foules des rigueurs du Bouddhisme en substituant à sa morale trop sévère le culte voluptueux du dieu Krichna (3), comme ailleurs Balaam avait su détourner les Israélites des prescriptions mosaïques, en les attirant aux fêtes de Baal-Péor. Il est permis à un ascète exalté de ne voir dans la

(1) *Ibid*, p. 160-1.
(2) *Ouvr. cité*, p. 161.
(3) Voyez *là-dessus* Eug. Burnouf, p. 136, note 1, et surtout M. Albrecht Weber, *Revue germanique*, II, p. 301, qui voit dans la légende de cet ancien héros divinisé une réminiscence et une altération des faits qui concernent le Christ et la Vierge Marie, sa mère. Le culte de Krichna (grec Khris-tos), ne paraît avoir pris de l'extension que du IIIe au IVe siècle de notre ère.

vie qu'une grande masse de maux, mais non pas de fermer les yeux à la lumière du sens commun. Dans le système de M. Barthélemy Saint-Hilaire, on aurait eu bien raison de répondre à Çâkyamouni ce que le chef des logiciens opposait au héros Râma : « O fils de roi ! ne
» seras-tu jamais sage ? Ce qui se laisse goûter et tou-
» cher par les sens est seul digne de tes désirs » (1), ou, mieux encore, lui répéter ce distique d'un poëte du Rig-Vêda : « La vie et la mort se succèdent. Livrons-nous
» au rire et au bonheur de la danse, et prolongeons
» notre existence » (2).

« Le Bouddha, dit-on, pour sauver l'âme la détruit (3).
» Tout en instituant contre le corps et ses passions une
» lutte incessante et implacable, ce n'est pas au profit de
» l'âme qu'il a travaillé » (4). Et au profit de quoi donc a-t-il fait de la vie un supplice et de l'univers un *vaste purgatoire* (5). « Le corps, on le reconnaît, est à ses yeux
» le seul ennemi de l'homme..... Il faut que l'homme
» dompte le corps ; il faut qu'il éteigne les feux brû-
» lants qui le consument » (6). Et tout cela, dans quelle

(1) Extrait du Râmâyana, dans le *Génie des Religions* de M. Edgar Quinet, p. 216-7.

(2) *Véda des Hymnes*, traduction Langlois, IV, p. 161, st. 3-4.
—Comparez chez les Juifs la paraphrase de l'*Ecclésiaste*, IX, 2-10.

(3) *Ouvr. cité*, Avertissement, p. VII-I. Comp. la p. 178 du texte.

(4) *Ouvr. cité*, p. 161, comp. *ibid*, p. 116.

(5) L'idée-mère exprimée par les deux mots soulignés remonte au Brahmanisme, comme l'ont montré MM. Creuzer e Guigniaut, *Religions de l'antiquité*, I, p. 379-85, et p. 650-2, mais le Bouddhisme l'a exagérée en l'adoptant.

(6) *Ouvr. cité*, p. 146. — De là le titre de *Çramana*, dompteur, donné à l'ascète bouddhiste qui dompte ses sens, selon Eug. Bur-

vue ? afin de pouvoir retourner, après sa mort, au néant d'où il est sorti ? Comme s'il ne devait pas y retourner *quand même*, dans l'hypothèse que je combats, précisément parce qu'elle suppose que l'homme n'a pas de d'âme distincte de son corps ! En vain remarque-t-on que « tout en voulant convertir et guider la » multitude, Çâkyamouni ne cherche point à l'attirer » par de grossières séductions. Il ne flatte point bassement ses convoitises naturelles, et les récompenses » qu'il lui promet n'ont rien de terrestre ni de maté-» riel. Loin d'imiter tant de législateurs religieux, il » n'annonce à ses adeptes ni conquêtes, ni pouvoirs, ni » richesses. Il les convie au salut éternel, ou plutôt au » néant, qu'il confond avec le salut, par la voie de la » vertu, de la science et des austérités » (1). S'il en est ainsi, le docte critique a raison de prétendre que le Bouddhisme n'est qu'un long tissu de contradictions (2).

Heureusement pour les populations bouddhiques, ces contradictions n'existent point. Le Bouddha n'a fait que suivre les errements de ses prédécesseurs. Il n'a dit nulle part à ses adeptes : « L'unique salut pour vous, » après la mort, c'est de n'espérer aucun salut. » Mais il leur a dit : « Il faut vaincre la paresse et cher-» cher de bonne heure les moyens d'échapper à la » loi des renaissances » (3). D'accord avec la philosophie orientale tout entière, il leur a répété : « C'est

neuf, I, p. 78, 175, 297. De là aussi le qualificatif *Djina*, le victorieux, fréquemment appliqué au Bouddha. Voyez *idem*, I, 189, 294, 381, 628 ; II, 5 et suiv.

(1) *Ouvr. cité*, p. 142-3.
(2) *Ouvr. cité*, p. 182.
(3) *Mémoires de Hiouen-Thsang*, II, p. 311.

» le corps et ses passions qu'il faut dompter, qu'il faut
» détruire pour sauver l'âme de cette loi fatale » (1).
Avant et après lui, tous les sages de l'Inde s'écriaient,
comme saint Paul, quoique en d'autres termes : « La
» loi qui est dans mes membres, combat la loi qui est
» dans mon esprit. Malheureux que je suis ! qui me
» délivrera de ce corps de mort ? » (2). On sait, que, pour
tous les ascètes de l'Orient, le corps est l'ennemi de
l'âme ou de *l'homme intérieur*, comme le dit l'apôtre (3),
après le Bouddha (4). L'un en fait le réceptacle impur
du péché, et l'autre celui du *klêça* ou du mal inhérent
à toute nature mortelle, ou encore comme l'interprète
très-bien Eug. Burnouf, la corruption du mal, la somme
de toutes les imperfections qui naissent du vice ou du
mal moral (5). C'est le *klêça* que le Bouddha voulait détruire, comme saint Paul, et non pas l'âme captive.
Aussi les ascètes bouddhistes, à l'exemple des anacho-

(1) Eug. Burnouf, II, p. 800. — Barthélemy Saint-Hilaire,
Mémoire sur le Nyâya, p. 191, 311 ; *Mémoire sur le Sânkhya*, p.
336 ; *le Bouddha et sa Religion*, p. 146, 161.

(2) Saint Paul, *Epitre aux Romains*, VII, 23-4, et les versets
précédents. Comparez II, *Corinth.*, V, 6-8, et Philipp., I. 21-3.

(3) *Id.*, aux *Rom.*, VII, 22. — Comparez II, *Corinth.*, IV, 16.

(4) Tel est le sens du Poudgala des Bouddhistes, selon MM.
Eug. Burnouf, I, p. 501, 508, 592, et Ph. Ed. Foucaux, *Lalita
Vistâra*, p. 100-1. — Le *Poudgala* de Çâkyamouni répond
au *Pourousha* de Kapila, mot signifiant à la fois *homme* et *âme*,
comme le remarque M. Barthélemy Saint-Hilaire, dans son
Mémoire sur le Sânkhya, p. 446. — Revoir d'ailleurs *ci-dessus*,
p. 357-61 (vol.), ou p. 49-52 (broch.).

(5) Voyez Clough, *Singhal. diction.*, II, p. 154-5, et surtout
Eug. Burnouf, II, p. 443, ou mon opuscule du *Nirvâna indien*,
p. 114.

rètes du Brahmanisme, aspiraient-ils à la destruction du *klêça* par la destruction des enveloppes corporelles, grossières, moyennes et subtiles qui, selon eux, le produisent et le maintiennent. Voilà pourquoi la destruction du *klêça* est le seul but de la vie religieuse pour les Bouddhistes (1). Ce but une fois atteint, l'esprit, le principe pensant, l'*Atmâ*, le moi (aham), le *Poudgala*, le *Vidjnânam*, devenu sans péchés (Nichklêça), sans fautes (Anâçrava), sans souillures (Anâsava) (2), se débarrasse de l'existence phénoménale, relative ou complexe, cette grande douleur du monde (3), et obtient le *Nirvâna* ou l'annihilation du corps archétype qui lui sert de véhicule dans ses transmigrations (4), de même que le Pourroucha de Kapila obtient le *Kaivalyam*, de même que celui de Gôtama obtient l'*Apavargam*, de même que celui de Manou obtient le *Nihçrêyasam*.

Sans rentrer dans tout ce que j'écrivais en 1856 sur cette matière abstruse (5), je me bornerai à rappeler ici que le *Klêça* est le premier produit de l'ignorance (Avidyâ) qui porte le *Vidjnânam* d'abord à revêtir le corps subtil des attributs sensibles et intellectuels (Pantchaskandhas) répondant au *linga-çarira* des Sânkhyas, puis à descendre à l'aide de ce véhicule dans le sein de la mère où il s'incarne dans un corps grossier composé des éléments et des sens. Ainsi, le *Klêça* est double : ici bas, pour le

---

(1) Selon Eug. Burnouf, I, p. 112-3 et 619.

(2) Sur ces épithètes, voyez Eug. Burnouf, II, p. 112-3, 350, 822.

(3) Voyez *Lalita Vistâra*, traduction de M. Foucaux, p. 262, 273, 277, 356, 360.

(4) Pour les développements, voir du *Nirvâna indien*, p. 113-7.

(5) Du *Nirvâna indien*, p. 31, 66, 73, 113-9 et 129.

corps réel, né de la *Trichnâ* ou de la concupiscence, c'est le péché de la conception charnelle. Là haut, pour le corps idéal, c'est le péché de l'ignorance, ou de l'illusion causée par les formes du monde phénoménal. De ces deux péchés originels, que l'homme apporte en naissant, l'un lui est purement personnel, l'autre lui est transmis en partie et par occasion (1). L'ascète ne

---

(1) Ici, comme ci-dessus, chap. III, p. 361 (vol.), ou 55 (br.), j'adopte, en presque totalité, les vues développées par le feu baron d'Eckstein, bien qu'elles s'écartent de celles d'Eug. Burnouf. Voir les endroits cités à la note 1 de la page indiquée. —M. Barthélemy St-Hilaire, *ouvr. cité*, p. 167, demande au Bouddha qui est-ce qui a fait tomber l'homme pour la première fois sous le coup de la redoutable loi des existences successives. Il pourrait faire la même question à Kapila, à Manou, à Gôtama, à Djaimini, à Vyâsa, etc., etc. Tous ces sages ont reçu de leurs ancêtres le dogme de la transmigration et tenté d'en faire la théorie, chacun à sa manière. Il s'en servaient pour expliquer la hiérarchie des castes, aussi bien que les infirmités du corps. Çâkyamouni a fait comme eux : témoin la parabole de l'aveugle de naissance, ainsi né par suite de sa conduite coupable dans une vie antérieure. Voyez Eug. Burnouf, II, p. 82, et comparez l'*Évang.* de saint Jean, IX, 1-35. On sait qu'au v. 2 de ce livre saint, les disciples, à la vue d'un aveugle-né, demandent à Jésus : « Maî-
« tre, qui est-ce qui a péché ? est-ce cet homme, ou son père, ou
» sa mère, pour qu'il soit ainsi né aveugle ? » et qu'après la guérison miraculeuse de ce même homme, les Pharisiens, fort mécontents de ses réponses, lui disent, v. 34 : « Tu es entièrement
» né *dans le péché*, et tu veux nous enseigner ! » — David, Ps. 51.
7, dit de son côté à Jéhovah : « Voilà, j'ai été formé dans l'iniquité,
» et ma mère m'a conçu *dans le péché* ». Il y a là tout à la fois des idées de *métempsychose* et de *reversibilité*, plutôt peut-être que des allusions au grand *péché original*, venant d'Adam et Ève.

se purifie de l'un et de l'autre que par la vertu, la science, la méditation, les austérités. C'est alors qu'il redevient libre et indépendant, réduit qu'il est à l'état de pure intelligence, tel enfin qu'il était à l'origine des choses, avant toute incorporation. De là cette formule bouddhique prononcée par le religieux au moment où, arrivé à l'omniscience, et ayant l'esprit parfaitement affranchi, il sent en lui-même cette conviction : « La naissance est anéantie pour moi, j'ai accompli les » devoirs de la vie religieuse ; j'ai fait ce que j'avais à » faire ; je ne verrai plus une nouvelle existence après « celle-ci ; il n'y a plus (pour moi) à revenir en cet » état » (1). En d'autres termes : « je porte mon dernier » corps ; je n'aurai plus à transmigrer de nouveau » (2). En style bouddhique, cela voulait dire : je vais entrer dans le suprême repos, dans la suprême quiétude qui s'obtient au sein du vide supercéleste et illimité, séjour des intelligences pures. A ma mort, je serai *Adhimouktisâra*, c'est-à-dire n'ayant plus que l'intelligence pour essence (3). Je ne mourrai plus, mais je vivrai éternellement d'une vie purement intellectuelle. Car la vie en corps et en âme, c'est la mort de celle-ci pour les ascètes de l'Orient, et la mort de celui-là, quand elle n'est pas suivie de renaissance, c'est la vie véritable (4).

(1) Dans Eug. Burnouf, I, p. 162, 510 ; II, p. 511, *in fine*.
(2) *Ibid*, II, p. 319-50. — L'auteur y remarque que les Bouddhistes, à l'exemple des Brahmanes, donnaient à leurs saints ascètes le titre d'*Antimadéhadhârinô*, portant leur dernier corps.
(3) Sur cette expression, voyez Eug. Burnouf, II, p. 338.
(4) Voyez *ibid*, II, p. 784. — Les Aryas de l'Inde, au contraire, préféraient la vie à la mort, *Rig-Véda*, IV, p. 161, st. 2-5, ainsi que les peuples Sémitiques, *Isaïe*, XXXVIII, 10-20.

De même que les métaphysiciens du Bouddhisme ont fondu ces intelligences individuelles en un *Vidjnânam* général et infini, d'où elles descendent et où elles remontent (1) ; de même ses mythologues ont imaginé un mauvais génie qui réunit en soi tous les Kléças particuliers et qui ne cesse de les déverser sur le monde qu'il personnifie. Je veux parler de *Mârâ*, le pécheur, ou *Pâpîyân*, le très-vicieux, tentateur et ennemi du Bouddha, comme de tous les ascètes, qu'il s'efforce de ramener dans le cercle des transmigrations (2). C'est une transformation puritaine du dieu indien *Kâma*, ou l'amour, car il est à la fois le démon de l'amour, du péché et de la mort, le seigneur du désir, le maître du monde entier (3). Il répond au démon persan *Aêchma-Daêra*, dieu de la concupiscence (4), dont les juifs ont fait Asmodée (5). Mais ses pouvoirs sont tellement étendus, qu'il représente plus généralement pour les Bouddhistes l'Ahrimane des livres zends et le Satan de nos livres saints, tous deux ennemis du bon principe ou du bon Dieu, et souverains de ce monde (6).

(1) Voir *ci-dessus*, chap. III, p. 362-4 (vol.), ou 58-60 (br.).

(2) Sur ce personnage mythique, voyez Eug. Burnouf, I, p. 76, note 2, et p. 133, 163, 398 ; II, p. 8, 90, 385, et M. Ph. Ed. Foucaux, *Lalita-Vistâra*, p. 126, 205, 251 et suiv., 290-1, 381 et suiv.

(3) Dans M. Foucaux, *ouvr. cité*, p. 320.

(4) *Vendidad*, XI, 26 ; *Yaçna*, X, 18.

(5) *Tobie*, III, 8 ; VI, 14.

(6) Sur Ahrimane, voir la table d'Anquetil-Duperron à la fin du *Zend-Avesta*, et sur Satan « roi de ce monde », St-Jean, *Evang.* XII, 31 ; XIV, 30 ; XVI, 11. Comp. St Paul, II *Corinth.*, IV, 4 ; *Éphes.* II, 2. — Notons à ce sujet que parmi *les dessins et*

C'est aussi un emprunt fait au Brahmanisme, avec rattachement au *Nirvâna*, que la célèbre triade : Bouddha, Dharma et Sangha, le Bouddha, la loi et l'assemblée (1), répondant au mystique trimourti *Aum*, composé de trois lettres qui représentent Brahma, Vichnou et Çiva (2), et plus anciennement peut-être, Agni, le feu, Vâyou, le vent, et Mitra, le soleil, dieux recteurs des trois mondes, savoir : le premier de la terre ; le second de l'atmosphère, et le troisième du

peintures bouddhiques du Népâl et du Tibet dont M. B. H. Hodgson, résident anglais à Kathmandou, vient de faire présent à l'Institut impérial de France, s'en trouve un que M. Barthélemy Saint-Hilaire résume ainsi : « Le Bouddha se retire dans la féconde » retraite d'Ourouvilvâ, où il se livre aux plus rudes austérités ; » il en sort vainqueur du péché, sur lequel il marche, et qui » est représenté sous la forme hideuse d'un serpent. (Voir le *Journal des savants*, févr. 1863, p. 107-8). Notons aussi que dans le Rig-Véda, le céleste dieu Indra, porteur de la foudre, est souvent célébré comme vainqueur du serpent ténébreux qui tient les ondes captives dans l'atmosphère, et que cette image du triomphe de la lumière sur les ténèbres, a bientôt passé du physique au moral, en Perse, en Palestine, en Egypte, en Grèce, etc., etc., etc. — Voyez là-dessus les *Religions de l'Antiquité*, de MM. Creuzer et Guigniaut, et l'*Histoire des religions de la Grèce antique*, par M. Alfred Maury, et rappelez-vous la *Tentation dans le désert*, racontée par saint Matthieu, IV, 1-10, et par saint Luc, IV, 1-13.

(1) C'est le *Triratna* dont se sont occupés nombre de savants, cités les uns par Eug. Burnouf, I, p. 282-3, et les autres par C. Fr. Kœppen, *Die Religion des Bouddha*, II, p. 59-60, et p. 292-4. — Ce second volume a pour titre spécial : *Die Lamaische Hierarchie und Kirche*.

(2. Voir *Lois de Manou*, II, p. 74-6, 83-4; IV, 125.

ciel; car la réunion des trois premières lettres de ces derniers noms peut former le monosyllabe divin *Aum* en ramenant le *r* à son élément voyelle *u* devant une consonne (1).

Quoiqu'il en soit de cette origine Védique, les Bouddhistes, tant du Nord que du Sud, ont appliqué leur triade symbolique, d'abord à l'union spirituelle de tous les religieux, soit avec le Bouddha, soit entre eux, par le lien d'une loi commune, puis à la communion des saints en Bouddha dans le Nirvâna (2). Ceux du Tibet et de la Mongolie en ont même tiré leur fameuse prière : *Aum! Mani padmê! Hum!* « Oh! le joyau est dans le » Lotus, amen ! », prière qu'ils récitent sans cesse avec dévotion, qu'ils transcrivent partout, au dehors comme au dedans de tous les édifices tant publics que privés, et qu'ils font tourner dans les temples sur de grands cylindres construits à cet effet, comme représentant la roue de la loi, opposée à la roue de la transmigration (3). C'est la première invocation de l'enfant qui commence à bégayer ; c'est la dernière parole du mourant. Elle est pour tous les fidèles l'expression de leur vœu le plus ardent, celui d'être réunis après la mort au Bouddha, à

(1) Ceci n'empêche pas que l'*Aum* brahmanique ne soit une syncope de l'ancien pronom neutre *Avum*, zend *Arem*, cela, répondant à *Idam* et à *Tad*, comme l'a démontré Fred. H. Hugo Windischmann, approuvé par MM. Eug. Burnouf et Ch. Lassen.

(2) Voyez là-dessus, Eug. Burnouf, *ouvr. et lieux cités*.

(3) Les roues à prières des Tibétains sont connues de tous les érudits. Elles ont été envoyées de Russie au Tibet, par M. Shilling de Canstadt. On peut voir dans un article de M. Biot, inséré au *Journal des savants*, année 1845, p. 316-7, la plaisante anecdote dont elles ont été l'objet.

la loi et à l'assemblée, figurés par le monosyllabe *Aum*, par ce triple bijou (Triratna) qui ne formant qu'un seul joyau (Mani) est renfermé dans le Lotus (Padmê) du Nirvâna (1).

M. Barthélemy Saint-Hilaire n'a pas jugé à propos de rappeler ces particularités, non plus que bien d'autres qui peuvent conduire à des rapprochements curieux entre les deux grandes religions de l'Asie et de l'Europe, en ce qui concerne la vie future. On dirait même qu'il les écarte toutes à dessein, comme s'il craignait qu'un examen trop attentif n'y fit découvrir ce qu'il refuse d'y voir, l'analogie du Nirvâna bouddhique avec le royaume des cieux. Ce sujet est trop intéressant pour ne pas mériter d'être traité avec quelque étendue. Je le renvoie au chapitre VIII qui va suivre.

(1) J'emprunte cette interprétation, en la modifiant très-peu, à M. l'abbé Huc, voyez ses *Souvenirs d'un voyage dans la Tartarie, le Thibet et la Chine*, p. 311. Suivant le récit de ce savant missionnaire, les hommes qui répètent très souvent et très dévotement *om mani padme houm*, évitent de retomber après leur mort dans les six classes d'êtres animés (anges, démons, hommes, quadrupèdes, volatiles ou poissons, et reptiles), correspondant aux six syllabes de la formule, et obtiennent la plénitude de l'être par leur absorption dans l'âme éternelle et universelle du Bouddha. — L'auteur du *Lalita-Vistâra* dit à Bhagavat, entré dans le Nirvâna, p. 339 : « Tu n'es pas pénétré par la substance » du monde, comme le Lotus (pur) au milieu des eaux (bour- » beuses) », et p. 340 : « Tu es dégagé des trois mondes, com- » me un Lotus (de l'eau d'où il s'élève) ». — Ainsi le *Mani* dans le *Padma* doit être le Bouddha dans le Nirvânam qui s'élève au-dessus de l'univers matériel, comme le Lotus au-dessus du lac bourbeux.

VIII

Rapports du Christianisme et du Bouddhisme sur les doctrines de la vie future.

M. Barthélemy Saint-Hilaire ne cache point le but qu'il s'est proposé en publiant son livre sur *le Bouddha et sa Religion ;* « Je n'ai eu, dit-il, qu'une intention, c'est
» de rehausser, par une comparaison frappante, la gran-
» deur et la vérité de nos croyances spiritualistes. Nour-
» ris dans le sein d'une philosophie et d'une religion
» admirables, nous cherchons peu à savoir ce qu'elles
» valent, et nous ignorons les immenses services qu'elles
» nous rendent » (1). Assurément personne ne sera tenté de le contredire, à une condition cependant : c'est que, dans le chapitre qu'il intitule *Examen critique du Bouddhisme*, il fera toujours équitablement la part du bien et celle du mal. Or, il me paraît que l'un des plateaux de sa balance penche un peu trop du côté le plus défavorable au héros de l'ascétisme indien, surtout en ce qui concerne le Nirvâna.

Est-il vrai de dire, par exemple, que : « le seul, mais
» immense service que le Bouddhisme puisse nous ren-
» dre, c'est, par son triste contraste, de nous faire ap-
» précier mieux encore la valeur inestimable de nos
» croyances, en nous montrant ce qu'il en coûte à l'hu-
» manité qui ne les partage point » ? (2). A-t-on raison d'ajouter que : « la meilleure leçon que nous puis-

---

(1) *Ouvr. cité*, Introduction, p. I.
(2) *Même ouv.*, texte, p. 182.

» sions tirer de son déplorable exemple, c'est d'ap-
» précier avec un redoublement de gratitude la valeur
» de nos croyances spiritualistes ? C'est, poursuit-on,
» un enseignement indirect, mais profitable, que le Boud-
» dhisme peut nous donner. Il faut le connaître pour le
» fuir d'autant mieux ; et savoir regarder en face le
» *Nirvâna*, quelque repoussant qu'il soit, c'est le meil-
» leur moyen d'éviter tout ce qui lui ressemble, et tout
» ce qui peut y conduire » (1).

Enfin est-on en droit d'affirmer : « que le Bouddhisme
» n'a pas pris de leçons du Christianisme, et que ce
» serait une erreur bien plus grande encore de supposer
» qu'il puisse lui en donner ? » (2). L'auteur n'ajoute
point : ou qu'il lui en ait donné. Mais tel paraît être le
fond de sa pensée, du moins en ce qui touche les doctrines fondamentales. En effet, au dernier endroit cité,
il venait de signaler les méprises de quelques écrivains
du dernier siècle et du commencement du nôtre, au sujet
des ressemblances que les deux religions bouddhique
et chrétienne pouvaient présenter entre elles. Il rappelait, en les blâmant, les opinions contradictoires de
deux classes d'érudits, dont l'une voyait dans le Bouddhisme un reflet des doctrines chrétiennes, objet de
son culte, tandis que l'autre voulait y trouver un rival
du Christianisme qu'elle combattait (3). Aujourd'hui ces

---

(1) *Même ouv.*, Avertissement, p. XXVII.

(2) *Même ouv.*, texte, p. 182.

(3) *Ouvr. cité*, p. 181.—Cette dispute, du reste, roulait principalement sur l'origine de la hiérarchie lamaïque ou lamanesque
On peut voir à ce sujet, d'un côté, les notes des incrédules sur
les voyages du P. D'Andrada, celles jointes à la traduction française de Thunberg et des recherches asiatiques, etc., et d'un

vues étroites et passionnées, également insoutenables, doivent disparaître toutes deux devant une critique plus impartiale et plus élevée. Néanmoins, les ressemblances subsistent, et quoique les similitudes en histoire religieuse ne supposent pas toujours des rapports directs (1), celles que l'on a signalées et que je vais résumer, au point de vue du Nirvâna bouddhique principalement, portent pour la plupart de tels caractères, qu'au jugement de M. Albrecht Weber (2), il est impossible de croire à la production indépendante de choses si rapprochées. Pourquoi donc M Barthélemy Saint-Hilaire s'efforce-t-il de les mettre à l'écart ?

La réponse va de soi : il les dédaigne parce qu'elles ne sont pas favorables à son hypothèse du Nirvâna-néant. Elles ne peuvent être à ses yeux que des inconséquences ou des non-sens, semblables aux apparitions surnaturelles des personnages bouddhistes, Bôdhisattvas, Arhats, Bhikchous ou autres, qui, après leur entrée dans le prétendu Nirvâna-néant, n'en ressortent pas moins pleins de vie, de puissance et de splendeur (3). A l'en croi-

autre côté, les observations de Thévenot, de l'abbé Renaudot, des PP. D'Andrada, d'Horace de la Prenna, du P. Georgi, de La Croze et de plusieurs autres. Dans le premier quart de notre siècle, Langlès soutenait le premier système, et Abel-Rémusat le second. — Voir les premiers *Mélanges asiatiques* de celui-ci, I, p. 129-31.

(1) On peut lire à ce sujet les observations, peut-être trop absolues, de M. Ernest Renan, *Vie de Jésus*, p. 183-4, sans oublier celles des pages 98-9.

(2) Voir la *Revue Germanique*, II, p. 297. — M. E. Renan, dans l'ouvr. cité, p. 98-9, n'est pas trop éloigné d'y souscrire, comme il l'avait fait antérieurement.

(3) *Ouvr. cité*, Avertissement, p. 10.

re, ces similitudes, ne portant ni sur les origines ni sur les théories, ne sauraient nous rendre aucun service, c'est-à-dire nous procurer aucun enseignement utile sous le double rapport du dogme religieux et de la philosophie spiritualiste (1). Effectivement, qu'aurait-il pu trouver de commun entre la parole d'esprit et de vie et la prédication de la mort et du néant ?

Mais c'est là, ou je me trompe fort, une véritable pétition de principe. On pose en fait ce qui est en question; et partant de là, on regarde comme insignifiantes des analogies très-significatives au point de vue religieux de la vie future.

Avant d'aller plus loin, rappelons que si M. Barthélemy Saint-Hilaire reconnaît les modifications introduites dans le Bouddhisme à diverses époques, il n'admet pas néanmoins qu'elles aient porté sur la conception primitive du Nirvâna qui serait constamment restée la même, sinon chez les Bouddhistes du Nord, où elle a dû être altérée vers les premiers temps de notre ère par l'admission du mythique *Adibouddha*, au moins chez ceux du Sud, où ce remplaçant de Brahma-neutre n'a point été reçu (2); en sorte que, dans tous les cas, les rapprochements qui vont suivre conserveraient toujours une bonne partie de leur valeur comparative.

Le Christianisme est d'origine juive, sans contredit, de même que le Bouddhisme est d'origine indienne. Ils sont nés à 600 ans d'intervalle, aux deux extrémités de l'Asie, pour ainsi parler. Ils ont grandi et se sont déve-

(1) *Ibid*, texte, p. 181-2.
(2) *Ouvr. cité*, Avertissement, p. XI, et mieux encore *Compte-rendu des séances et travaux de l'Acad. des sciences mor. et polit.*, 1re série, X, p. 350.

loppés indépendamment l'un de l'autre au sein de deux religions faussées (1) qu'ils venaient réformer et qui leur ont fourni les premiers éléments de leurs doctrines transcendantes. Le Bouddha n'a rien emprunté à Moïse ni même à Zoroastre (2), bien plus près de lui et par le temps et par l'espace. De même le Christ n'a rien emprunté au Bouddha. Sur ces deux points, j'acquiesce assez volontiers aux idées du savant critique (3). Mais jusque là nous ne sommes que dans le Magadha et la Galilée, c'est-à-dire aux berceaux des deux réformes. Près de là se trouvaient, au be-

---

(1) On connaît les justes sorties de Jésus contre les Pharisiens. Celles de Çâkyamouni contre les Brahmanes n'étaient pas moins légitimes. (Voir notamment Eug. Burnouf, II, p. 494). « Quand ils veulent manger de la viande (en contravention à » la loi), objectaient les Bouddhistes, ils tuent des animaux en » les aspergeant d'eau lustrale et en prononçant sur eux des » mantras, parce que, disent-ils, les brebis ainsi immolées vont » droit au ciel ; mais si c'est là le chemin du ciel, pourquoi » ces méchants brahmanes n'y font-ils pas monter ainsi leur » père et leur mère, leurs frères et leurs sœurs, leurs fils et » leurs filles ? » Dans Eug. Burnouf, I, p. 209.

(2) Le bactrien *Zarathoustkra* (étoile d'or), nommé Zoroastre par les Grecs, vivait à une époque très-antérieure à celle de Darius Ier, roi des Perses, c'est-à-dire au VIe siècle avant notre ère, selon M. Th. Henri Martin, *La vie future*, p. 13-14, avec les autorités citées.

(3) Cependant M. C. Schœbel insiste avec une certaine force sur les prétendus voyages du Bouddha dans la Bactriane (*Annales de philosophie chrétienne*, 4e série, XV, numéros de juillet. août et septembre 1857); de leur côté, MM. Wilson et Albrecht Weber ne sont pas éloignés de penser que la famille des

soin, des exemples ou des modèles d'ascétisme : d'un côté, les *Vânaprasthas* et les *Sannyasis*; de l'autre les *Esséniens* et les *Thérapeutes*. Pour apprécier les deux religions dans toute leur étendue, il faut suivre leurs développements successifs et leur sortie de leur première sphère d'action; car, chemin faisant, elles ont dû s'assimiler les idées, les doctrines, les pratiques étrangères qui pouvaient se concilier avec les leurs. L'une s'étend à l'Ouest par le Pendjab (1) et la Perse ; l'autre à l'Est par la Syrie et la Babylonie. Leurs apôtres respectifs sont animés d'un zèle de prosélytisme et de conviction qui les porte à propager de tous les côtés leurs croyances sur le salut éternel et sur les voies qui y conduisent, et par conséquent à profiter de toutes les circonstances favorables à leurs vues.

Ces circonstances se présentaient d'elles-mêmes. Les routes commerciales de terre et de mer entre l'Inde et l'Egypte, devenues plus libres depuis les conquêtes d'Alexandre, étaient alors très-fréquentées, et l'histoire du Gnosticisme oriental atteste que les contemplatifs, curieux de s'instruire ou d'enseigner, les parcouraient aussi bien que les trafiquants, avides d'acheter ou de vendre. Peut-on concevoir en effet rien de plus probant à cet égard que l'étrange amalgame de croyances et d'idées indiennes, bouddhiques, persanes, chaldaïques, syria-

---

Çâkyas était originaire de Potala, ville située sur l'Indus, et qu'elle n'était pas sans quelques rapports avec les Çâkas ou Indo-scythes, si célèbres dans l'histoire de la Perse. (Voir l'*Ariana antiqua* du premier, p. 112, et l'*Histoire de la littérature indienne* du second, trad. de M. Sadous, p. 408-9).

(1) Voyez Clément d'Alex., *Stromates*, I, p. 359 (Potter), et M. Ch. Lassen, *Indische Alterthumskunde*, II, p. 1075, et III, p. 369.

ques, juives, chrétiennes, égyptiennes et helléniques, que nous révèlent les monuments du Gnosticisme, amulettes, abraxas, pierres gravées, talismans, diagrammes, plérômes, etc., etc. ? (1). On y voit que, dès avant la naissance de Jésus-Christ et durant les premiers siècles de notre ère, un grand mouvement intellectuel, à la fois philosophique et religieux, mais plus religieux que philosophique, agitait les esprits méditatifs depuis les bords de l'Oxus et de l'Indus jusqu'à ceux de l'Halys et du Nil.

Il est vrai que la lumière ne brille guère dans ce chaos, et qu'à la distance où nous sommes, il faudrait des yeux de lynx pour voir au juste où, quand, comment, pourquoi et par qui se sont opérées les communications dont je veux parler. Mais il est impossible de les révoquer en doute. Il ne reste plus qu'à en mesurer la portée, sans rien exagérer de part ni d'autre sur leur étendue. Si d'un côté, il est ridicule de ne voir dans le Christianisme qu'un produit de l'Inde, gâté sur sa route en Palestine (2); de l'autre, il ne le serait pas moins de ne voir dans toutes les modifications subies par le Bouddhisme des Soûtras que le contre-coup des doctrines chrétiennes. D'abord, il est avéré que nombre de Gnostiques se disant chrétiens, tels que Marcion, Bardesanes (3), Basilide, Valentin, Saturnin, etc., ont fait

(1) L'*Histoire critique du Gnosticisme*, par feu M. J. Matter, est curieuse à lire sous ce rapport.

(2) C'est le reproche que M. A. Foucher de Careil adresse à une école ou secte d'indianistes aujourd'hui florissante à Berlin. Voir la p. 306 de son livre intitulé *Hégel et Schopenhauer*, Paris, 1862.

(3) Cet hérésiarque, qui vivait à Édesse, dans la Mésopotamie, au second siècle de notre ère, avait écrit sur les Gymnosophistes

plusieurs emprunts au Parsisme et au Bouddhisme, ainsi que Manès et son maître ou disciple qui porte trois noms : *Bouddha, Thérébinthe* et *Scythien* (1). Ensuite, plusieurs Pères de l'Église, Origène, entre autres (2), paraissent y avoir aussi puisé certaines opinions plus ou moins hétérodoxes. Enfin, sans parler des légendes relatives au martyre de saint Thomas et de la prédication de saint Barthélemy dans les Indes (3), on ne peut

de l'Inde et sur *une idole indienne* dressée au fond d'un temple souterrain. (Voir Porphyre, de *Abstinentiâ*, IV, ch. 17, et de *Styge*, dans Stobée, Eclog. 1). Il mêlait à son récit des idées bibliques ou chrétiennes, en disant que ce simulacre était le modèle que Dieu le père avait donné à son fils pour créer l'homme. L'idole en question, vu le lieu où elle était adorée, devait être un Bouddha, selon l'ingénieuse conjecture de M. F Baudry, dans la *Revue germanique*, II, p. 297, à la note.

(1) Sur ces emprunts, voyez Ch. Lassen, *Indische Alterthumskunde*, III, p. 333-95 et 405-16, malgré les doutes de M. F. Nève, (*L'antiquité chrétienne en Orient*, p. 90), partagés d'abord par M. A. Weber, *Histoire de la littérature indienne*, (trad. de M. A. Sadous, p. 138), qui plus tard s'est rangé à l'opinion du célèbre professeur de Bonn. Voir *Revue germanique*, II, p. 297, et IV, p. 157-8. — Les Néo-platoniciens et les Ophites ont, de leur côté, emprunté de préférence aux Sânkhyas, selon M. Lassen, *ibid*, p. 379 et 401-5.

(2) Telles sont, à mon avis, ses idées sur la transmigration des âmes, sur le corps subtil qui les accompagne dans toutes leurs renaissances, et sur la possibilité pour les méchants de se réhabiliter, pour les bons de déchoir, les uns et les autres dans leurs existences successives. (Voir la *Vie future* de M. Th. Henri Martin, p 198-9, 583-4, 602-16.

(3) Voir à ce sujet La Croze, *Histoire du Christianisme des Indes*, I, p. 57-62. — M. Ch. Lassen, *ouvr. cité*, II, p. 1109, incline

douter que saint Pantène, directeur de *l'Ecole chrétienne d'Alexandrie*, n'y soit allé en mission vers le milieu du III⁰ siècle, à la demande de plusieurs négociants indiens, sans doute convertis au Christianisme par ses leçons (1). Delà vient que, vers la fin de ce siècle, Clément d'Alexandie, son disciple et son successeur dans cette chaire professorale, illustrée après lui par le très-savant Origène, nous parle du Bouddha, comme d'un sage divinisé à cause de la sainteté de sa vie (2), et que, vers le commencement du V⁰ siècle, saint Jérôme, se faisant l'écho d'une tradition qui était parvenue jusqu'à sa grotte de Bethléhem, raconte que ce Bouddha passait dans son pays pour un Dieu né d'une vierge, par le flanc droit (3). Il paraît aussi que l'autre Bouddha bien postérieur, dont Manès aurait étudié les écrits et auquel on donne trois noms ou surnoms distincts, passait également pour le fils d'une mère-vierge (4), circonstances qui ont fait conjecturer à deux émi-

à placer la mort du premier dans la Parthyène et à laisser dans l'Inde la prédication du second.

(1) Voyez J. Matter, *Essai historique sur l'école d'Alexandrie*, I, p. 276, 299-300.

(2) *Stromates*, I, p. 359, Potter.

(3) *Advers. Jovinianum*, I, t. IV des œuv., p. 186 (éd. Martianay). Voir aussi le livre *de Nativitate Christi*, III, écrit par Ratramus, moine qui vivait au milieu du IX⁰ siècle de notre ère, et comp. *Lalita Vistara* de M. Foucaux, p. 32 et suiv., et p. 87 ; Eug. Burnouf, I, p. 606, et Chr. Lassen, ouvr. cité, III, p. 370.

(4) Voir Beausobre, *Histoire critique de Manichée et du Manichéisme*, V, p. 9, 26, 53, 65 et 85 ; l'abbé Foucher, *Mémoires de l'anc. acad. des inscriptions*, XXXI, p. 419, et J. Matter, *Histoire critique du Gnosticisme*, II, p. 352-3. Il faut surtout consulter l'ouvr. cité de M. Lassen, III, p. 405-7.

nents critiques, l'un allemand et l'autre français, que son titre grec *Skuthianos* pourrait bien être le nom même de Çâkya, traduit *Skuthia* et suivi d'une désinence hellénique (comparez le mot aryen *Çâkah*, rendu ou remplacé en grec par *Skuthès*), et que de même l'évangile saint Thomas des Manichéens pourrait être un Soûtra quelconque de *Gautama*, autre surnom du premier ou grand Bouddha (1), tiré de l'affiliation de sa famille guerrière à la famille sacerdotale des Gôtamides (2).

Quoiqu'il en soit de ces deux conjectures, on voit le nom de Bouddha réparaître en Syrie, au VIe siècle de notre ère, dans celui d'un auteur soi-disant syriaque,

(1) M. De Bohlen, *Das Alte indien*, I, p. 572-3, et M. Ernest Renan, *Histoire des langues sémitiques*, I, p. 251, 1re édition, *Journal asiatique*, 5e série, VII, p. 230-6, et *Vie de Jésus*, p. 98-9. — *Skuthianos* pourrait venir d'un dérivé sanscrit *Çâkyanah*, appartenant à Çâkya, ou disciple de Çâkya. Il est douteux que Thomas soit une syncope de Gautama, privé de sa première syllabe, plutôt que de *Bôdhidharma*, que les Chinois ont abrégé en *Tamo*, venant du pâli *Dhammas* ou *Dhamas*, nom d'un patriarche bouddhiste que plusieurs anciens missionnaires catholiques ont confondu avec saint Thomas. Sur cette confusion, voir Abel Rémusat, *Mélanges asiatiques*, I, p. 135-6. — La Croze, *ouv. cité*, I, p. 57-60, faisait de ce *Tamo* un disciple de Manès. Le *Bôdhidharma* ou *Tamo* d'Abel Rémusat aurait enseigné au Ve siècle de notre ère, Manès vivait dans le IIIe, et saint Thomas aurait été martyrisé vers la fin du Ier. La chronologie fait souvent tort à la légende. — On donne d'ailleurs à Manès trois disciples nommés *Bouddas*, *Thomas* et *Hermas*, qu'il aurait envoyés publier sa doctrine, le premier en Syrie, le second dans l'Inde et le troisième en Égypte. Voir Lassen, *ouv. cité*, III, p. 406.

(1) Sur l'origine de ce *nomen gentilitium*, voyez Eug. Burnouf, I, p. 155.

appelé *Boud le Périodeute* ou *Bouddha le Mendiant*, en sanscrit *Bhikchou*, écrivain qui, dit-on, se convertit au Christianisme, traduisit plusieurs livres de l'Indien (ou plutôt du Pehlvi), entre autres, celui de *Kalila* et *Dimna*, et composa divers traités religieux (1). Ajoutons que le nom de Bouddha, sous les formes *Boutta*, *Bauttha* (sansc. *Bauddha*, bouddhiste), *Boud* et *Boudasp*, (sansc. *Bôdhisattva*), était fréquent en Perse sous la dynastie des Sassanides, et que, vers le même temps, Babylone paraît être devenue un vrai foyer de Bouddhisme (2).

Cette grande ville, par sa situation, devait être, aussi bien qu'Alexandrie d'Égypte, le centre des communications entre l'Orient et l'Occident. Le Christianisme ne put manquer de s'y faire jour et de s'étendre par là vers la Perse, la Bactriane, le Pendjab et l'Inde. Aussi les souscriptions des actes du célèbre concile de Nicée,

(1) Assemani, *Bibliothèque orientale*, III, 1re partie, p. 219-20. — MM. E. Renan, art. cité du *Journal asiatique*, et A. Weber, *Revue germanique*, IV, p. 157-8. — Le savant critique de Berlin demande à ce propos, si, en revanche, quelque chrétien ne s'est pas fait bouddhiste dans l'Inde, sans croire changer de religion. Ce qui et avéré, c'est qu'à la fin du siècle dernier, le sinologue de Guignes attribuait aux premiers Soûtras bouddhiques une origine chrétienne. Et de fait, les légendaires des deux religions se rencontrent sur des points singuliers, comme on peut le voir par la comparaison des livres apocryphes du *Nouv. Testament* tant avec la *Lalita-Vistâra* qu'avec la *Vie du Bouddha* que Klaproth a extraite des livres bouddhiques-chinois, et publiée d'abord dans le *Journal asiatique*, première série, et ensuite en allemand dans son *Asia polyglotta*.

(2) MM. Lassen, Renan et Weber, *ouvr. et lieux cités*.

tenu l'an 325 de notre ère, mentionnent-elles un certain prélat oriental nommé *Joannès Persès*, qui se donne pour évêque de la Perside et de la Grande Inde (1). Authentiques ou apocryphes, ces souscriptions, jointes à la célèbre hérésie de Manès, donnent lieu de penser que, de même que les Bouddhistes s'étaient étendus par la la Mésopotamie jusque dans la Syrie et dans l'Asie mineure, de même les Chrétiens s'étaient avancés par la Perse ou par la Mer, jusqu'aux côtes du Malabar et de l'île de Ceylan. Ce qu'il y a de certain, c'est que Cosmas l'indico-pleuste, qui voyageait dans l'Inde avant la seconde moitié du VIe siècle, assure que le Christianisme y était florissant et en voie de prospérité, assertion qui suppose qu'il y remontait déjà à une époque assez ancienne (2).

Ces renseignements, tout vagues et incomplets qu'ils sont, suffisent pour montrer que, dès les premiers siècles de notre ère, les fervents sectateurs du Bouddha et du Christ ont dû se trouver en contact à plusieurs reprises dans quelques-unes des vastes contrées de l'Asie. D'un côté, l'Evangile attteste que Jésus, avant de quitter ses disciples pour retourner vers son père céleste, les envoya instruire toutes les nations (3). De l'autre, il est reconnu que l'avant-dernier ou du moins le dernier concile bouddhique, tenus l'un dans le Magadha sous le règne d'Acôka (vers l'an 246 avant Jésus-Christ,

---

(1) La Croze, *ouv. cité*, I, p. 65, et *Acta Synod. Nicæan.*, pars *secunda*, p. 28.

(2) La Croze, *ouv. cité*, I, p. 56 ; Lassen, *ouv. cité*, II, pages 1101-2.

(3) Saint Matthieu, XXVIII, 19. — Saint Marc, XVI, 15. — saint Luc, XXIV, 47.

et l'autre dans le Cachemire, sous le règne de Kanichka (de l'an X à l'an XL de notre ère), décida que la doctrine du Bouddha serait propagée par des missions dans les contrées étrangères (1).

Cela posé, résumons en quelques lignes les ressemblances générales qui se rapportent plus ou moins directement aux doctrines de la vie future.

Je ne dirai rien des devoirs de famille, tels que la piété filiale, l'amour paternel, l'amitié fraternelle, l'union des époux, etc. (2), ni des vertus pratiques ou sociales, telles que la tolérance, la douceur, la conduite régulière et les bonnes mœurs (3), ni des œuvres d'utilité publique, comme de planter des arbres, d'élever des fontaines, de construire des caravansérails, etc., (4), quoique, dans le système de M. Barthélemy Saint-Hilaire, les recommandations de cette nature se concilient peu avec les sentiments qu'il prête aux Bouddhistes ; car, pour ne citer que les vertus domestiques, il semble que le Bouddhisme, avec sa prétendue horreur invincible de la vie, n'aurait guère le droit de prôner des de-

---

(1) M. Lassen, ouv. cité, II, p. 229-30, indique l'avant-dernier, et M. A. Weber, *Histoire de la littérature indienne*, p. 117, le dernier seulement. La différence vient de la diversité des traditions entre les Bouddhistes du Sud et ceux du Nord sur le nombre et les dates des conciles bouddhiques, portés à quatre par le premier et à trois seulement par le second, après Eug. Burnouf et autres.

(2) *Le Bouddha et sa religion*, p. 91-3.

(3) *Ouvr. cité*, p. 89-96.

(4) Edits du roi Piyadasi, dans M. A. Weber, *Revue germanique*, IV, p. 151.

voirs et des liens sans lesquels la vie ne serait point (1).

Je ne parlerai non plus ni des méthodes d'enseignement et de propagation des deux doctrines par la parole et la prédication, bien plutôt que par les livres et les écrits, ni des appels réitérés aux faibles, aux pauvres, aux malheureux, aux déshérités de la fortune ou de la nature, préférablement aux puissants, aux riches, aux heureux du siècle, ni même des instructions populaires par des paraboles, mises à la portée de toutes les intelligences, malgré les ressemblances quelquefois bien singulières qu'on y rencontre (2). Il n'y a là rien qui implique nécessairement des échanges ou des emprunts. Placés dans des circonstances analogues, et se proposant des buts identiques, le Bouddha et le Christ ont dû se conduire et s'exprimer à peu près de la même manière; car tous deux s'attachaient plus à faire des hommes vertueux que des philosophes (3).

Mais voici des analogies plus caractéristiques (4).

(1) Ce serait là en effet une contradiction dont le savant critique, *ouvr. cité*, p. 93, essaie de disculper le Bouddha.

(2) On peut comparer les paraboles évangéliques avec celles des chap. III et IV du *Lotus de la bonne Loi*, et de plus, quelques sentences morales citées tant par M. Huc, dans ses *Souvenirs d'un voyage en Tartarie, au Thibet et à la Chine*, II, p. 299 et 319, que par M. Kœppen, dans *Die Religion des Bouddha*, etc., I, p. 131.

(3) MM. Benfey, art. *Indien*, p. 201 de l'*Encycl.* d'Ersch et Gruber, et Eug. Burnouf, p. 152 et 335, remarquent que la morale pratique domine dans le Bouddhisme, tandis que le Brahmanisme l'emporte par la métaphysique d'une part, et de l'autre, par la mythologie.

(4) Dans le résumé qui suit, j'ai cru inutile de citer les évangiles. Au besoin, les lecteurs pourront consulter, à leur choix,

En premier lieu, la fraternité et l'égalité de tous les hommes devant la religion (1), le détachement des choses d'ici-bas, poussé à l'extrême (2), l'aspiration vers les biens du monde futur, la préoccupation constante du salut, la pratique des devoirs en vue de la libération finale ou du bonheur éternel, les préceptes de morale et et de discipline, fondés presque uniquement sur cette base (3).

Deuxièment, les institutions monastiques, la vie cloîtrée des moines et des nonnes, les ordres mendiants, le célibat et la tonsure des religieux, l'usage des cloches et des chapelets, le nimbe qui entoure la tête des saints, la construction des tours, des dômes et des clochers donnés aux églises et semblables aux stoûpas ou topes bouddhiques, le culte même des reliques, sinon en

soit *la Vie future*, de M. Th. Henry Martin, p. 156 notamment, soit *la Vie de Jésus*, de M. Ernest Renan, p. 82-4, 116-7, 183, 309-12 et 158.

(1) *Le Bouddha et sa religion*, p. 106-7 et 144-5, et Eug. Burnouf, I, p. 198-9.

(2) « La nécessité du détachement, dit Eug. Burnouf, I, p. 462, » est un sujet qui revient presqu'à chaque instant dans les Soû-» tras et dans les légendes. C'est à cette théorie à la fois méta-» physique et morale que se rapportent ces belles paroles (appli-» quées aux choses de ce bas monde) : « Cela est passager ; cela » est misère ; cela est vide ; cela est privé de substance »..... On » doit encore rattacher à cet ordre d'idées : « Tout concept, tout « composé est périssable ».

(3) Sur ce premier point, voyez les remarques de M. Barthélemy Saint-Hilaire, *ouvr. cité*, p. 119-54, et celles de M. Th. H. Martin, *la Vie future*, p. 168-9.

Grèce, où il existait déjà (1), du moins dans le reste de l'empire romain, où il n'était pas connu (2).

Troisièmement, le titre de Sauveur, attribué au Bouddha et au Christ, leur qualité d'homme-Dieu, leur conception et leur naissance miraculeuses (3).

Quatrièmement, les mêmes vertus transcendantes prêchées par l'un et par l'autre; l'aumône au sens le plus large, la patience, la résignation, l'énergie à souffrir, l'héroïsme, le pardon des injures, l'amour pour les ennemis eux-mêmes, le renoncement aux passions, l'hu-

---

(1) Voyez là-dessus l'*Histoire des Religions de la Grèce antique*, par M. Alfred Maury, II, p. 52 et suiv.

(2) Sur tout cela, voyez A. Weber, dans la *Revue germanique*, II, p. 297, et IV, p. 157-60, avec les notes du traducteur, M. F. Baudry, et dans l'*Histoire de la littérature indienne*, traduction de M. A. Sadous, p. 435. Voyez aussi Ch. Lassen, *ouv. cité*, II, p. 1081; III, p 367-9 et 441-2.

(3) D'après le *Lalita Vistara*, *ouv. cité*, p. 54-7, Bhagavat est conçu et enfanté *par le flanc droit* de Mâyâdêvî, sans avoir été souillé d'aucune tache dans le sein de sa mère; mais il n'y est pas encore question de la virginité de celle-ci. Ce supplément à la légende du Bouddha (comme à celle de Krichna), vient probablement d'une source étrangère, c'est-à-dire chrétienne, ainsi que le suppose M. Alb. Weber, *Revue germanique*, II, p. 301, sans contradiction de la part de M. Chr. Lassen, *ouv. cité*, II, p. 1107--8, et III, p. 370. — Inutile de rappeler la curieuse et ancienne tradition portant que la Vierge Marie *a conçu par l'oreille*, légende sur laquelle on peut lire Hofmann, *Vie de Jésus*, p. 77, avec les auteurs qu'il cite. — On sait d'ailleurs par les *Lois de Manou*, II, 27-30, que les Indiens avaient des Sacrements (Sanskâras) pour purifier le corps des *Dwidjas*, après la conception comme après la naissance, des souillures que le contact de la semence ou de la matrice avait pu lui imprimer.

milité, la pauvreté, la chasteté, la contemplation, les mortifications de la chair (1), ou, pour les résumer toutes en deux mots avec les Soûtras Singhalais : » Abs-
» tention de tout péché, pratique constante de toutes
» les vertus, domination absolue de son propre cœur :
» tel est l'enseignement du Bouddha » (2). Ajoutons :
tel est l'enseignement du Christ.

Cinquièmement, la confession publique imposée d'abord aux religieux bouddhistes, tous les quinze jours, à la nouvelle et à la pleine lune (3), puis prescrite aux laïques à des époques plus éloignées, mais également périodiques (4), institution pleine de sagesse, que le Christ s'est empressé d'établir de son côté, en disant à ses apôtres : « Tout ce que vous délierez sur la terre
» sera délié dans le ciel ».

Sixièmement, la possibilité pour les fidèles qui ont atteint la perfection religieuse, d'obtenir, dès cette vie même, le Nirvâna, selon les Soûtras bouddhiques (5), ou le royaume des cieux, selon les Evangiles (6). c'est-à-dire de recouvrer les deux avant-goûts du bonheur éternel : le repos de la conscience et la paix de l'âme.

(1) *Le Bouddha et sa religion*, p. 86 à 93, 147-8 et 160-1.

(2) Dans M. Barthélemy Saint-Hilaire, *ouvr. cité*, p. 84, à la note. « Je ne dis pas, remarque-t-il à la p. 87, que ce soit ainsi
» qu'on puisse faire des citoyens utiles à la société ; mais certai-
» nement c'est ainsi qu'on peut faire des saints. »

(3) Eug. Burnouf, I, p. 299-300, 149-50, et II, p. 450, en note.

(4) Le roi Piyadasi a rendu celle-ci *quinquennale;* sur tout cela voyez *le Bouddha et sa religion*, p. 103, 146 et 280.

(5) Voir *ibid*, p. 135.

(6) Saint Matthieu, VI, 10, 33; XII, 28 ; saint Marc, XII, 31 ; saint Luc, XI, 2; XII, 31; XVII, 20-1 et suiv.

Septièmement, la recommandation de cacher ses bonnes œuvres et de ne laisser voir que ses défauts (1); celle d'avoir *foi* dans le Bouddha (2) ou dans le Christ, *espérance* dans le Nirvâna (3) ou dans le royaume des cieux, et *charité* envers le prochain (4), etc., etc., etc.

On peut joindre à ces analogies générales des deux doctrines, les rapports plus récents signalés, pour le Tibet, par nos missionnaires catholiques, bien qu'ils ne remontent tout au plus que du XII᷎ au XV᷎ siècle, après les conquêtes de Tching-kis-khan et de ses successeurs. En effet, les ressemblances qui en ont été la suite dans ce pays, font présumer que la plupart de celles qui les avaient précédées proviennent de rapports bien antérieurs. Telles sont :

Huitièmement, la légende qui fait revivre perpétuellement le Bouddha défunt dans le *Talé-Lama,* élu par un conclave après la mort de son prédécesseur.

En neuvième lieu, toute la hiérarchie lamanesque

---

(1) Eug. Burnouf, I, p. 170 et 261.
(2) *Id., ibid,* p. 195, 200, 329; II, p. 25, 29.
(3) *Id , ibid.* II, p. 63, 283.
(4) *Id., ibid,* I. p. 336; II, p. 300. — « Par son principe de » charité universelle, remarque cet historien critique, le Boud- » dhisme a acquis le premier rang parmi les anciennes religions » de l'Asie » — Dans un article tout récent, intitulé *Bouddhisme et Christianisme*, inséré au *Correspondant* du 25 juillet 1863, t. XXIII ou LIX de la collection, p. 547-60, M. C Ramo convient de presque toutes ces analogies, ainsi que de celles qui vont suivre. Il est tenté de les attribuer à un *dessein providentiel,* p. 559. Mais d'accord avec M. Barthélemy Saint-Hilaire, il impute au Bouddhisme la négation dogmatique de Dieu et de l'immortalité de l'âme.

qui, naguère encore, à l'exemple de celle de l'église romaine, concentrait en elle-même tous les pouvoirs religieux, politiques, législatifs, administratifs et judiciaires.

Dixièmement enfin, la crosse, la mitre, la dalmatique, la chape ou pluvial que les grands lamas, correspondant aux évêques catholiques, portent en voyage ou lorsqu'ils font quelque cérémonie hors du temple ; l'office à deux chœurs, la psalmodie, les exorcismes, l'encensoir soutenu par cinq chaînes, et pouvant s'ouvrir et se fermer à volonté ; les bénédictions données par les lamas exclusivement, la main sur la tête des fidèles, les retraites spirituelles, l'intercession des saints, les jeûnes, les processions, les litanies, l'eau bénite, *la messe des morts*, etc. (1).

(1) Voyez sur ces trois derniers points les *Souvenirs d'un voyage dans la Tartarie, le Thibet et la Chine*, par M. Huc, missionnaire Lazariste, II, p. 110-2 et 271-5. — L'auteur attribue ces innovations introduites dans le culte lamanesque au réformateur *Tsong-Kaba*, mort en 1419, à l'âge de 52 ans, dans la célèbre lamaserie de Kaldan, à trois lieues de Hla-ssa, le pays des esprits. Selon lui, « Tsong Kaba, né en Tartarie, y avait reçu les instructions d'un étranger au grand nez, venu de l'Occident, c'est-à-dire d'un chrétien catholique, conjectures qui lui paraissent porter tous les caractères de la plus haute probabilité, quoiqu'il n'ait trouvé, dit-il, ni dans les traditions, ni dans les monuments du pays, aucune preuve positive de cet emprunt.—Notez que la mention de *la messe des morts* ne figure point dans l'ouvrage de M. l'abbé Huc. Je l'ai empruntée à M. Carl. Fr. Kœppen, *Die Religion des Buddha und ihre Entstehung*, I, p. 562, qui l'a sans doute trouvée quelqu'autre part. Elle me paraît très-caractéristique. — On lit ce qui suit dans la *Correspondance de Victor Jacquemont, pendant son voyage dans l'Inde*, I, p. 279-80, (lettre à

Les traits de conformité indiqués aux sept premiers numéros qui précédent, sont assez frappants et assez nombreux pour donner carrière aux réflexions. Selon moi, ils impliquent, pour la plupart, des communications verbales, opérées de part et d'autre dans des vues, sinon identiques, au moins très analogues.

Que dans ces échanges, l'un des deux cultes ait reçu de l'autre plus qu'il ne lui a donné, peu importe au sujet que je traite; ils n'en militent pas moins, pour la très-grande partie, en faveur de mon interprétation des doctrines bouddhiques sur l'autre monde. Ils n'en prouvent pas moins qu'en ce qui regarde la vie à venir, les premiers Chrétiens et les Bouddhistes contemporains avaient déjà sur ce point, comme les ont encore leurs successeurs, des idées très-ressemblantes.

D'abord, ils partaient des mêmes principes : l'inanité du monde visible, réputé transitoire et misérable, et la réalité du monde supercéleste, considéré comme permanent et bienheureux.

M. Charles Dunoyer) : « Le grand Lamah de Kanum, dont je
» vous montrerai quelque jour le portrait, a la mitre et la crosse
» épiscopales ; il est vêtu comme nos prélats : un connaisseur
» superficiel prendrait, à distance, sa messe thibétaine et boud-
» dhiste pour une messe romaine du meilleur aloi. Il fait alors
» vingt génuflexions à divers intervalles, se tourne vers l'au-
» tel et vers le peuple. Tour à tour, agite une sonnette, boit
» dans un calice l'eau que lui verse un acolyte ; il maronne des
» patenôtres sur le même air ; de tout point c'est une ressem-
» blance choquante. » On peut voir d'ailleurs sur les coupoles des Temples (Tchaityas), sur les auréoles des Bhikchous, sur les mitres des Lamas, sur les chasubles des prêtres, etc, *les dessins et les peintures bouddhiques* dont M. Barthélemy St-Hilaire vient de rendre compte dans le *Journal des savants*, février et mars 1863.

Puis, ils tendaient aux mêmes fins : l'affranchissement définitif de l'âme, sa délivrance des liens corporels et son éternelle béatitude après la mort.

Ensuite, ils avaient recours aux mêmes moyens religieux et moraux, résumés dans des formules presque identiques : d'un côté, renoncement à *Pâpîyân*, à ses joies et à ses splendeurs ; de l'autre, renonciation à Satan, à ses pompes et à ses œuvres.

Enfin, *mourir au monde* est un axiome bouddhique autant qu'une maxime chrétienne, et les ascètes bouddhistes ne renieraient certainement point la célèbre recommandation du mystique auteur de *l'Imitation de Jésus Christ*. « *Dimitte omnia transitoria et quære æterna* » (1), car elle pourrait passer pour un court résumé de leurs Soûtras aussi bien que de nos évangiles.

Les effets sont pareils quand la cause est la même,

a dit Hamlet. Kapila, bien des siècles avant lui, avait posé en principe que : « de l'effet on induit la cause, » parce qu'elle y est enveloppée », en d'autres termes, parce qu'il y a dans l'effet le caractère de la cause (2)

Ici les effets correspondent manifestement aux moyens, de même que la cause se confond, en quelque sorte, avec le but. De part et d'autre, il s'agit de sauver l'âme au prix de tous les sacrifices ; c'est-à-dire de la mettre en état de parvenir à l'éternelle béatitude, figurée par l'auréole lumineuse qui entoure la tête des Arhats et des

---

(1) M. Th. Henri Martin, dans son livre déjà cité, p. 408-9, l'a commentée et défendue contre M. J. Reynaud, qui veut la remplacer par celle-ci : *Transitoriis quære æterna*.

(1) *Soûtra de Kapila*, lecture I, Soûtra 128, dans le *Mémoire sur le Sânkhya*, p. 531.

Saints. C'est par ce côté surtout que les premiers Chrétiens de l'Orient pouvaient sympathiser avec les docteurs bouddhistes de leur temps. Il serait difficile, en effet, d'admettre les emprunts mutuels que je suppose si, au lieu de la béatification de l'âme vertueuse et sainte, les *Bhikchous* avaient prêché son anéantissement, comme le veut M. Barthélemy Saint-Hilaire. Car, dans son hypothèse, la foi bouddhique eût été l'antipode de la foi judéo-chrétienne des premiers siècles. Elle l'eût été d'autant plus que, d'après les idées des Chrétiens judaïsants, Nazaréens et Ebionites, les plus anciens en date, l'anéantissement de l'âme après la mort, serait la punition des méchants et des impies (1), bien loin d'être la récompense des bons et des croyants.

Je n'ai pas oublié la différence que le dogme persique,

(1) M. Th. Henri Martin, *la Vie future*, p. 184-6 et p. 601, cite comme ayant adopté cette opinion : 1° l'auteur ébionite des *Entretiens* faussement attribués à saint Clément de Rome ; 2° un vieillard inconnu que saint Justin avait rencontré avant d'être chrétien lui-même ; 3° saint Irénée ; 4° Tertullien; 5° Tatien ; 6° le rhéteur Arnobe ; 7° les gnostiques Héracléon, Valentin, etc. — M. E. Renan, *Vie de Jésus*, p. 55 et 280, renvoie de son côté à divers textes bibliques moins précis. Ce sont : saint Luc, *Evang.* XIV, 24; XX, 35-6. — Saint Paul, I, *Corinth*, XV, 43-49 — id. I, *Thessal.*, IV, 13-17. — II, *Macchab.*, VII, 14. — et IV, *Esdras*, IX, 22. Mais ces textes, comme il le reconnaît lui-même, s'expliquent, se complètent ou se rectifient par d'autres, tels que Daniel, XII, 2; — Saint Matthieu, XXV, 31 et suiv. — Saint Luc, XVI, 22-31 ; — Josephe, *de rationis imperio*, 13, 14, 16, 18, ou *le Martyre des Machabées*, ch. 5, 6, 10, 11, traduction d'Arnauld d'Andilly. Joignons-y, après M. Th. Martin, *ouvr. cité*, p. 128, le livre de

juif et chrétien de la résurrection des corps (1) à la fin du monde, présente ici avec la délivrance finale des Brahmanes, des Sânkhyas et des Bouddhistes. Si je n'en ai encore rien dit, c'est qu'elle est sans portée au point de vue du Nirvâna bouddhique. Il y a loin, je le reconnais, entre les deux systèmes. L'un, en effet, considérait la séparation de l'âme d'avec le corps comme un état de transition ou de suspension durant lequel la première attend avec plus ou moins d'impatience la résurrection du second sous une forme incorruptible, pour se réunir à lui, soit pendant mille ans sur une terre nouvelle et sous de nouveaux cieux (2), soit du-

---

la *Sagesse*, dite de Salomon, écrite par un Alexandrin de l'époque des Ptolémées. On y lit (I, 1-15, et II, 23-4), que les impies vivant dans la volupté et dans le crime, espèrent le néant après cette vie, mais que la doctrine du juste sur l'immortalité de l'âme leur ôte cet asile.

(1) On trouve quelques traces de cette antique doctrine tant chez les Aryas de l'Inde, dans les derniers chants du *Rig-Véda*, trad. de feu Langlois, IV, p. 233-6, que chez les anciens habitants de l'Egypte, dans le *Rituel funéraire* ou *Todtenbuch*, publié par M. Lepsius (Leipzig, 1842, in-4°), et déjà traduit en partie par M. de Rougé, qui publie en ce moment une traduction plus complète. Voyez sa *Notice sommaire des monuments égyptiens du Musée du Louvre* (1855, in-12), p. 81-6 et 92, et pour les autres auteurs cités en preuve, la *Vie future* de M. Th. Henri Martin, p. 10.

(2) Isaïe, XLV, 17; XLVI, 22. — Saint Jean, *Apoc.*, XX, 11; XXI, 1. — Saint Pierre, 2e *Ep.* III, 13. — Comparez le *Boundehesch*, Ch. XXXI, dans le t. II du *Zend Avesta d'Anquetil*, et voyez en outre la *Vie future* de M. Th. Henri Martin, p. 506, deuxième édition.

rant toute l'éternité dans le paradis suprême (1), le tout après le jugement universel, qui doit suivre la fin plus ou moins prochaine du monde (2). L'autre système, au contraire, voyait une sorte de calamité dans cette réunion des deux substances, et faisait tous ses efforts pour en empêcher le retour, par la raison que l'âme, essence pure, immatérielle et intelligente, ne recouvrerait sa liberté et son indépendance que par son isolation complète, absolue et définitive de la nature ou de la matière.

Cette divergence est effectivement très-grande au fond ; mais, quand on s'en tient aux sommités où devaient s'arrêter les premiers chrétiens de l'Orient, elle est absolument nulle. Les Persans et les Juifs croyaient au remplacement du monde actuel, malheureux et périssable, par un monde futur, éternel et bienheureux. Les Indiens, au rebours, en admettant des créations et des destructions périodiques de l'univers, ne pensaient pas que les mondes futurs dussent différer en bien des mondes passés ou présents, et par suite leurs ascètes, pour qui la vie corporelle et active était un fardeau, ne se souciaient pas d'y courir encore les risques des renaissances ultérieures.

Telles étaient les nuances plus ou moins accusées des

(1) En zend *Paradéças* et *Vahista*, en hébreu *Pardès* et *Gan-Éden*. Voir ma brochure *du Berceau de l'espèce humaine*, p. 113-6.

(2) Voyez saint Jean, Ev. XI, 21.—*Apocal. id.*, XXI, 5.—Saint Matthieu, XXII, 30. — *Actes des Apôtres*, III, 21. — Suivant La Croze, *Histoire du Christianisme des Indes*, I, p. 262, les anciens Chrétiens de la côte de Malabar croyaient que les âmes des Bienheureux ne verraient Dieu qu'après le jour du jugement universel, opinion qui leur était commune avec les autres églises orientales.

doctrines orientales sur cette matière importante, mais fort obscure, des destinées de l'homme après la mort, à l'époque où les Chrétiens et les Bouddhistes se trouvèrent en contact. Et encore est-il vrai de dire que saint Paul, qui demande d'être délivré de son corps de mort (1), déclare expressément que *la chair et le sang* ne peuvent posséder le royaume de Dieu, ni la corruption l'incorruptibilité (2), en sorte que le corps incorruptible qu'il espère échanger par transfiguration à la fin du monde, n'est pas sans analogie avec le corps archétype que revêt le *Poudgala* des Bouddhistes et le *Pouroucha* des Sânkhyas, pris dans le sens *d'homme intérieur* (3). Il n'est pas moins vrai d'ajouter que, malgré les raisons de quelques dissidents, la plupart des pères de l'Eglise, après les apôtres, enseignent, comme doctrine véritablement orthodoxe, que les récompenses du Paradis, les épreuves du Purgatoire et les peines de l'Enfer commencent immédiatement après la mort, sans qu'aucune âme soit anéantie. De telle sorte que le jugement universel, qui doit suivre la fin du monde, ne sera que la ratification du jugement particulier prononcé sur chaque âme après la perte de son corps (4). Les promoteurs orthodoxes des deux religions, chrétienne et bouddhique, se rapprochaient singulièrement sous ce rapport. Ils s'accordaient d'ailleurs en ce point, qu'avant tout il fallait

(1) *Ep. aux Romains*, VII, 24.
(2) I, *Corinth.*, XV, 50.
(3 Revoyez *ci-dessus*, ch. VII, p. 131 (vol.), ou 147 (broch.).
(4) Voyez là-dessus *la Vie future*, par M. Th. Henri Martin, p. 163-9, et p. 591 (note 22). — Comparez pour les Juifs au temps de Jésus, l'*Evang.* de saint Luc, XVI, 22-31, et le livre *de Rationis imperio*, attribué à Josèphe, 13, 14, 16, 18.

sauver l'âme des embûches de Satan ou de Pâpïyân, c'est-à-dire prévenir ou arrêter sa chute dans les mondes inférieurs, enfers et purgatoires ou transmigrations infimes (1), afin de l'établir pour toujours dans les régions supercélestes, sous la direction du Christ ou du Bouddha, rédempteurs du monde. Car le premier avait dit : « Il y a plusieurs demeures dans la maison de mon » père » (2), et le second plaçait au-dessous de son grand Nirvâna complet, réservé aux ascètes les plus dignes, un assez grand nombre de cieux pour contenter tous ses adhérents (3).

Voilà, selon moi, le joint des deux cultes, leur point d'ajustage ou de raccordement. Voilà aussi, ce me semble, l'explication naturelle des échanges d'idées, d'opinions, de pratiques religieuses, rappelées ci-dessus. Voilà enfin, à ce que je crois, la grande cause du peu de succès de nos missionnaires modernes, Catholiques, Wesleyens, Anglicans, Grecs ou Russes, auprès des populations bouddhiques tant du Sud que du Nord.

(1) Les Bouddhistes comptent seize enfers, dont huit brûlants et huit glacés, dans lesquels on naît, on vit, on meurt pour renaître encore. Voyez *Lotus de la Bonne Loi*, dans Eug. Burnouf, I, p. 201-2, et p. 366 et suiv.

(2) Saint Jean, *Evang.*, XIV, 2. —Comp. saint Matth., V, 19 ; XVIII, 4. — Saint Paul, I, *Corinth.*, XV, 40-2. — Les Juifs, à l'avénement de Jésus-Christ, comptaient sept cieux et sept enfers. Les Indiens en eurent successivement 7, 11, 21, 28. — Voir *du Nirvâna indien*, p. 35-6.

(3) On a vu ci-dessus, en notes, ch. IV, p. 367-3 et 377 (vol.) ou p. 63-4 et 71 (broch.), que les Bouddhistes comptent vingt-huit cieux superposés les uns aux autres, y compris les quatre sphères supérieures de leur région sans formes.

Le Christianisme, dit-on, commence à y faire des progrès, et le Catholicisme l'emporte, à cet égard, sur les autres communions chrétiennes (1). Je concède volontiers ce dernier point, et je me l'explique par cette considération, que le Catholicisme a sur celles-ci l'avantage de se rapprocher du Bouddhisme par la pompe de ses cérémonies aussi bien que par ses dogmes du Paradis, du Purgatoire et de l'Enfer. Nulle part néanmoins le Paradis des Catholiques n'a pris le dessus sur le Nirvâna des Bouddhistes. Il est avéré que ces derniers se montrent peu disposés à l'apostasie. Que conclure de ce fait ? une seule chose, à mon avis, c'est qu'ils croient trouver chez eux des doctrines religieuses équivalentes et même préférables aux nôtres, selon eux, par l'antiquité autant que par le fond. Partout, en effet, au Sud comme au Nord, ils considèrent le Bouddha comme un homme-Dieu ou comme un Dieu-homme qui, après être passé à l'autre rive, y fait passer aussi les autres. Evidemment, ce ne peut être pour les engloutir dans l'abîme du néant ; ce doit être, au contraire, pour les sauver de l'océan du monde, pour les recueillir auprès de lui, auprès de la loi dont il est l'organe, auprès de l'assemblée qu'il préside dans le Nirvâna supercéleste ou extra-mondain. Ils estiment que ce Nirvâna, à raison de son immutabilité, est le seul refuge inviolable contre les transmigrations qui se renouvellent avec les créations périodiques de l'univers. Il faut *mourir au monde*, pensent leurs ascètes, pour vivre en Bouddha dans le Nirvâna, de même que nos mystiques enseignent qu'il faut mourir au monde pour vivre en Christ dans le Paradis.

(1) *Le Bouddha et sa Religion*, p. 110-1.

Le dogme même de la transmigration des âmes n'est pas, pour ces orientaux, un motif de les faire changer de religion, comme cela devrait être dans le système de M. Barthélemy Saint-Hilaire. Bien loin de là, ils y tiennent avec une énergie, avec une persévérance, avec une opiniâtreté qui résistent à tous les raisonnements, ainsi que nous l'ont appris, il y a une vingtaine d'années, les fervents ministres de la foi catholique, envoyés en mission dans la Mongolie (1). La raison en est qu'ils aiment mieux faire leur purgatoire dans les trois mondes, parmi les bons génies, terrestres, aériens et célestes, dans l'espoir de remonter, dans l'échelle des êtres, en se conduisant bien, et, de renaissance en renaissance, d'atteindre enfin au grand Nirvâna complet. La transmigration n'est un épouvantail que pour les méchants qui craignent de descendre encore plus bas sur cette fatale échelle, de retomber dans des conditions intolérables, telles que celles des mauvais génies, et même d'être précipités successivement dans les seize enfers bouddhiques (2), tant est facile et rapide la pente vers le mal et vers le châtiment ! Mais les indifférents

---

(1) Voir à ce sujet le *Journal des savants*, année 1815, p. 317. (article intéressant, de feu M. Biot, sur l'*Introduction à l'Histoire du Bouddhisme indien*). — Dans un précédent article sur le même ouvrage, p. 267-8, M. Biot trouvait dans cette croyance un très-fort argument contre le système de l'anéantissement des âmes après la mort ; mais subjugué par l'autorité imposante d'Eugène Burnouf, il a admis, comme prouvé, le prétendu Nirvâna-néant des Bouddhistes, et n'y a vu qu'une *étrange aberration d'idées*.

(2) Il eût été naturel de compter autant d'enfers que de cieux comme dans le Brahmanisme. J'ignore pourquoi les Bouddhistes n'ont pas égalé le nombre des uns à celui des autres.

croiraient n'avoir rien à gagner au changement de religion, la morale chrétienne étant la même que la morale bouddhique.

Quant aux Bouddhistes vertueux de fait ou d'intention, on leur objecterait vainement que s'ils peuvent monter ou se réhabiliter, ils peuvent aussi descendre ou déchoir. En effet, leur transmigration n'est pas celle de la progression indéfinie sans terme ni repos, comme dans le système moderne de M. Jean Reynaud (1); c'est celle de la béatitude finale, sans déchéance ni retour. Ils croient qu'il dépend d'eux d'écouter le Bouddha et de se sauver à sa voix, ou de fermer l'oreille et de se perdre. Peu leur importe, après cela, qu'au point de vue philosophique leur liberté ne soit pas entière dans ce choix décisif; qu'elle puisse être entravée par un passé dont ils ne disposent plus; qu'enfin, l'endurcissement à la loi libératrice qu'on leur prêche puisse être le châtiment de fautes jadis commises, et que suit une faute nouvelle (2). Leur réponse est toute prête : n'ont-ils pas l'exemple même du Bouddha, leur maître, tour à tour vertueux et criminel, récompensé et puni dans ses innombrables transmigrations antérieures, mais accumulant peu à peu les mérites qui l'ont fait parvenir au Nirvâna (3)? D'ailleurs la loi de Bhagavat n'est-elle pas

(1) Voir son livre de *Terre et Ciel*, p. 250-308, 1re édition, réfuté par M. Jules Simon, la *Religion naturelle*, p. 330-7, par le R. P. Félix, *Messager de la Charité*, du 8 mars 1856, par moi, du *Nircâna indien*, p. 126-9, et avec plus de développement au point de vue de l'exégèse biblique, par M. T. H. Martin, *la Vie future*, p. 562-73.

(2) Objections de M. Barthélemy Saint-Hilaire, *ouvr. cité*, p. 166-7.

(3) Eug. Burnouf, I, p. 135.

une loi de grâce pour tous, non-seulement en ce sens qu'elle appelle à elle tous hommes sans distinction, mais encore en cet autre sens qu'elle procure à tous ceux qui la suivent avec droiture et sincérité, la grâce de rester dans la bonne voie (1)? M. Barthélemy Saint-Hilaire avoue que si le Bouddha ne rachète pas les créatures en s'immolant pour elles, il les instruit par son enseignement et par ses exemples. « Il les conduit, poursuit-il,
» sur la route où l'on ne peut plus errer, et il les guide
» au port d'où l'on ne revient plus » (2).

Il n'est donc pas exact de prétendre que si le Nirvâna n'était pas le néant, la tâche des missionnaires chrétiens serait plus d'à moitié remplie (3). L'assertion contraire est plus près de la vérité, car il ne tombe pas sous le sens que les Bouddhistes du Sud, au rebours de ceux du Nord, préfèrent leur complet anéantissement au bonheur éternel. Et ici je m'estime heureux de pouvoir terminer par les observations suivantes de M. Ad. Franck, répondant à son honorable collègue devant l'Académie des sciences morales et politiques : « Le
» genre humain, disait-il, constitue une seule et même
» famille dont les membres sont doués de la même rai-
» son, sont éclairés par la même conscience, ont les
» mêmes notions du juste et de l'injuste, de l'être et du
» néant. Je ne puis admettre, ajoutait-il, que trois cent

---

(1) Pourquoi la grâce manquerait-elle au Bouddhisme orthodoxe, quand on la trouve dans l'orthodoxie brahmanique? Voir l'*Oupnekhat*, I. p. 214, ou l'*Analyse* de Lanjuinais, p. 46, et les *Misc. Essays* de Colebrooke, I, p. 376.

(2. *Le Bouddha et sa religion*, p. 144.

(3) C'est ce que dit M. Barthélemy Saint-Hilaire, à propos de M. Spence Hardy, ouv. cité, p. 597.

» millions d'hommes vivent dans l'espérance de leur
» anéantissement futur, et ne connaissent d'autre reli-
» gion que celle-là. Aucune nation, aucune race hu-
» maine ne peut être réduite à cette horrible condamna-
» tion; autrement, il y aurait, non des variétés de
» l'espèce humaine, mais plusieurs humanités, avec des
» facultés, des intelligences, des natures différentes (1) »

Ces considérations sont d'autant plus puissantes, que le Bouddha impose à ses adeptes et que ceux-ci pratiquent à son exemple, des austérités, des abstinences dont la rigueur, comme le remarquait le même savant, n'a été surpassée, ni même peut-être égalée nulle part (2). Ainsi, quoiqu'en dise M. Barthélemy Saint-Hilaire, il est moralement impossible que Çàkyamouni ait offert à ses religieux et que ceux-ci aient accepté le néant pour récompense de tous leurs efforts, pour but suprême de leur foi, pour prix ineffable de toutes leurs vertus (3). Il l'est bien plus encore que ce soit cette théorie nihiliste qui a passionné les hommes et converti les peuples, et qui s'est perpétuée jusqu'à nos jours, sinon dans le Bouddhisme du Nord, où les Soûtras démontrent qu'elle ne compte guère de partisans, au moins dans le Bouddhisme du Sud, dont les livres religieux nous sont moins connus. Car, ainsi que ce savant l'a remarqué lui-même, elle révolte en nous les instincts les plus énergiques de notre nature; elle soulève toutes les répugnances et toutes les horreurs de notre âme; elle nous fait reculer tout ensemble d'effroi et de mépris (4).

(1) *Compte-rendu des séances et travaux.* etc., déjà cité, 1e série, X, p. 311.
(2) *Ibid*, p. 313.
(3) *Le Bouddha et sa religion*, p. 150.
(4) *Mémoire sur le Sânkhya*, p. 197.

Certes, si c'était cette monstrueuse croyance que les missionnaires anglicans ont encore à combattre chez les Bouddhistes méridionaux, il leur serait facile d'en triompher, et le philosophe de Francfort aurait très-mauvaise grâce à les plaisanter sur leur témérité de vouloir convertir leurs aînés en religion (1). Mais, après la dogme de la transmigration des âmes qui leur donne de la tablature auprès de leurs néophytes ordinaires, le Nirvâna ne leur en donnerait pas moins à l'encontre des prêtres et des religieux, s'ils tentaient de les catéchiser.

Là pourtant, à part l'intérêt de position et les préjugés de secte, ces religieux et ces prêtres pourraient être tenus en échec; « car, comme le dit très-bien
» M. A. Foucher de Careil, des quatorze sens (2) du mot
» *Nirvâna*, quel que soit celui qu'on adopte, il y a toujours là une extinction graduée, une cessation mystique ou savante de notre individualité, de nos facultés,
» de notre être enfin ; et quand même on dirait (avec le
» Bouddhiste allemand Schopenhauer), que l'anéantissement n'est qu'apparent, que la volonté reste, que la liberté même qui réside dans l'être n'est pas anéantie,
» que ce n'est que sous sa forme d'activité qu'elle est
» détruite, c'est beaucoup trop encore » (3). Voilà donc un point de doctrine que les missionnaires pourraient attaquer avec espoir de réussite, auprès des prêtres Bouddhistes de bonne foi et désintéressés qui pensent que le Nirvâna est l'anéantissement de la personnalité

---

(1) Voyez le livre de M. A. Foucher de Careil, ayant pour titre : *Hégel et Schopenhauer*, p. 308.

(2) N'est-ce pas des quatre sens qu'il fallait dire? Voyez ci-dessus, ch. V, p. 385-6 (vol.), ou p. 81-2 (broch.).

(3) *Hégel et Schopenhauer*, p. 311-2.

humaine et qui réduisent l'âme à n'être plus qu'une intelligence pure, abstraction faite de toutes ses applications, comme il arrive aux ascètes dans le 4e degré du Dhyâna (1).

Quant aux autres Bouddhistes, du Nord ou du Sud, qui croient à l'absorption des âmes affranchies soit dans le Bouddha, soit dans Adibouddha, soit dans la Pradjnâ, soit dans le Vidjnânam universel (2), les missionnaires catholiques pourraient leur être plus sympathiques et d'un plus grand secours, ce me semble, que ceux des autres communions chrétiennes ; mais ce serait peut-être sous une condition à laquelle ces catholiques ne voudraient pas souscrire : celle du retour au mysticisme transcendant du Moyen-Age et de la Renaissance, pour ne pas remonter plus haut.

Cependant il y a une troisième catégorie de Bouddhistes, et c'est à mes yeux la plus nombreuse, auprès de laquelle ils auraient plus facilement accès ; c'est celle qui substitue à l'absorption absolue l'intime union avec l'être infini ; car là ils auraient pour eux, comme on va le voir, les doctrines de saint Augustin, de saint Grégoire de Nazianze, de saint Paul et de saint Jean l'Evangéliste. Il y a même toute apparence qu'ils pourraient les faire valoir auprès des Bouddhistes de la 2e catégorie, je veux dire auprès des partisans de l'absorption ou de l'extinction mystique. En effet, quoique les Orientaux, en général, ne comprennent pas la personnalité humaine d'une manière aussi parfaite ou aussi étendue que les peuples de notre Occident, ils ne laissent pas que

(1) *Ci-dessus*, ch. IV, p. 368-9 (vol.), ou p. 64-5 (broch.).
(2) *Ci-dessus*, ch. II, p. 338-41; ch. III, p. 362-4; et ch. VII, p. 449 (vol.), ou p. 34-7 ; 58-60 et 136 (broch.).

d'admettre sa palingénisie spirituelle après son identification avec la substance première. Nous en avons pour exemple, chez les Bouddhistes du Nord, le nombre infini de Bouddhas dont ils peuplent l'infinité de l'espace (1), et pour preuve, au moins indirecte, un texte du *Lalita-Vistâra*, déjà cité, mais qu'il est bon de rapporter encore: « Le Bouddha (Çâkya-mouni), » parvenu au Nirvâna, entré dans la cité de l'omniscience, et mêlé véritablement à tous les Bouddhas antérieurs est devenu indivisible (2). Nous pourrions également appliquer à ces Bouddhistes du Nord, copistes des Brahmanes, plus d'une Oupanichad, extraite des Brâhmanas Védiques, où l'on représente l'ascète, après son entrée dans la cité lumineuse de Brahma (3), allant s'asseoir auprès du Dieu sur le trône de gloire, et engageant avec lui une conversation qui rappelle le *trimourti* de Brahma, Vichnou et Çiva dont on peut dire : *hi tres sunt et tres unum sunt*. Cet élu, en effet, semble y rester lui-même, tout en s'élevant dans le ciel à la participation des attributs et du bonheur de l'Être suprême. L'un devient Brahma, sans que l'autre cesse de l'être. « Tout ce que tu es, dit l'ascète, je le suis, je suis le passé, le présent et le futur. » Tu es tout ce que je suis, répond le Dieu, ce monde qui est mien est ton monde, ma victoire est ta victoire, ma puissance est ta puissance, etc. » (4). Ainsi, ils sont

(1. Eug. Burnouf, II, p. 10.
(2) *Ci-dessus*, ch. V, p. 392-3 (vol.), ou p. 88-9 (broch.).
(3) On lit dans l'*Apocalypse* de saint Jean, XXI, 23, que « la « cité céleste n'a besoin ni de soleil, ni de lune pour l'éclairer, » car la gloire de Dieu l'illumine, etc. »
(4) Voyez l'Oupanichad appelée *Kok'henk* par Anquetil, et extraite du Rig-Véda, dans l'*Oupnekhat*, II, p. 75, ou dans l'Ana-

étroitement unis, ils sont égaux, ils sont semblables, et il en est de même de tous les ascètes qui obtiennent leur libération définitive et absolue. Brahma semble n'avoir sur eux que l'avantage d'être le *primus inter pares*. On croirait vraiment que l'*unité* de nature, de pouvoir et de volonté ne met pas obstacle à la *diversité* des personnes. Tant il est vrai que, même en Orient, les mystiques ne parviennent pas toujours à s'annihiler complètement, et que, tout en se disant comme sainte Catherine de Gênes : « Je ne trouve plus de moi, il n'y » a plus d'autre moi que Dieu » (1), ils sentent, bon gré malgré, que c'est encore leur moi qui pense et qui les fait parler de la sorte. Sur ce terrain donc, les missionnaires catholiques pourraient s'aboucher avec les prêtres Bouddhistes, et peut-être en ramener quelques-uns.

Ici, en effet, les textes sacrés ne font pas défaut. Ainsi, dans l'Apocalypse de saint Jean, le fils de l'homme fait dire à l'ange de l'église de Laodicée : « Celui qui vaincra, » je le ferai asseoir avec moi sur mon trône, comme moi-» même j'ai vaincu et suis assis avec mon père sur son

---

lyse de Lanjuinais, p. 85. On peut lire d'ailleurs dans cette *Analyse*, aux p. 37-9, 44-7, 89-90, etc., les descriptions pompeuses de la béatitude résultant de l'absorption, de l'unification ou de l'identification, et dans les *Misc. Essays* de Colebrooke, I, p. 364, 370, 376, la différence que les Védântistes établissaient entre l'absorption pleine et entière et le simple séjour dans le monde de Brahma neutre ou *Brahmalôka*, nommé plus tard *Satyalôka*.

(1) Voir le *Génie des Religions*, de M. Edgar Quinet, p. 263, ou du *Nirvâna indien*, p. 44-6.

» trône » (1). Dans l'évangile de saint Jean, Jésus demande à son père que tous ceux qui croiront en lui ne soient qu'un, « de même que toi, ô Père, dit-il, tu es en
» moi et que je suis en toi ; qu'eux aussi soient en nous....
» Je suis en eux, et tu es en moi... Père, mon désir est
» que là où je suis, ceux que tu m'as donnés y soient
» aussi avec moi, afin qu'ils contemplent la gloire que
» tu m'as donnée » (2). « Mes bien-aimés, ajoute saint
» Jean, nous sommes dès à présent enfants de Dieu (3),
» et ce que nous serons n'a pas encore été manifesté; mais
» nous savons que quand il paraîtra (dans sa gloire),
» nous serons semblables à lui, parce que nous le verrons
» tel qu'il est » (4). Enfin saint Paul dit de son côté :
« Quand les temps de la dispensation (de la grâce) seront
» accomplis, Dieu réunira toutes choses en Christ, tant
» tout ce qui est dans les cieux, que ce qui est sur la
» terre » (5). Ailleurs il ajoute : « Aussi le fils même

(1) *Apoc.* III, 21. Le mysticisme catholique de nos jours ne va pas si loin que celui de Gerson, de sainte Thérèse, de sainte Catherine, de Molinos et de quelques autres. J'ai peut-être eu tort, dans l'*ouvrage* et *au lieu cités ci-dessus*, d'assimiler le premier au mysticisme des Yôgins ou des Védântistes; aussi me suis-je corrigé à la page 129 du même Mémoire. Ceci soit dit pour répondre à M. Th. H. Martin, *la Vie future*, p. 17, 2ᵉ note.

(2) *Évang.* de saint Jean, XVII. 21-4. Comparez *ib.*, XIV, 20, et le même saint Jean, Iʳᵉ *Épit.*, II, 24.

(3) Dans le *Lotus de la bonne Loi*, les *Crâvakas* ou auditeurs purs, candides, chastes, saints, sont fréquemment appelés *fils de Bouddha*. Voir notamment p. 30, st. 49, p. 31, st. 67, et p. 37, st. 132, dans le t. II d'Eug. Burnouf.

(4) Iʳᵉ *Épitre*, III, 2.

(5) *Épit. aux Éphès.*, I, 10.

» sera assujetti à celui qui lui a assujetti toutes choses,
» afin que Dieu soit tout en tous » (1), ou encore : « Ici,
» il n'y a ni Grec, ni Juif, etc., etc. » mais le Christ est
tout en tous (2). Aussi, saint Augustin et saint Grégoire
de Nazianze s'avancent-ils jusqu'à dire, l'un, que les
bienheureux sont imbus, pénétrés, remplis de la divinité
elle-même ; que leur vie est Dieu même (3), et l'autre
qu'ils sont entièrement semblables à la Divinité, pouvant
contenir Dieu seul et Dieu tout entier, comme le Christ
qui est tout en tous (4). Enfin, le rigide Anquetil-Duperron, qui les cite (5), renvoie en outre aux *Instructions
sur les Mystères,* par D. Gaudron, publiées en 1719 (6).

M. A. Weber se demandait, en 1856, si le Bouddhisme
est une religion épuisée ou susceptible de régénération.
Il lui semblait que toute conjecture à cet égard serait
téméraire aujourd'hui. Si l'on en croit les rapports
anglais, ajoutait-il, il s'est élevé depuis quinze ou vingt
ans à Siam, sous l'influence des missions chrétiennes,
un parti éclairé et instruit, qui rejette tout ce qu'il y a
de superstitieux dans les écrits et les traditions, pour
s'en tenir uniquement aux prescriptions morales du
Bouddha (7). Ce fait prouve deux choses ; la première,
qu'à Siam on ne considère point le Nirvâna comme le

---

(1) *Corinth.*, XV, 28.

(2) *Coloss.*, III, 11.

(3) *Serm.* 277, t. V, col. 1206, n° 8; *ibid, Serm.* 170, col. 823,
n° 9 ; t. IV, *Enarrat in, Ps.* 110, col. 1243-4, n° 1.

(4) *Orat.* 36, t. I, p. 581, édit. de 1630.

(5) *Oupnekhat*, II, p. 868.

(6) T. IV, *Résurrection*, p. 122, 128, 148; *Ascension*, p. 235,
229, 165, et t. V, *Fête-Dieu*, 176, 197-8.

(7) Voir la *Revue Germanique*, IV, p. 160.

néant, ainsi que nous le savions déjà par la Loubère (1), la deuxième, que le Christianisme n'y triomphe pas encore. D'un autre côté, M. Barthélemy Saint-Hilaire vient de nous apprendre qu'au Népâl et au Tibet, on préfère aux anciens soûtras les importations Çivaïtes et relativement modernes des *Tantras*, avec leurs figures et leurs formules, soi-disant magiques, dépôt misérable de toutes les folies, de toutes les superstitions, de toutes les impuretés, etc. (2). Il serait donc à souhaiter que là aussi les missionnaires chrétiens s'entendissent avec les hommes sages des deux pays pour engager ceux-ci à imiter les Siamois : ce serait peut-être le plus sûr moyen d'y préparer ou avancer la propagation de la foi évangélique.

IX.

Conclusion.

En résumé, je crois avoir amplement satisfait au vœu exprimé par le savant critique de voir ses arguments en faveur de la thèse du Nirvâna-néant, repris et réfutés un à un (1). Je crois avoir suffisamment démontré qu'ils ne résistent pas à un examen approfondi des Soûtras bouddhiques, tant simples que développés, qui sont parvenus à notre connaissance, abstraction faite de quelques-uns de ceux qu'on appelle Soûtras de

(1) *Du Royaume de Siam*, I, p. 498.
(2) *Journal des savants*, mars 1863, p. 182-4.
(3) *Compte-rendu des travaux de l'Acad. des sciences mor. et polit.*, X, p. 318.

grand développement, postérieurs en date et plus ou moins entachés de Nihilisme, tels que les traités de la *Pradjnâpâramitâ* et du *Vinayasoûtra* de Nâgârdjouna qui ne font loi que dans les écoles nihilistes et relativement modernes des Mâdhyamikas et des Svâbhàvikas purs ou naturistes rigides (1).

Ma discussion a été longue, plus longue que je ne m'y attendais en commençant. Mais le Nirvâna tient une si large place dans le Bouddhisme; il s'y rattache à tant de points différents et peu familiers à notre esprit européen ou mieux occidental, que pour faire comprendre sa nature, il fallait, chemin faisant, relever ceux-ci et les rétablir dans leur véritable jour.

« La mort ou la vie, écrivait en 1842, un célèbre médecin philosophe, « la mort ou la vie, la perte ou la conservation, par delà le tombeau, de l'individualité pensante, tel est le problème capital, j'allais presque dire le seul problème de toute philosophie, et toutes les autres questions, dans tout système, n'ont de valeur que par celle-là » (2). Je n'ai pas besoin d'ajouter que tel est aussi le grand problème de toute religion qui se dit révélée, quoique Moïse n'en ait pas fait le pivot de la sienne (3). L'Inde, sous ce double rapport, a devancé la

(1) *Ci-dessus*, ch. V, p. 103 (vol.), ou p. 99 (broch.).

(2) M. Lélut, *Mémoire sur le Siège de l'âme selon les anciens*, dans le *Compte-rendu des séances et trav. de l'Acad. des sci. mor. et politiq.*, troisième série, II, p. 121.

(3) J'ai essayé, après bien d'autres, d'expliquer cette étrange omission, en 1839, dans ma brochure épuisée de *l'Immortalité de l'âme selon les Hébreux*, publiée d'abord dans le vol. des *Mémoires de l'Académie d'Amiens*, imprimé cette année là, voir notamment aux p. 471-3. — Depuis, M. Th. Henri Martin s'est aussi efforcé

Grèce. Les Brahmanes ont précédé les Hiérophantes. Kapila et Çakyamouni ont donné le mot d'ordre à Pythagore et à Platon : mais il n'a guère été suivi par les autres philosophes grecs ou romains (1).

Le Bouddhisme a débuté comme théorie philosophique sur la délivrance finale ; mais il n'a pas tardé à se constituer en doctrine religieuse et morale tant sur cette délivrance que sur la transmigration qui en est le prélude obligé. Il n'en pouvait être autrement dans un pays où la religion et la philosophie se confondent. Car personne n'ignore que, pour les peuples de l'Inde, la permanence de l'âme après la mort a toujours été, non pas un désir vague, une attente éphémère, une espérance incertaine, mais bien, comme l'a dit W. Schlégel, une conviction absolue, le motif déterminant de toutes les actions, le ressort et le but de toutes les lois, de toutes les institutions, de toutes les pratiques (2).

Là pourtant, si les penseurs s'accordent à reconnaître la nécessité des transmigrations et la possibilité de s'en affranchir, soit par la dévotion suivant les Védàntistes,

---

de l'expliquer dans son livre déjà cité de la *Vie future suivant la Foi et suivant la Religion*, p. 82-92 et p. 527-33. Il est entendu d'ailleurs que le Pentateuque n'est pas entièrement muet sur ce point, puisqu'il y est parlé de la réunion des morts à leurs peuples dans le *Chéol*. Mais une opinion populaire ne peut être prise pour un dogme religieux, surtout dans un code qui, embrassant toute la législation, se borne aux récompenses et aux punitions temporelles, au nom de la divinité.

(1) Voyez là-dessus l'ouvrage déjà cité de M. Th. H. Martin, p. 21-33, et p. 522-5, et l'*Histoire des Religions de la Grèce antique*, par M. Alfred Maury, III, p. 169.

(2) W. Schlégel, *Weisheit der Indier*, I, p. 113.

soit par la philosophie selon les Sânkyas, soit par la vertu d'après les Bouddhistes, partout avec accompagnement de l'omniscience (1), ils sont loin de s'entendre sur le sort réservé dans l'autre monde à l'âme humaine qui est parvenue à conquérir l'affranchissement final. Cette âme va-t-elle là haut se fondre dans l'esprit universel pour en faire désormais partie intégrante, comme la goutte d'eau qui tombe dans un lac? ou bien y reste-t-elle individuelle et indépendante, en acquérant une sorte d'universalité sans conscience de son moi? ou enfin y conserve-t-elle sa personnalité?

A mon avis, il ne reste de doute possible, à l'égard du Bouddhisme primitif et orthodoxe, que sur ce seul et dernier point. Mais ce sujet n'est pas sans gravité. J'entends par la persistance du *moi* (Aham) dans le Nirvâna, ce degré d'expansion, de développement, de perfection où l'âme (Atmâ) a une conscience complète d'elle-même, comme on le remarque dans le cours de

(1) Le *Lotus de la bonne Loi*, dans Eug. Burnouf, II, p. 88, st. 76, fait dire à Bhagavat, qu'il n'y a pas de Nirvâna sans omniscience, et que c'est à l'omniscience qu'il faut s'applique; puis, ibid., p. 818, le *Djina alamkâra pâli* s'exprime en ces termes : « On entend par science (Djnâna) de l'omniscience, la science » qui, embrassant dans la pensée les desseins des êtres infinis, » habitants des mondes infinis, qu'elle soit accompagnée de la sa-» tisfaction appartenant au monde des désirs, ou qu'elle le soit » d'indifférence, est douée d'une activité artificielle qu'accompa-» gne la connaissance ». Je ne demande pas au lecteur si ce second texte lui fait bien comprendre ce que c'est que l'omniscience; mais je le prie de remarquer que l'auteur est un bouddhiste du Sud et qu'il parle *d'êtres infinis, de mondes infinis*, absolument comme le ferait un bouddhiste du Nord, je veux dire un *Bhikchou*, par exemple, qui ne croit pas que le Nirvâna soit le néant.

la vie humaine, au sortir de la première enfance et avant l'entrée dans l'extrême décrépitude, en exceptant, bien entendu, les états d'idiotisme ou de démence (1), de sommeil profond et sans rêves, de léthargie, d'évanouissement ou d'habitude poussée à ses derniers effets (2).

La question mérite assurément qu'on s'y arrête. Elle est pour nous de savoir si le *Nirvânam* des bouddhistes orthodoxes est une immortalité purement métaphysique sans conscience et sans volonté, comme l'*Apavargam* des Nyâyistes (3), ou une immortalité impersonnelle, universelle et absolue, comme le *Brahmabhôñyam* des Védântistes (4), ou une immortalité, impersonnelle encore, universelle même, mais restant individuelle, comme le mystérieux *Kaivalyam* des Sânkhyas (5), ou enfin une immortalité individuelle et personnelle tout ensemble, non pas tout à fait semblable, mais très-analogue à celle de nos spiritualistes modernes, chrétiens ou philosophes, c'est-à-dire avec responsabilité

(1) Quelques fous ont deux *moi*, ou deux volontés contraires, comme l'ont remarqué MM. Scipion Pinel, *Physiologie de l'homme aliéné*, p. 56, et Alfred Maury, *Essai sur les légendes pieuses du moyen âge*, p. 268, à la note, et *le Sommeil et les Rêves*, p. 114-6. Selon ce dernier savant, le docteur Wigan a vu dans cet antagonisme une des preuves de sa thèse paradoxale *the duality of the mind*.

(2) Voir à ce sujet les art. *Ame, Immortalité* et *Moi*, de M. A. Franck, dans le *Diction. des sciences philosophiques*.

(3) *Ci-dessus*, ch. V, p. 399 (vol.), ou p. 95 (broch.).

(4) *Ci-dessus*, ch. II, p. 337-40 (vol.), ou 33-6 (broch.).

(5) J'ai parlé bien des fois de celui-ci, mais pas assez au point de vue que je vais envisager.

morale, avec connaissance de soi-même et souvenir de
ce qu'on a été, avec tout ce qui permet de rester la
même personne ; je n'ajoute pas avec *vision béatifique
de l'essence divine* (1) ; car le mysticisme indien élève
plus haut ses prétentions : il vise à s'identifier avec
Dieu ou à le détrôner pour prendre sa place.

Les Soûtras bouddhiques, on doit s'y attendre, ne
sont pas clairs sur ce point : ils ne peuvent pas l'être.
Car, de l'aveu même du savant critique, c'est un sujet
qui ne comporte pas de grandes lumières (2) ; et de son
aveu encore, chaque homme renferme en lui un mystère
qu'aucune philosophie, comme aucune religion, ne peut
sonder tout entier (3). Bornons-nous donc là-dessus à
un relevé très-sommaire.

La persistance de la personnalité humaine dans le
Nirvâna est admise par nombre de Soûtras bouddhiques, et rejetée implicitement par quelques autres, bien
entendu parmi ceux qui ne soutiennent ou ne supposent pas que l'âme est entièrement anéantie (4). Cette

(1) Les rationalistes sont d'accord sur ce point de doctrine
avec les catholiques. Voir là-dessus, d'un côté, la *Religion naturelle*, par M. Jules Simon, p. 308-10, et de l'autre, la *Vie future
selon la foi et selon la raison*, par M. Th. Henri Martin, p. 127-35.

(2) *Mémoire sur le Sânkhya*, p. 179.

(3) *Ibid.*, p. 176.

(4) Le *Lotus de la bonne Loi* fait partie des premiers. (Voir ci-dessus, ch. V, p. 101-2 (vol.), ou p. 97-8 (broch.), et le *Lalita-Vistâra* des seconds, si l'on en juge par la *traduction* de M. Foucaux, p. 295, 321, 339, 361-5 et 368-9. Cependant, comme le
mot sanscrit que le traducteur rend par *individualité*, à l'exemple
d'Eug. Burnouf, est l'équivoque *Oupadhi*, auquel j'ai donné un
autre sens, ci-dessus, ch. V, p. 386-90 (vol.), ou p. 82-6 (broch).,
je crois pouvoir rester dans le doute, surtout à la lecture d'une

divergence d'opinions me paraît provenir de ce que les premiers s'attachent plus strictement aux instructions populaires de Çâkyamouni, tandis que les seconds y mêlent les doctrines philosophiques de Kapila, et parfois même les vagues conceptions de Gôtama et autres.

phrase de la p. 364 de cette traduction, où le Bouddha dit, en parlant de lui-même : « Dans l'espace incommensurable de cent » mille *Kalpas* que *j'ai traversés* à côté des autres Djinas, là où » je n'ai pas eu *la personnalité* (Oupadhi sans doute), la vie, » l'être, ma patience n'a été éprouvée. » Il s'agit là, ce me semble, du *corps archétype* que revêt *l'âme individuelle*, et non de cette âme elle-même, de celle qui dit : *j'ai traversé* cent mille Kalpas, etc., celle-ci étant alors réduite à sa pure essence immatérielle. — On a vu du reste, *ci dessus*, ch. V, p. 397-8 (vol.), ou p. 93-4 (broch.), que le *Mahâparinirvânasoûtra* est aussi formel dans le sens de la personnalité continuée que le *Milindapraçnasoûtra* me paraît l'être dans le sens contraire. Revoyez *ci-dessus*, ch. VI, p. 117-8 (vol.), ou p. 113-4 (broch). — On a vu aussi, *ibid.*, VI, p. 343-4 (vol.), ou p. 119-20 (broch.), à la note, que M. A. Weber prend le Nirvâna bouddhique le plus ancien pour l'anéantissement de l'existence personnelle. — Enfin on a vu, *ibid.*, ch. VII, p. 190 (vol.), ou p. 186 (broch.), que le philosophe Arthur Schopenhauer y trouvait une cessation mystique ou savante de notre individualité, de nos facultés, de notre être enfin, mais sans anéantissement de notre volonté, de notre liberté même, qui ne font que rester inactives. On sait que ce rude adversaire de la philosophie de Hégel, a substitué au panthéisme de l'esprit le panthéisme de la volonté, et que considérant les âmes comme des phénomènes passagers de la volonté universelle, il a fini par les absorber en elle par la mort. Ce fut là, à ce qu'il paraît, sa dernière opinion, non pas précisément sur le Nirvâna bouddhique, mais sur celui qu'il s'était créé, et qui consistait dans l'anéantissement de l'indivi-

Elle a incontestablement sa source dans les idées plus ou moins incomplètes que les sages de l'Inde se formaient de la nature de l'âme et de ses facultés. Peut-être tient-elle aussi à une considération toute particulière que j'oserais presque appeler raison d'intérêt personnel soit d'égoïsme, soit d'apathie.

Voici en quoi elle consiste : Comme il n'y pas d'âme pensante sans l'intelligence, ni d'intelligence active sans le *moi*, ni de conscience du *moi* sans la mémoire qui perpétue et constate l'unité et l'identité, les Indiens éclairés entrevoyaient qu'après la mort de l'ascète affranchi, cette conscience du *moi* devait ou du moins pouvait s'étendre pour lui non-seulement jusqu'au souvenir des existences parcourues antérieurement, mais encore jusqu'à celui de leurs principales phases ou péripéties. De là vient que le Bouddha rangeait la mémoire de ses innombrables renaissances parmi les cinq connaissances ou facultés surnaturelles qu'il s'attribuait à lui-même (1). Mais, d'un côté, le nombre de ces réminiscences pouvait être incalculable ; de l'autre, si l'idée de les posséder un jour offrait de l'attrait à certains esprits méditatifs, doués de ressort et d'énergie, en revanche, elle ne devait plaire que très-médiocrement à beaucoup d'autres moins impassibles que les premiers. Et en effet, les philosophes de l'Inde pensaient (et leurs successeurs pensent encore de nos jours), que, tout bien

---

dualité. « Envisageons, disait-il (*Parerga und Paralipomena*, II,
» p. 156), notre vie comme un épisode qui trouble inutilement
» le doux et bienheureux repos du néant ». Voir la *Vie future* de
M. Th. H. Martin, p. 218, et le livre *Hégel et Schopenhaver* de
M. A. Foucher de Careil, p. 281 et 371.

(1) *Ci-dessus*, ch. V, p. 111 (vol.), ou p. 105 (broch.).

considéré, les misères et les douleurs de la vie humaine surpassent de beaucoup ses joies et ses plaisirs : l'oubli du passé leur semblait donc plus avantageux que le souvenir pour l'âme qui a échappé au cercle des transmigrations. C'est peut-être en partie par ce motif que les Védântistes absorbent cette âme dans leur Brahma impersonnel ; que les Sânkhyas lui font prendre la place de ce Dieu *un* et *tout*, en tant qu'esprit universel, et que les Nyâyistes la plongent dans un sommeil profond et sans rêves, semblable à celui de Brahma neutre durant les périodes de dissolution de l'univers. Dans ces trois systèmes en effet, la délivrance finale paraît aboutir à l'anéantissement de la personne humaine. Elle ne laisse subsister que l'âme toute seule, c'est-à-dire que la particule divine dépouillée de la conscience de son *moi* et par conséquent du souvenir de ses précédentes existences dans le monde des corps. On conçoit, du reste, que les contemplatifs de l'Inde se contentent de ce mysticisme idéaliste. L'homme a disparu en eux, pensent-ils ; mais le Dieu est resté : ils ne croient pas avoir perdu au change. L'âme, en ce monde, est une étrangère, disait Kapila (1). Ainsi, en le quittant sans esprit comme sans crainte de retour, en rentrant pour jamais dans sa patrie, l'âme, délivrée de ses liens, perd le souvenir de ses pérégrinations, de même que l'âme

(1) *Mémoire sur le Sânkhya*, p. 181-3 et 118. — Saint Paul a dit dans le même sens (II, *Corinth.* V, 6) : « Nous savons que » tant que nous habitons ce corps, nous sommes éloignés du Sei- » gneur », c'est-à-dire *en terre étrangère* ou *hors de notre patrie*, mots ajoutés surabondamment par nos versions catholiques, pour compléter, d'après les versets précédents, l'expression de la pensée de l'Apôtre, d'ailleurs bien claire par elle-même.

non-affranchie, qui continue forcément à transmigrer, perd la mémoire de son origine et même celle de sa nature immatérielle.

Quoiqu'il en soit de la part que j'attribue ici à des considérations à la fois égoïstes et mystiques, il est constant que des trois théories que je viens de rappeler, c'est celle des Sânkhyas que les Bouddhistes ont adoptée, en la rectifiant néanmoins. Par imitation de ces philosophes, ils trouvèrent bon de ne pas absorber les âmes délivrées soit dans *Brahma*, soit dans *Prakriti*, mais de leur rendre leur liberté primitive, et même de leur attribuer la toute-puissance, l'ubiquité, la domination souveraine sur tous les êtres ou sur toutes les forces. En même temps toutefois, il leur parut anormal de priver ces âmes individuelles de leur personnalité, c'est-à-dire du principe conscient (Ahamkâra) qui constitue le *moi* et révèle l'identité. Le fondateur du système Sânkhya était tombé dans cette faute, probablement pour ne pas rompre en visière avec l'orthodoxie brahmanique. Il avait fait de l'*Ahamkâra*, non pas un attribut de ses Pourouchas ou esprits individuels, mais une émanation de son universelle *Prakriti*. « L'âme, telle que Kapila
» la connaît, n'est pas l'âme humaine, remarque très-
» bien son dernier commentateur français. Ce n'est plus
» l'âme universelle des Védas, l'âme du monde ; mais
» c'est une sorte de compromis qui permet toujours les
» hypothèses les plus erronées » (1).

Çâkyamouni ne recula donc point devant l'idée de remplacer le *Pouroucha* unique des Brâhmanes orthodoxes par les *Pourouchas* multiples des Sânkhyas. Mais, plus

---

(1) M. Barthélemy Saint-Hilaire, *Mémoire sur le Sânkhya*, p. 169. — Comparez *ibid.*, p. 133-4, 115-7 et 153-4.

conséquent que son prédécesseur, il rendit à ces esprits individuels l'*Ahamkâra*, le *moi*, la conscience de leur personnalité. Nous citerons, entre autres preuves, le nom compréhensif *Vidjnânam*, connaissance - intelligence-conscience, que donnent à l'âme les Soûtras du Sud, aussi bien que ceux du Nord ; car, dans la doctrine du Bouddha, la réunion de ces trois facultés constituait la substance pensante. Delà vient qu'il la nommait encore et tour-à-tour *Atma*, âme ou moi, *Aham*, moi ou âme ; *Poudgala* ou *Pouroucha*, homme intérieur, âme ou esprit (1).

Il va sans dire que la conscience du *moi* restituée à l'âme, pouvait s'étendre très-loin, tant chez les ascètes vivants, arrivés au quatrième degré de la contemplation, que chez les ascètes défunts parvenus à la quatrième sphère correspondante de la région sans formes, puisque le Bouddha les gratifiait largement de puissances magiques et de facultés surnaturelles parmi lesquelles figurait la *mémoire* portée au plus haut période (2). Il est bien entendu aussi qu'ils n'usaient de cette dernière que rarement, en ce qui concerne le souvenir des événements passés, des existences antérieures, des anciennes impressions de joie et de tristesse, etc., etc. En effet, avec la mémoire (Smriti), ils avaient acquis l'indifférence (Oupêkcha), en d'autres termes, l'apathie qui leur faisait prendre à dédain tout ce qui aurait pu troubler leur repos ascétique (3). La *Smriti* se réduisait

(1) Revoir *ci dessus*, notamment ch. III, p. 3˙3-4 et 360-2 (vol.), ou p. 19-30 et 56-8 (broch.).

(2) *Ci-dessus*, ch. VI, p. 109 (vol.), ou p. 103 (broch.), et surtout Eug. Burnouf, I, p. 293, II, p. 83 *in fine*, 291-2 et 818-21.

(3) Voir Eug. Burnouf, II, p. 176, 799 et 807, et *ci-dessus*, ch. IV, p. 368 (vol.) ou p. 64 (broch).

donc pour eux au sentiment continu de leur personnalité, à la conscience du bonheur dont ils jouissaient, les uns durant leur extase temporaire, les autres pendant l'éternité.

Cette croyance est constatée pour les ascètes vivants (1). Elle doit être reconnue pour les ascètes défunts dans les écoles orthodoxes. En effet, si les Soûtras portent que ceux-ci habitent une sphère *où il n'y a plus ni idées ni absence d'idées*, ce langage énigmatique ne veut pas dire qu'ils sont anéantis, il exprime seulement qu'ils ne pensent plus en fait, quoique, en droit, ils aient conservé la faculté de penser. C'est ce que Eugène Burnouf a démontré (2); c'est ce qui résulte d'ailleurs de la croyance des *naturistes* mitigés, du Népàl, qui, en contradiction avec les *naturistes* plus rigides, déclarent formellement que, dans l'état de *Nirôdha*, de *Nirvritti* ou de *Nirvâna*, car c'est tout un, les Bienheureux conservent le sentiment de leur personnalité et ont conscience du repos dont ils jouissent éternellement (3). Delà cette comparaison de l'âme entrée dans le grand Nirvâna complet à la tortue qui se retire en elle-même, qui se concentre dans sa carapace (4). Son état ascétique ressemble à celui que les Védàntistes, appellent le *Touriyam*, et dans lequel ils supposent que leur grand Brahma met son bonheur à se contempler soi-même (5), image que notre poëte

(1) Le même, p. 175, 799, 807, etc.
(2) Notamment à la p. 514 de son deuxième ouv. sur le Bouddhisme indien.
(3) Eug. Burnouf, I, p. 112.
(4) *Ci-dessus*, ch. IV, p. 375 (vol.), ou p. 72 (broch.).
(5) *Ci-dessus*, ch. IV, p. 378 (vol.), ou p. 74 (broch.).

hymnologue Santeuil a appliquée au Père éternel :

> Altis secum habitans in penetralibus,
> Se rex ipse suo contuitu beat, etc. (1).

Cet état n'est pas du tout l'anéantissement de l'âme délivrée ; tout au contraire, c'est sa complète déification avec pleine conscience de son *moi*.

Tout ce que je viens de rappeler se rapporte au Nirvâna des Soûtras simples et des Soûtras développés antérieurs à notre ère. Quant à celui des temps postérieurs, il paraît aboutir, chez les théistes du moins, à l'absorption des ascètes délivrés, soit dans le *Vidjnânam* universel chez les Bouddhistes du Sud, soit dans *Adibouddha* ou dans le *Bouddha Çâkyamouni* lui-même chez les Bouddhistes du Nord. Mais, même selon la croyance de ces derniers, cette absorption n'est pas toujours et partout réputée absolue. Elle ne l'est plus au point de priver ceux qui en jouissent de toute personnalité, ni même de tout libre arbitre, puisque l'on continue à y peupler l'infinité de l'espace d'un nombre infini de Bouddhas existants par eux-mêmes ou *Svayambhoûrah* (2) ; c'est

---

(1) Voir l'*Oupnekhat* d'Anquetil, I, p. 476.

(2) Revoir Eug. Burnouf, II, p. 10. Je n'ose point reporter dans le Nirvâna une scène des *dessins* et *peintures bouddhiques* du Népâl et du Tibet, mentionnés *ci-dessus*, ch. VIII, p. 196 (vol.), ou p. 192 (broch.), parce que M. Barthélemy Saint-Hilaire la place sur la terre à Ourouvilva ou à Bôdhimanda. Sur le tableau qui la retrace, on voit au-dessous du Bouddha parfaitement calme et réfléchi, des groupes de 70 à 80 Bhikchous qui l'adorent et le contemplent avec onction. Dans le nombre figurent 11 personnages ayant une mitre sur la tête, entourée d'un nimbe, signe de sainteté dans le Bouddhisme tibétain, comme

moins une absorption véritable qu'une union intime et mystique avec l'esprit universel, une sorte de vision béatifique, analogue à celle de notre spiritualisme occidental.

Aussi, nulle part dans le Bouddhisme orthodoxe, on ne considère le principe pensant et sensible comme anéanti dans le Nirvâna. Bien loin delà, on le croit toujours subsistant, mais plus pur, plus indépendant, plus libre et mille fois plus heureux que dans ses transmigrations antérieures, même les plus relevées, telles que celles qui l'associent aux plus grands dieux du Brahmanisme.

Quant à la nature ou à l'espèce de bonheur éternel que mentionnent les Soûtras bouddhiques réputés antérieurs à notre ère, on ne doit pas s'attendre à y trouver de grands éclaircissements. Il y est parlé tantôt d'impassibilité, de calme, de quiétude et de repos absolus, tantôt de joies ineffables, tantôt de connaissances ou de facultés surnaturelles, tantôt enfin d'extases et de contemplations incessantes. Mais partout on voit figurer en première ligne le délicieux *farniente*, cette suprême béatitude des mystiques de l'Orient. Ce n'est pas là ce qui distingue le Bouddhisme des autres écoles, ses rivales, ni par conséquent ce qui l'élève au-dessus d'elles. Son mérite, sa supériorité, sa gloire sont ailleurs, et c'est à la personne même de Çâkyamouni qu'il faut les rapporter.

dans la religion chrétienne. Voir *Journal des savants*, mars 1863, p. 177. Le nombre, l'accoutrement et la posture de ces adorateurs onctueux me porteraient à conjecturer que, si cette scène s'est passée sur la terre, malgré l'absurde anachronisme qu'elle suppose, elle peut très-bien faire en même temps allusion à la béatitude éternelle.

Ce grand ascète est le premier, et le seul peut-être dans l'Inde ancienne, qui ait appelé tous les hommes sans distinction à conquérir, par les moyens qu'il indique, la délivrance ou libération finale, jusque-là réservée dans ce pays aux ascètes de la caste privilégiée des Brahmanes. Après lui, ses disciples, pénétrés de son esprit de charité universelle, l'ont imité en portant cette loi de grâce pour tous à des peuples sauvages, ignorants ou féroces qui en avaient grand besoin. Ils ont promis à tous les gens de bien des transmigrations meilleures que leur condition présente, et aux ascètes pour récompense définitive le Nirvâna ou l'exemption des renaissances dans le monde phénoménal. Ce n'est pas la faute de ces apôtres de la morale et de la vertu si le Bouddhisme a dégénéré de nos jours en folles superstitions. C'est celle des Nihilistes postérieurs qui, par leur scepticisme outré, ont sapé les bases de la foi bouddhique, en même temps que celles de la raison.

« Le Nirvâna, disait à ce sujet M. F. Baudry, en rendant compte de mon opuscule du *Nirvâna indien*, est né d'une grande lassitude, d'un grand dégoût de la vie active. Mais des esprits fatigués, paresseux, énervés par un climat échauffant, pouvaient désirer le sommeil et l'engourdissement sans aspirer pour cela à la suppression absolue de leur être. On veut bien dormir ou rêver, mais on ne veut pas mourir (c'est-à-dire être anéanti) ». « L'horreur du néant, ajoutait-il quelques lignes plus bas, est un instinct qui doit parler plus haut que tous les systèmes et toutes les fatigues (1).

(1) *Revue de l'Instruction publique* du 5 novembre 1857. — Voir aussi dans le même sens ses observations sur un discours acadé-

M. Barthélemy Saint-Hilaire déclare lui-même, dans son examen critique du Bouddhisme, que « le Nirvâna-néant est une conception monstrueuse qui répugne à tous les instincts de la nature humaine, qui révolte la raison, et qui implique l'athéisme »(2). Ainsi, il s'accorde à reconnaître, avec M. F. Baudry, qu'une religion du néant serait une monstruosité, et cependant il ne craint pas de l'imputer après vingt-quatre siècles écoulés, au héros de l'ascétisme indien, à ses héroïques imitateurs et à plus de trois cent millions de nos semblables !

J'espère que mes bienveillants auditeurs et lecteurs ne seront pas de son avis, malgré la nombreuse et savante phalange d'indianistes dont les suffrages lui sont acquis. J'estime, j'honore, je vénère même ces profonds philologues, mais j'ose mettre au-dessus de leur interprétation ce que je crois être la vérité-vraie.

---

mique de M. A. Weber, *Revue germanique*, II, p. 290 et suivantes, à la note.

(1) *Le Bouddha et sa Religion*, p. 177; *Mémoire antérieur sur le Sânkhya*, p. 197, et *Compte-rendu des séanc. et trav. de l'Acad. des sci. mor. et polit.*, de 1847, deuxième série, I, (XI° de la collection), p. 55.

ADDITIONS ET CORRECTIONS

Nota. Les pages du volume de l'Académie sont indiquées par la lettre V, et celles du tirage à part ou de la brochure par la lettre B.

Page 1, B, ou p. 306, V, ligne 7, au titre, *après :* Mémoire la, *lisez :* en partie, et joignez-y cette annotation : les divers chapitres de discussion technique n'étaient pas susceptibles d'une lecture en séance. L'Académie, à la demande de l'auteur, l'a dispensé de la lui faire. Ce Corps savant n'est du reste jamais censé adopter les opinions émises dans son sein, et même insérées dans la collection de ses Mémoires, à moins qu'il ne les ait formellement approuvées par une décision spéciale. Son dessein, en les accueillant, est d'appeler l'attention et de provoquer les éclaircissements.

Page 3, B, ou p. 307, V, avant-dernière ligne, *au lieu de :* tanislas, *lisez :* Stanislas.

P. 7, B, ou p. 311, V, ligne 2, *au lieu de :* en mai, *lisez :* en mars.

P. 10, B, ou p. 311, V, note 2, ligne 1, *au lieu de :* Studein, *lisez :* Studien.

Ibid., même note 2, dernière ligne, *au lieu de :* p. 290, *lisez :* p. 291.

Ibid., note 6, dernière ligne, *au lieu de :* p. 13, *lisez :* p. 18.

P. 11, B, ou p 313, V, note 7, *au lieu de :* p. 196-100, *lisez :* p. 196-200.

Ibid., Addit. Ajoutez à la liste des auteurs modernes favorables au système du Nirvâna-néant et dont les noms sont venus à ma connaissance, savoir : en Allemagne, Arthur Schopenhauer, selon M. Th. Henri Martin (*la Vie future*, p. 218), et en France, 1° MM. Biot (*Journal des savants*, année 1845, page 257-8); 2° Cousin (*Compte-rendu des séances et trav. de l'Acad. des sc. mor. et polit.*, année 1847, 2° série, I, ou XI de la collection, p. 61); 3° Emile Burnouf (*Mémoires de l'Acad. de Stanislas*, vol. de 1858, p. 201-6', et 4° C. Ramo (dans le *Correspondant* du 25 juillet 1863, t. XXIII de la collection, p. 559).

P. 15, B, ou p. 319, V, note 1, *après* : *id., ibid., lisez* : Introduction, p. V, et comparez etc.

P. 19, B, ou p. 323, V, note 1, *au lieu de* : p. 312, *lisez* : p. 311-2.

Ibidem, note 2, ligne 7, *au lieu de* : *Prasna lisez* : *Praçna*

P. 20, B, ou p. 324, V. ADDIT. En répétant ici ce que j'avais déjà dit dans mon opuscule du *Nirvana indien*, p. 83-4, que le Bouddhisme compte plus d'adhérents qu'aucune autre religion sur la surface du globe, je n'ai fait que suivre l'exemple de MM. Troyer (*Rddjatarangini*, II, p. 399,) et Barthélemy Saint-Hilaire (*le Bouddha et sa Religion*, introd. p. II). Cette opinion se fonde sur les calculs du docteur Neumann, adoptés aussi, en Angleterre, par M. Spence Hardy (*Eastern Monachism*, préface, p. V). Mais les supputations récentes de M. H. Berghauss (*Grundriss der Geographie*, p. 122), adoptées par M. Ch. Lassen (*Indische Alterthumskunde*, II, p. 412, note 4), ne sont pas favorables à cette hypothèse. En effet, ces deux savants comptent 471,190,700 chrétiens, et seulement 455,160,000 bouddhistes, différence en faveur du Christianisme, 19,330,700. Et encore faut-il remarquer, d'abord, que des 358 millions de Chinois portés en compte, tous ne sont pas bouddhistes, ensuite, que pour plusieurs autres contrées, on ne connaît pas le chiffre exact de la population. Du reste, il résulte de leurs évaluations que le nombre des bouddhistes serait à celui des Indiens qui suivent la religion brahmanique :: 31,2 : 13,4. — Quoiqu'il en soit, il paraît certain que le Bouddhisme compte plus de 300 millions d'adhérents.

P. 26, B, ou p. 330, V, note 4, *in fine, ajoutez* : Le Lalita-Vistàra, p. 170, déclare en style mystique et figuré que les qualités du désir produisent toujours des causes de crainte, racines des douleurs qui font croître *la liane des désirs de la vie*.

P. 29, B, ou p. 333, V, ligne 16, *avant* : aspect uniforme *lisez* : son

P. 31, B, ou p. 335, V, avant-dernière ligne, *au lieu de* : siècle *lisez* : siècles

P. 33-4, B, ou 337-8, V, Addit.—Prise à la rigueur et considérée à notre point de vue tout spiritualiste, l'absorption dans *Brahma* équivaut à l'anéantissement de la personnalité humaine. Mais ce n'est pas cette considération qui eût détourné Kapila de l'admettre. Car, tout en laissant à l'âme affranchie son individualité, ce philosophe la dépouille de son *moi* qu'il croit émané de *Prakriti* ou de la nature, pour le réunir à ce grand principe lors de la mort de l'ascète qui a obtenu le *Kaïvalyam*, ou isolement. (Voyez dans ce Mémoire, notamment aux p. 17, 94-5, 113 et 201, B, ou aux p. 35, 393-9, 417 et 505, V.) Il en eût été autrement, selon moi, à l'égard du Bouddha, s'il est vrai, comme je le pense, qu'il conserve à l'âme délivrée sa personnalité en même temps que son individualité. (Voir également dans ce Mémoire les pages ci-dessus citées pour Kapila). Mais les motifs qui les ont déterminés tous deux à rejeter cette absorption, consistent en ce qu'elle n'était ni pure en raison du mélange de l'esprit avec la matière, ni éternelle en raison des révolutions périodiques de l'univers. Il ne paraît pas du reste que tous les Brahmanes orthodoxes considèrent l'identification avec Brahma comme tellement absolue, qu'elle dépouille les âmes absorbées de tout sentiment de leur personnalité. Il n'est pas même certain qu'en général ils aillent jusqu'à priver leur Brahma neutre de toute existence personnelle quelconque, bien qu'ils le supposent répandu dans tous les êtres, et à divers degrés, depuis la roche immobile jusqu'au Brahmà masculin, le plus élevé des célestes Dévas. (Voir encore sur ces deux points le présent Mémoire aux p. 184-5, B, ou aux p. 472-13, V). Un fait certain, c'est que leurs mythologues l'envisagent plutôt comme un grand-homme-monde opposé au petitmonde-homme, types ou pendants du *Macrocosme* et du *Microcosme* de la philosophie hellénique. C'est peut-être là ce qui a fait dire à un philosophe allemand que M. A. Foucher de Careil nous a si bien fait connaître : « Un Dieu impersonnel est une » pure invention des professeurs de philosophie, un mot vide de » sens pour contenter les niais et faire taire les cochers de » fiacre ». (Voir le livre intitulé : *Hégel* et *Schopenhauer*, p. 181).

P. 34, B, ou p. 338, V, note 1, ligne dernière, *au lieu de* : *Parmâthmâ lisez* : *Paramâtman*

P. 35, B, ou p. 339, V, ligne 8, *après* : l'impersonnel, *ajoutez* : ou mixte

P. 36, B, ou p. 340, V, note 1, ligne 1, *au lieu de* : à l'égard du premier, *lisez* : à l'égard de Kapila,

Ibid., même note, ligne 6, *au lieu de* : et à l'égard du second, *lisez* : et à l'égard du Bouddha,

P. 40, B, ou p. 344, V, aux n°ˢ des notes, *au lieu de* : (3), (4), (5), *lisez* : (1), (2), (3).

Ibid., fin de la dernière note, Addit. — Çâkyamouni ayant proscrit les sacrifices sanglants, le culte que ses disciples rendirent à ses reliques et à ses statues, était bien simple ; il consistait à lui offrir des parfums et des fleurs et à chanter ses louanges ou à lire ses discours, écrits après sa mort. Tel il existait cent vingt ans avant notre ère chez les Hiong-nou, au Nord du grand désert de Gobi, au rapport d'un général chinois, nommé Ho-kiu-ping, qui était allé là leur faire la guerre afin d'y rétablir dans leurs possessions d'anciens voisins, les Yiouet-Tchi, qu'ils en avaient chassés et relégués dans la Transoxiane. En effet, les annales chinoises des Hân, rédigées par l'historiographe Pan-kou, entre les années 53 et 76 de notre ère, rapportent que ce général leur avait enlevé *l'homme d'or qu'ils adoraient*, c'est-à-dire une statue d'or qui était celle du Bouddha, représenté sous la forme d'un homme dans l'attitude de la méditation. (Voir une note communiquée à feu M. Biot, par M. Stanislas Julien, dans le *Journal des savants*, de 1845, page 233-5, et adoptée par M. Barthélemy Saint-Hilaire, en 1847, dans le *Compte-rendu des séances et travaux de l'Acad. des sci. mor. et polit.*, t. I de la seconde série, ou XI de la collection, p. 58. On sait que les Yiouei-Tchi et les Tourouchkas qui dominèrent sur l'Inde septentrionale depuis l'an 85 *avant* jusqu'à l'an 60 *après* notre ère, étaient également bouddhistes, comme le démontrent les médailles de leurs rois mentionnées ci-dessus, d'après M. Ch. Lassen, à la note 1 de la p. 37, B, ou 311, V. Je rappelle d'ailleurs aux p. 162-3, B, ou 166-7, V, des textes de Bardesanes et de Clément d'Alexandrie, qui prouvent qu'aux deuxième et troisième siècles de notre ère, les statues humaines du Bouddha et la divinisation de ce personnage n'étaient pas inconnues en Mésopotamie et en Egypte. L'anthropomorphisme est une conception tellement naturelle à l'esprit humain, qu'on le retrouve partout dans l'antiquité. Sur le Bouddha considéré comme incarnation de la sagesse divine ou de la raison éternelle, voyez les judicieuses observations de M. A. Franck, en réponse à M. Barthélemy Saint-Hilaire, dans le *Compte-rendu déjà cité* bien des fois, 4ᵉ série, X ou LX de la collection I, p. 313.

P. 13, B, ou 317, V, note 1, dernière ligne, *après* : p. 588. *ajoutez* : etc., etc.

P. 14, B, ou 318, V, note 3, *après* : p. 321. *ajoutez* : (vol.), ou 17 (broch.).

P. 16, B, ou 350, V, ligne 7 et dernière ligne, *au lieu de* : (2). *lisez* : (1).

P. 17, B, ou 351, V, ligne 11, *après* : insaisissable, *ajoutez* : (2).

Ibid., aux notes (2. et (3), *transposition, lisez* la 3ᵉ note avant la seconde.

Ibid., fin de la première note, *ajoutez* : Voir ci-après, ch. VII. p. 116 (vol.), ou p. 112 (broch.), à la note 2.

P. 18, B, ou 352, V, ligne 5, *au lieu de* : transmigratien *lisez* transmigration

P. 18, B, ou p. 316, V, fin de la note 3 de la page précédente, AJOUT. *sur le corps subtil*, tant chez les Indiens que chez les Hébreux.

Les Bouddhistes, à l'exemple des Brahmanes, admettent deux corps dans l'homme vivant : le corps réel, extérieur, charnel ou grossier, né de père et de mère, et le corps archétype, idéal, interne ou subtil, formé de principes à la fois sensibles et intellectuels, mais plus intellectuels que sensibles. Ces principes constituants sont doubles, pour ainsi dire, en ce qu'après avoir figuré dans le corps subtil ou abstrait, ils reviennent dans le corps concret ou charnel. Parmi eux figurent avec distinction les cinq Skandhas, en sanscrit *Pantchaskandhas*, mot que l'on traduit par les cinq agrégats ou les cinq attributs. Quatre d'entre eux font partie des douze *Niddnas* ou causes et effets de l'existence, c'est-à-dire qu'ils entrent comme éléments dans une théorie métaphysique très-obscure, traduite, analysée et commentée par Eug. Burnouf, I, p. 485–512; 591–2, et 631–8. — II, p. 331,335, 380, 532–41. On peut lire également sur cette théorie bouddhique, imitée de celles de Kapila et autres, le résumé de M. Barthélemy Saint-Hilaire, dans *le Bouddha et sa Religion*, p. 127-31. Je n'ai pas cru devoir m'y enfoncer. Mais j'ai tâché de donner une idée du corps subtil, admis par les théologiens et les philosophes de l'Inde, d'abord dans mon précédent Mémoire, p. 16–20; 43; 60-2; 90; 95-8, puis dans celui-ci, B, p. 82-5 et 198, ou V, p. 386–90 et 502, à la note. Ma pensée est toujours que dans les systèmes indiens, d'ailleurs si divers, l'âme affranchie des liens de la transmigration survit à ses deux corps, de même qu'à l'origine des choses, l'âme non incorporée leur était préexistante, par la raison qu'elle est éternelle, soit que, dans les deux cas, c'est-à-dire avant comme après ses incorporations, elle se réunisse à l'âme du monde ou à la substance première, soit qu'elle sorte du vide au premier cas et qu'elle y rentre au second. J'excepte, bien entendu, les théories absolument nihilistes avec lesquelles je me garde bien de joindre, comme le fait aujourd'hui M. Barthélemy Saint-Hilaire, non seulement la doctrine de Çâkyamouni ou le Bouddhisme des Soûtras, mais encore la philosophie de Kapila, dite le Sânkhya athée.

Je ne puis ni ne dois quitter ce sujet sans faire une petite revue rétrospective sur les opinions qu'avaient là-dessus les peuples sémitiques qui jouirent les premiers des lumières et des bienfaits du Christianisme, je veux dire les Juifs, les Samaritains, les Phéniciens et les Syriens, leurs voisins.

Il va de soi que l'idée d'admettre un corps subtil qui emboîte l'âme, emboîté qu'il est lui-même dans un corps grossier, a sa source dans la notion très-imparfaite et très-ancienne de la spiritualité du principe pensant; ou, si on l'aime mieux, cette idée provient de la difficulté qu'éprouvaient les anciens peuples à comprendre comment l'âme humaine peut exister, n'importe dans quel monde, à l'état isolé, avant l'acquisition ou après la perte de son corps visible. Ils ne la concevaient pas sans une enveloppe déliée, aérienne ou éthérée, mais, dans tous les cas, invisible et intangible, qui lui servait de support et de véhicule dans le monde corporel ou phénoménal, enveloppe qu'un poëte Védique appelle *la cuirasse d'Agni*. (Voir le *Véda des Hymnes*, traduction de feu M. Langlois, IV, p. 157, st. 7), et que les Néoplatoniciens nommaient *le char de l'âme*. (Voyez la *Vie future* de M. Th. H. Martin, p. 183, note 26). On donna d'abord à cette sorte de *miniature* la forme du corps que l'âme du défunt avait habité ; puis, la peur ou l'imagination aidant, on la fit grandir dans le lointain comme une ombre chinoise. C'est plus tard seulement que les philosophes, dans les pays plus civilisés que les autres, idéalisèrent davantage ce corps imaginaire. Les *Réphaïm* des Sémites, les *Skiai* des Grecs et les *Manes* ou *Umbræ* des Latins prouvent que ces peuples ne le *subtilisèrent* pas autant que les Indiens. Delà vient qu'en hébreu-phénicien on donna aux trépassés, habitant le *Chéol* profond, le nom à double entente de *Réphaïm*, les *débiles* ou les *géants*. (Voyez les livres de Job, des Psaumes, des Proverbes et d'Isaïe, ainsi que la grande épitaphe du roi Sidonien Esmounazar). Bien que, dans cette langue, on réservât aux mânes d'élite les noms plus relevés d'*Elohim*, les *forts*, et d'*Alonim*, les *Supérieurs*, sans doute parce qu'on les considérait comme occupant le Chéol le moins profond, et delà dominant sur

tous les autres fantômes, (voir Ps. XLVIII, 15), les Hébreux et les Phéniciens n'en attachaient pas moins à ces dénominations exceptionnelles le sens de génies corporifiés, de hauts personnages, analogues aux *Dévas* indiens, sauf l'habitation qui était différente. (Voir *la Vie future* de M. Th. H. Martin, p. 11-2 et p.517, et comp. I Sam. XXVIII, 13). Les deux titres d'*Elohim* et d'*Aleim* désignaient ici des défunts sinon tout à fait heureux au moins consolés et en repos, qui n'avaient plus ni chair, ni sang, ni os, comme les Dévas indiens, mais qui, comme eux, étaient pourvus d'un corps subtil. (Comparez saint Luc, XXIV, 37, 40, et *Lotus de la bonne Loi*, dans Eug. Bournouf, II, p. 311). Cela est si vrai que le vieil Evangile apocryphe de Nicodème rapporte dans sa seconde partie, celle de la descente de Jésus aux enfers entre sa mort et sa résurrection, que le Seigneur y descendit *sous la forme d'un homme*, et inonda de lumière les sombres demeures, « détail curieux, remarque très-justement le
» docteur Ellicot, en ce qu'il montre que l'auteur se représente
» l'âme revêtue comme d'une sorte de corps d'une substance
» plus ou moins éthérée ». (Voir *la Revue britannique* d'octobre 1863, p. 287, et comp. saint Irénée, *Hæres*, II, 31, 62). Aussi lit-on dans le premier évangéliste : « Ne craignez pas ceux qui
» ôtent la vie du corps et qui ne peuvent rien sur l'âme. Mais
» craignez plutôt celui qui peut perdre *et l'âme et le corps* dans
» la Géhenne ». (Saint Matthieu, X, 28). En effet, avant 'a résurrection générale, l'âme torturée dans la Géhenne doit être revêtue de l'enveloppe subtile des *Réphaïm*, si tant est qu'à l'époque du Christ on eût déjà cessé de la confondre avec cette enveloppe elle-même. (Comparez saint Luc, XVI, 23-31, et *Apocal.* de saint Jean, VI, 9-11). C'est ainsi que, *dans les lois de Manou*, XII, 16-7, les âmes des hommes qui ont commis de mauvaises actions, revêtent un corps subtil pour subir dans l'autre monde les peines infligées par le juge des morts. Ce qu'il y a de certain, c'est que si les Origénistes et les Néoplatoniciens d'Alexandrie considéraient le corps subtil comme un revêtement de l'âme, et, à ce titre, le faisaient survivre conjointement avec elle au corps

charnel, nombre de pères de l'Eglise croyaient, tout au contraire, que cette annexe invisible, mais corporelle, n'était autre que l'âme même de chaque homme. L'un d'eux, saint Méthodius, n'hésitait même pas à blâmer Origène d'avoir joint à ce corps subtil une âme incorporelle, par la raison que Dieu seul, suivant les croyances d'alors, avait le privilége d'exister absolument sans corps. (Voir encore la *Vie future*, déjà citée, p. 583-4).

Il est du reste incontestable que long-temps avant Jésus-Christ, les Juifs avaient, de même que les Indiens avant le Bouddha, une notion plus ou moins distincte d'une âme séparée de son corps visible. A la vérité, les preuves *textuelles* ou *littérales* n'abondent pas dans les Evangiles, mais ils n'y font pas entièrement défaut. (Voir principalement saint Matthieu, X, 28 et XVI, 26). Elles sont plus fréquentes dans les Epîtres de saint Paul. J'ai déjà rapporté le premier des deux endroits cités de saint Matthieu. J'y joins ici le second, qui figure aussi dans saint Marc, VII, 36-7. « Que servirait-il à l'homme de conqué-
« rir le monde, s'il perdait son âme ? Ou que donnerait l'homme
» en échange de son âme ? » Ces paroles du Christ parurent si belles au régent du Tibet, que, quand nos missionnaires lazaristes, MM. Huc et Gabet, les lui eurent récitées, sur sa demande, ce Bouddhiste éclairé les jugea aussi profondes que celles du Bouddha qu'il trouvait dans ses livres de prières. (Voir les *Souvenirs d'un Voyage*, etc., déjà cités, II, p. 299). Je me borne à ces courts rapprochements parce qu'ils me paraissent suffire pour montrer que les fondateurs des deux religions, chrétienne et bouddhique, connaissaient très-bien la distinction vulgaire de l'âme et du corps. On doit en conclure que s'ils ne la répétèrent pas à tout propos, comme des professeurs de philosophie, c'est précisément parce qu'elle était populaire de leur temps et qu'ils parlaient à des hommes du peuple.

P. 49, B, ou 353, V, fin de la note 1, *au lieu de* : très-répandus *lisez* : assez nombreux

P. 51, B, ou 355, V, fin de la note 1, Addit. à cette note. — Pour la discussion de ce point délicat, voir ci-après, Ch. IX, p. 199-207 (vol.), ou p. 195-203 (broch.).

P. 54, B, ou 358, V, ligne 13, *au lieu de* : ignorence, : ignorance,

P. 64, B, ou 368 V, pagination, *au lieu de* : 64 ou 368 *lisez* : 63 ou 367

Ibid., ligne 18, *au lieu de* : *Dhydnn lisez* : *Dhydna*

P. 64, B, ou 368, V, ligne 19, *au lieu de* : de celles *lisez* : de celle

P. 65, B, ou 369, V, note 3, *après* : p. 361 et suiv. *lisez* : (vol.), ou 57 et suiv. (broch.).

P. 74, B, ou 376, V, ligne 3, *au lieu de* : de grands développements *lisez* : de grandes lumières.

Ibid., note 2, ligne 2, *après* : chinois, par *lisez* : traduit et annoté par

Ibid., ADDIT. à cette note 2. — M. Pauthier, dans le *Dictionnaire des sciences philosophiques*, au mot Lao-Tseu, a fait du Bouddha un élève de ce philosophe chinois pendant un voyage que ce dernier aurait effectué dans l'Inde, tandis que, de son côté, M. Th. H. Martin, *la Vie future*, p. 18, prend Lao-Tseu pour un imitateur de la philosophie de Kapila dont le dernier mot, selon lui, aurait été l'anéantissement de l'âme. En preuve de cette thèse, le docte écrivain renvoie pour Kapila aux ouvrages de M. Barthélemy Saint-Hilaire, et pour Lao-Tseu tant au petit livre de ce philosophe, intitulé le *Tao-Te-King ou la Voie et la Vertu*, et traduit en français par M. Stanislas Julien, qu'au résumé qu'en a fait M. Ad. Franck dans les *Comptes-rendus des séances et trav. de l'Académie des sci. mor. et polit.* (3e série, XX, ou XL de la collection, p. 203-10). Il résulte de la très-courte analyse de M. Th. Henri Martin, que, selon le philosophe chinois, la Sagesse se réduirait pour l'homme à obtenir par l'inertie le repos du néant, dont il est sorti. Pour être exact, il aurait dû se borner à dire avec M. Ad. Franck, *le repos du non-être* ; car les sages de l'Orient croient que le *non-être est quelque chose*. C'est, suivant eux, un principe indivisible, incompréhensible, vide de toute qualité et de tout attribut, mais différent du néant ou du rien. Aussi M. Théod. Pavie remarque-t-il aux pages

360-1 du *Roman chinois* traduit et annoté par lui, que 50 ans avant Koung-fou-Tseu (Confucius), Lao-Tseu avait prêché la doctrine décourageante de l'abstention des œuvres, de l'anéantissement de la personnalité dans ce monde, comme moyen d'arriver au bonheur, en un mot, le dogme de la quiétude absolue, dont le dernier mot serait la *suspension* de la vie active et de la vie intellectuelle. Ce savant suppose, sans le dire ouvertement, que cette doctrine tendait pour l'autre monde, à l'absorption de l'âme dans le *non-être*, ce qui, pour les philosophes de la haute-Asie, n'est pas tout-à-fait la même chose que l'anéantissement intégral du principe pensant et sensible. Il ajoute avec raison que cette sagesse négative peut bien séduire quelques esprits chagrins ou désabusés; mais qu'elle n'a guère de chances de devenir populaire. Plus loin, aux p. 366 et 369, il rappelle que le *Livre des récompenses et des peines*, rédigé par un disciple de Lao-Tseu et traduit par notre illustre sinologue, admet la transmigration des âmes, sans faire mention d'une divinité suprême, et enseigne une morale presque partout semblable à celle des Bouddhistes et des Djainas.

M. Barthélemy Saint-Hilaire n'a pas fait la moindre allusion à ces textes chinois, dans son *dernier Mémoire-Avertissement* sur le Nirvâna bouddhique, à l'appui de sa *nouvelle* opinion sur le *Kaivaljam* de Kapila, quoiqu'il prenne aujourd'hui ce mot pour le type du *Çoungnairêdnam* de Çâkyamouni. Il ne les a probablement pas trouvés aussi décisifs qu'ils le paraissent à M. Th. H. Martin. Quant à ce dernier qui les invoque, il s'est mépris en confondant le *non-être* avec le *néant*, c'est-à-dire en prêtant aux Orientaux des idées européennes. M. A. Franck, dans son résumé du *Tao-Te-King*, ne s'y est pas mépris. Il dit au contraire (voir à la page 206), que, dans le Bouddhisme comme dans le Tao-Te-King, le non-être ne désigne pas autre chose que la substance unique, universelle, tant elle est dépourvue de tout attribut déterminé. Il est vrai qu'à la page 207 il ajoute que ce panthéisme contemplatif, que ce mysticisme sans frein voit la perfection dans le repos éternel et le repos dans le néant. Mais là il traduit nos conceptions occidentales, et non celles des philosophes du haut-Orient. C'est du moins la conclusion que je crois pouvoir tirer des observations qu'il a soumises à M. Barthélemy Saint-Hilaire, après la lecture du Mémoire de ce dernier sur le Nirvâna bouddhique. Voir le *Compte-rendu* vingt fois cité, 4e série, X, ou LX de la collection, p. 312-3. A cette seconde époque, il a très-bien montré que les Néoplatoniciens, les Kabbalistes et les Hégéliens entendent par *non-être* la substance première ou la divinité ineffable, retirée en elle-même, dépouillée de toute forme, de tout caractère, de tout attribut déterminé. Par suite, il a demandé à son honorable collègue si ce n'est pas là aussi ce que les Bouddhistes entendent par leur vide absolu, par leur vacuité complète. M. Barthélemy Saint-Hilaire a répondu par une simple négation. Je crois qu'il s'est trompé, et j'essaye de l'établir au ch. VII de ce Mémoire.

Du reste, Lao-Tseu paraît avoir puisé à toutes les doctrines indiennes qui étaient en vogue de son temps. C'est un syncrétiste qui va jusqu'à prôner l'ignorance : « Renoncez à l'étude, « disait-il, et vous serez exempt de chagrin ; délivrez-vous des » lumières de l'intelligence, et vous pourrez être exempt de toute » infirmité. » (Tao-Te-King, trad. de M. Stan. Julien, dans le résumé de M. Ad. Franck, p. 208). Ces dernières maximes sont l'antipode du Bouddhisme et du Sânkhya qui recommandent l'omniscience comme premier moyen de salut. (Voir dans ce Mémoire la note 1 de la p. 195, B, ou 499, V.).

P. 73, B, ou p. 377, V, ligne 22, *au lieu de :* Rig-Vida, *lisez :* Rig-Véda

Ibid., note 2, ligne 1, *après :* st. *lisez :* 11, 14, 16, 17, 20, 22.

P. 74, B, ou p. 378, V, note 1, lignes 5 et 6, *au lieu de :* Vorterbuch de MM. Botlinck et Roth, *lisez :* Værterbuch de MM. Otto Behtlingk et Rudolph Roth.

Ibid., dernière ligne du texte, *après :* démérites (4), *supprimez* (1), et considérez la note 4, placée au bas, comme devant être la première de la page suivante.

P. 75, B, ou p. 379, V, ligne 1, *après :* double *supprimez :* (1), et *lisez :* la note 1 de la page qui précède.

Ibid., ligne 8, *au lieu de* : (5) *lisez* : (1).

P. 76, B, ou 380, V, ligne 11, *au lieu de* : *Srayanbhoû, lisez* : *Srayambhoû*,

P. 77, B, ou p. 381, V, numéros des notes, *au lieu de* : (2), (3), (4), (5), (6), (6), *lisez* : (1), (2), (3), (4), (5), (6).

Ibid., à la note 3, pour n 2, après : p. 375-6, *lisez* : (vol.), ou p. 71-2 (broch.).

Ibid., note 6 *bis*, *au lieu de* : vers la fin du ch. VI ci-après, *lisez* : dans la première moitié du ch. VII ci-après.

P. 79, B, ou p. 383, V, ligne 1, le renvoi à la note (2), au lieu de (1) se réfère à la note (2) de la page précédente, à la fin de laquelle elle figure sans indication préalable dans le texte.

Ibid., note 1, après : p. 372 *lisez* : (vol.), ou p. 68 (broch.).

P. 80, B, ou p. 384 V, ligne 10, *au lieu de* : fonds *lisez* : fond

Ibid., ligne 12, *au lieu de* : das *lisez* : des

P. 85, B, ou p. 389, V, note 2, dernière ligne, ADDIT. : voyez sur le *Kléça*, ch. VII, p. 455-6 (vol.), ou p. 117-8 (broch.).

P. 91, B, ou p. 395, V, 1re note, ligne 3, ADDIT. — Cet infatigable indianiste l'a très-certainement, sinon lu en entier, au moins parcouru ; car, au t. II, p. 796, il désigne le *Mahâparinibbâna Soutta* comme un des discours de Çâkyamouni, et peut-être le plus important de ceux qui font partie de la collection pâlie *Digha nikâya*. En outre, il déclare l'avoir consulté sur les sept *Bôdhyângas* ou parties constituantes de la *Bôdhi*. Mais il ne dit rien de la discussion de ce livre sur le Nirvâna. M. Ph. Ed. Foucaux, son successeur au collège de France, rendra donc un vrai service à l'histoire du Bouddhisme indien, en publiant la traduction qu'il a faite de ce curieux document.

P. 94, B, ou 398, V, ADDIT. à la note 2. — Je reviens dans la conclusion aux p. 195-203, B, ou aux p. 499-507, V, sur la conservation du *moi* dans le Nirvâna, question importante qui méritait une discussion particulière.

P. 101, B, ou p. 405, V, ligne 11. ADDIT.—A la p. 483 de son premier ouvrage, Eug. Burnouf, après avoir écrit une première fois que dans la Pradjnâpâramitâ, la doctrine (qui n'était qu'en germe dans les Soûtras simples), est parvenue à tous ses développements, ajoute : « Jusqu'à ne pas reculer devant l'absurdité » de ses conclusions. C'était dire assez que le Bouddha ne les aurait pas tirées, ni même conçues.

P. 109, B, ou p. 113, V, note 1, ligne 1, *au lieu de* : on ne sait pas *lisez* : je ne sais pas

P. 110, B, ou p. 114, V, ligne 2, *après* : pas la même chose, *lisez* : comme on le verra aux ch. VII et VIII.

P. 112, B, ou p. 116, V, ligne 15, *au lieu de* : de grands développements, *lisez* : de grandes lumières,

Ibid., note 2, ligne 1, *au lieu de* : Augusien, *lisez* : Augustin,

P. 118, B, ou p. 122, V, 1re note, ligne 3, *au lieu de* : substil, *lisez* : subtil,

P. 119, B, ou p. 123, V, lig. 1, *au lieu de* : manqué, l'antiquité *isez* : manqué : l'antiquité

Ibid, note 1, ligne 1, *au lieu de* : asintic *lisez* : asiatic

P. 125, B, ou p. 129, V, ligne 6, au titre, *au lieu de* : Yôgis *lisez* : Yôgins

Ibid, avant la ligne 8 du texte, ajoutez, pour complément du titre : — Opposition manifeste et mal expliquée des préceptes de Çâkyamouni avec le prétendu néant de son Nirvâna.

P. 128, B, ou p. 132, V, ligne 2, *au lieu de* : Pravrill, *lisez* : Pravritti,

Ibid., ligne 8, *au lieu de* : Çounam *lisez* : Çounyam

P. 130, B, ou p. 434, V, note 2, ligne 3, *après* : Lassen, p. 775, *lisez* : t. I.

P. 131, B, ou p. 135, V, note 2 de la page précédente, ligne 5, *au lieu de* : on paraît oublier *lisez* : on ne semble pas admettre

Ibid., ADDIT. à cette note. — Si l'assertion de Nila-Kantha : « Brahma sans qualité est le vide », se fonde sur d'anciens textes, comme je le suppose, elle rappelle à la fois et le *Mahâçounyam* des Bouddhistes et le *Tao* des *Tao-sse* dont j'ai parlé ci-dessus, à l'addition sur la note 2 de la p. 72, B, ou 376, V. En effet, Lao-Tseu dit de ce Tao, que c'est un principe indéfinissable, incompréhensible, non susceptible d'être exprimé par le langage; qu'il est dépourvu d'action, de pensée, de jugement, d'intelligence ; qu'il est vide de toute qualité et de tout attribut, et égal au *non-être*. Il ajoute que : « tous les êtres retournent au *Tao* (dont ils sont sortis), comme les rivières et » les ruisseaux retournent aux fleuves et aux mers ». Enfin, il déclare que le *Tao* est la voie, la route par laquelle passent tous les êtres, ou, comme disent les commentateurs chinois, la porte qui leur livre passage, soit pour sortir de la vie, soit pour y rentrer.—M. A. Franck, auquel j'emprunte cette courte analyse, remarque, d'après M. Stanislas Julien probablement, que tel est précisément le rôle de Brahma dans le Yadjour-Véda et les Oupanichads. Voir le *Compte rendu* déjà cité, 3ᵉ série, XX, ou XI de la collection, p. 205-6). Quant aux comparaisons du Tao égal au *non-être*, avec le Vide absolu des Bouddhistes, elle se conçoit sans peine. Selon Lao-Tseu, les êtres viennent du Tao et y retournent ; le Tao à son tour vient du non-être et y rentre ; mais ce non-être n'est pas plus le néant que ne l'est le *Mahdçounyata* bouddhique, ainsi qu'on l'a vu à l'addition relative à la note 2, p. 72, B, ou 376, V.

P. 133, B, ou p. 437, V, note 1, ligne 4, *au lieu de* : qu'Eschyle *lisez* : qu'Euripide

P. 138, B, ou p. 442, V, note 3, dernière ligne, *au lieu de* : *Rescarches, lisez : Researches,*

P. 139, B, ou p. 443, V, ligne 12, *au lieu de* : naturelle *lisez* : habituelle

P. 141, B, ou 445, V, lig. 16, *au lieu de* : du ce *lisez* : de ce

P. 146, B. ou p. 450, V, ligne 3, *au lieu de* : dans l'hypothèse que je combats, précisément etc., *lisez* : dans l'hypothèse du Nirvâna-néant, que je combats précisément, etc.

P. 147. B, ou p. 451, V, ADDIT. à la note 1. — Chez les Chinois, Lao-Tseu, disciple des Brahmanes, a dit que le corps était la source de toutes les calamités, et que le sien lui pesait comme un fardeau. En conséquence, il proposait à l'homme pour seule fin, l'anéantissement de la personnalité, le non-agir, le vide et la quiétude, c'est-à-dire l'absorption dans le principe universel.

Voir les p. 208 et 215 du *Compte-rendu* cité à la dernière addition qui précède, et relative à la p. 131, B, ou 135, V.

P. 119, B, ou p. 153, V, Addit. à la note 1. — A la p. 119 de mon opuscule du *Nirvâna indien*, j'avais dit, en note : « Ces « données vagues (des livres indiens), auraient besoin d'être » éclaircies. C'est une tâche qui revient de droit à M. le baron » d'Eckstein ». Ce Nestor de la littérature sanscrite que je ne connaissais alors que par quelques-uns de ses nombreux écrits, a répondu à mon appel, aux pages 71 et 73 de sa *Notice sur les Mémoires de Hiouen-Thsang*. Depuis ce temps, j'ai eu l'avantage de le voir, de l'entendre et d'admirer les ressources variées de sa prodigieuse érudition orientale. Il m'honorait de ses sympathies, de ses conseils et de son amitié. Que son âme repose en paix dans le sein du Dieu des sciences !

P. 153, B, ou p. 457, V, note 2, lignes 2 et 4, *supprimez* la seconde phrase, et à la fin de la troisième (5e ligne), *après les mots* dont elles ont été l'objet, *lisez* : après la réception d'énormes ballots de formules imprimées portant toutes : *Om Mani Padmé Hoûm*, que M. Schilling de Canstadt avait fait expédier de St-Pétersbourg.

P. 154 et 157, B, ou p. 458 et 461, V. Addit. — J'ai eu tort, à la première des deux pages citées ici, de conjecturer, même sous forme de transition et sans vouloir le moins du monde blesser les justes susceptibilités de M. Barthélemy Saint-Hilaire, que ce savant critique semblait écarter à dessein toutes les analogies du Christianisme et du Bouddhisme, comme s'il craignait qu'examinées de près plusieurs d'entre elles ne fissent découvrir les rapports qu'il refuse de voir entre le Nirvâna et le royaume céleste. Car un autre de ses travaux que je ne connaissais pas alors me montre clairement que ma conjecture était inadmissible sous tous les rapports. Son opinion sur le Nirvâna-néant est fixée trop profondément et depuis trop long-temps dans son esprit pour qu'il conserve à cet égard la moindre velléité de se livrer à des comparaisons quelconques. Voici en effet ce qu'il disait en 1847, devant l'Académie des sciences morales et politiques : « On a souvent exagéré les ressemblances

» qu'offrent l'histoire du Bouddhisme et celle du Christia-
» nisme. Au gré des passions, on a souvent exalté ou rabaissé
» l'une des deux religions aux dépens (ou au profit) de l'autre.
» On a voulu trouver entre elles des analogies qu'on a prises
» pour des plagiats ou des imitations.... Après la lecture du livre
» de M. Eug. Burnouf, on n'aura de prévention ni dans un sens ni
» dans l'autre : on pourra trouver des points frappants de simi-
» litude, *parce qu'il y en a beaucoup;* mais ces rapports tout acci-
» dentels ne tiennent qu'à l'identité de l'esprit humain, se dé-
» veloppant, à de longs siècles de distance, chez des peuples et
» sous des climats divers, avec des formes assez souvent pareil-
» les, et qui ne sont pourtant que des manifestations de la
» spontanéité la plus libre ». (Voir *Compte-rendu des séances de cette
Académie*, 2e série, t. I, ou XIe de la collection, p. 43-4). — Dans
la même séance, M. Cousin, son illustre collègue et ami, disait
de son côté : « Je repousse toutes les analogies qu'on a prétendu
» établir entre le Christianisme et le Bouddhisme; les doctrines
» de l'un et de l'autre n'ont pas la moindre ressemblance, ou
» plutôt elles sont dans une opposition absolue. S'il y a au
» monde quelque chose de contraire à la doctrine chrétienne,
» c'est cette déplorable idée de l'anéantissement qui fait le fond
» du Bouddhisme. » Et pour prouver ce dernier fait, M. Cousin
citait deux propositions formulées par M. Eug. Burnouf, I, p.
561, et décisives contre les *Mâdhyamikas* comme extraites de
deux livres qui font partie du *Vinaya Soutra* ou *Mâdhyamika
Vritti* de Nâgârdjouna, mais nullement probantes à l'égard des
autres écoles, si ce n'est de celle des *Sâbhârikas* purs ou matérialistes. (Même *Compte-rendu*, p. 61). — Enfin, deux années auparavant, le célèbre M. Biot père avait déclaré qu'il y a entre les deux
doctrines un immense abîme moral. « Toute personne, avait-il
» jouté, qui aurait pu partager cette idée (celle d'échange ou
» d'emprunt), et qui lira l'ouvrage de M. Eug. Burnouf, non seule-
» ment reconnaîtra avec la plus complète évidence qu'elle n'a au-
» cun fondement, mais regrettera d'avoir pu, un moment, croire à
» un rapprochement si monstrueux ». (Voir *Journal des savants*, an-

née 1815, p. 233 à la fin de la note). — Ces déclarations n'ont pas empêché MM. Ch. Lassen, Alb. Weber et Ernest Renan de penser et de dire le contraire, bien que les deux premiers, après Eug. Burnouf, ne voient dans le Nirvâna bouddhique que l'équivalant du néant. Quant au troisième, il n'a pas encore eu à s'expliquer catégoriquement sur ce dernier point, mais sa pensée sur les emprunts ou échanges dont est question n'est pas douteuse. Il est vrai que, dans son dernier ouvrage, l'éminent écrivain admet la thèse que des fractions fort éloignées de l'espèce humaine, sans avoir communiqué entre elles, arrivent en même temps à des idées et à des imaginations presque identiques. Selon lui, on dirait de grandes influences morales courant le monde, à la manière des épidémies, sans distinction de frontière et de race. Tout cela se fait par des canaux secrets et par cette espèce de *sympathie* qui existe entre les diverses portions de l'humanité. (Voir *Vie de Jésus*, p. 153-4). Mais remarquez bien que l'adhésion de M. E. Renan à la manière de voir de MM. Biot, Cousin et Barthélemy Saint-Hilaire, ses collègues à l'Institut, est restreinte par son énoncé même. D'abord il ne parle que de *synchronismes*, ensuite il s'en réfère à la *sympathie* et à des canaux secrets, c'est à dire à des canaux dérivés, coulant dans le même sens, car s'ils prenaient des directions contraires ou s'ils sortaient de sources opposées, ils n'auraient aucune similitude ni à leur point de départ, ni à leur point d'arrivée : l'*antipathie* ne peut avoir la même cause et le même effet que la *sympathie*. Si les loups se font agneaux, ce n'est que dans la fable; dans l'histoire naturelle, ils restent ce qu'ils sont. De deux choses l'une : ou les deux religions dont il s'agit ont des doctrines antipathiques sur la vie future, et alors il ne suffit pas de dire avec M. Barthélemy Saint-Hilaire, que le Bouddhisme est un tissu de contradictions, il faut de plus taxer le Christianisme d'inconséquences; ou leurs doctrines sont sympathiques, et alors les ressemblances signalées s'expliquent d'autant mieux que toutes ne peuvent pas provenir de la simple spontanéité; car nombre d'entre elles, par leur nature même, supposent des rapprochements ou des communications, et tendent ainsi à démontrer l'impossibilité morale de l'admission du Nirvâna-néant par plus de trois cent millions d'hommes.

P. 155, B, ou p. 459, V, au titre, *après* : ligne 2, *lisez pour complément* : — Difficultés et moyens de propager la foi chrétienne chez les Bouddhistes du Sud et du Nord.

P. 158, B, ou p. 462, V, ligne 20, Aooir. sur le mythique *Adbouddha*.

Dans son article déjà cité sur *les dessins et peintures bouddhiques*, (au Tibet et au Népâl), M. Barthélemy Saint-Hilaire, rectifiant ses précédentes assertions, affirme que c'est douze siècles seulement après la mort de Çâkyamouni que pénétra dans le Bouddhisme, avec le culte de Çiva, la notion d'un Bouddha suprême, d'un *Adibouddha*, le premier, le plus grand et le plus puissant de tous les Bouddhas passés et à venir. « C'était, selon lui, l'idée de « Dieu s'introduisant enfin dans cette religion, d'où jusque-là elle « avait été complètement absente, mais n'y paraissant guère que « comme une superstition de plus, et sans aucune de ses consé- « quences bienfaisantes ». (*Journal des savants*, de mars 1863, p. 185). La rectification peut être exacte en ce qui concerne le Népâl. Mais je doute de son exactitude à l'égard du Kachmir où le titre d'*Adibouddha* fut conféré dès avant notre ère à Çâkyamouni lui-même. (Voir *ci-dessus*, note 1 de la p. 37, B, ou de la p. 311, V.

P. 163, B, ou p. 467, V, note 3, lignes 2-3, *au lieu de* : Ratramus, *lisez* : Ratramnus,

P. 165, B, ou p. 469, V, note 1, ligne 7, *au lieu de* : de Guigues *lisez* : de Guignes

Ibid., note 2, *après lieux cités. lisez* : Mégasthènes qui a dépeint les Bouddhistes sous le nom de *Sarmanai* ou *Garmanai* (Sansc. Çrâmanas), ne nomme point le *Bouddha*. Cependant M. Benfey (article *Indien*, dans l'*Encyclopédie germanique*, page 39, col. 2, a remarqué que son abréviateur (Arrien, *Indica*, VIII, I), mentionne un *Bouduas*, second chef des Indiens, fils de *Spatembas*, (sansc. *Svayambhourah*, titre du premier Menou). Mais

Boudhas avec un seul d pourrait bien être tout bonnement un appellatif verbal *Boudhyah*, cognoscendus.

P. 167, B, ou p. 171, V, ligne 17, *après* : avec les sentiments *lisez* : exceptionnels et presque anti-sociaux

P. 169, B, ou p. 473, V, note 3, ligne 1, *au lieu de* : Voyez *lisez* : Comparez

P. 170, B, ou p. 174, V, ligne 1, *au lieu de* : est conçu *lisez* : fut conçu

P. 176, B, ou p. 180, V, à la note 1, dernière ligne, *avant* : le livre de *lisez* : l'opinion inverse et matérialiste, ramée dans etc.

P. 179, B, ou p. 183, V, ligne 15, *après* : enseignent, *lisez* : et les conciles décident,

Ibid., ADDIT. à la note 1. — Néanmoins les pères dissidents croyaient avoir pour eux *divers* textes évangéliques, entre autres : saint Luc, XVI, 22-26, et saint Jean, *Apocal.*, VI, 9-11, textes desquels ils concluaient que jusqu'au jugement dernier et général, le jugement particulier ne serait qu'un commencement d'exécution. (Voir à ce sujet *la Vie future* de M. Th. H. Martin, p. 591-5).

P. 181, B, ou p. 185, V, dernière ligne, ADDIT. en forme de note (2) : — Tel est le sens des explications données par le régent du Tibet à MM. Huc et Gabet, missionnaires lazaristes, voir les *Souvenirs*, déjà cités, du *Voyage en Tartarie, au Tibet et à la Chine*, II, p. 310-2. On y lit, entre autres, que les hommes qui ont atteint la perfection obtiennent la plénitude de l'être par leur absorption dans l'âme éternelle et universelle de Bouddha, principe et fin de toutes choses, essence universelle d'où émanent tous les êtres et où ils rentrent, etc. Ici le Bouddha est substitué au vide, comme ailleurs Brahma neutre à l'éther. (Revoyez ci-dessus, p. 126-10, B, ou p. 130-11, V).

P. 184, B, ou p. 488, V, ligne 1re, *au lieu de* : unée *lisez* : une
Ibid., ligne 2, *au lieu de* : tous hommes *lisez* : tous les hommes

P. 188, B, ou p. 192, V, ligne 1, *au lieu de* : palingénisie *lisez* : palingénésie

Ibid., ligne 16, *au lieu de* : le trimourti *lisez* : les membres du trimourti formé de

P. 189, B, ou p. 193, V, à la fin de la note 1 de la page précédente, ligne 6, *après les mots* : absorption pleine et entière *lisez* : dans Brahma neutre

Ibid., ligne 7, *au lieu de* : monde de Brahma neutre *lisez* : monde de ce Dieu

P. 193, B, ou p. 197, V, note 2, ligne 1, AJOUT. — Sur le siège de l'âme, selon les sages de l'Inde et sur la métaphore de la lampe qui s'éteint pour ne plus se rallumer.

M. Lélut, dans le Mémoire auquel je renvoie, montre que Pythagore, Platon, Hippocrate et Galien plaçaient au cerveau le siège de l'âme humaine, et la considéraient comme divine, immortelle, intelligente, immuable dans sa mémoire et dans sa pensée. Ces philosophes croyaient que du poste supérieur qui lui était assigné, l'âme qui avait mérité le bonheur suprême devait s'élever à la mort vers les célestes espaces, pour y continuer à tout jamais la vie et la personnalité humaines. Mais M. Lélut cite en même temps des philosophes grecs plus anciens, entre autres, Anaximène, Diogène d'Apollonie, Héraclite et Anaxagore, qui donnaient pour séjour à l'âme la poitrine et plus spécialement le cœur. De leur côté, les Hébreux la plaçaient dans le sang, comme on le voit par le Pentateuque, et même dans le cœur, comme le démontrent plusieurs des noms qu'ils donnaient à cet organe, tels que *Lébâb*, *Géréb* et *Chébri*, signifiant aussi *âme*, en tant que principe de vie, d'intelligence, de volonté, de sentiment, de passion. Tel était également l'opinion des Indiens, car, en sanscrit, le substantif *Hridayam* (grec Kardia) ne signifie pas seulement *cœur*, à l'imitation de son type *Hrid* (latin *cor*, *cordis*), il exprime de plus la connaissance et la science. Aussi les Soûtras bouddhiques parlent-ils quelquefois et du cœur et de la connaissance que donne le cœur (*Langkâvatâra*, dans Eug. Burnouf, I, p. 518). D'ailleurs, chez les théologiens de l'Inde, la résidence de l'âme au cœur semblait être un article de foi. Le corps de l'homme (microcosme) n'était qu'un diminutif du corps de Brahma (macrocosme). Or, Brahma résidait au cœur du monde, comme l'araignée réside au centre de sa toile, tous deux faisant émaner de leur sein, celle-ci tous les fils de sa trame, celui-là tous les êtres de sa création, tous deux aussi les y faisant rentrer à volonté. De là vient que la *Vrihad-Aranyaki-panichad*, extraite du Yadjour-Véda blanc, nous raconte qu'à la mort de l'homme, son âme qui, lors de la conception, était entrée en lui avec le corps subtil par une ouverture percée au milieu du cœur et qui avait résidé dans cet organe musculeux durant la vie, se retire de son corps grossier par l'une des ouvertures extérieures ou d'en bas (nombril, pénis, anus), ou d'en haut (bouche, nez, yeux, oreilles), pour aller delà dans celui des mondes où elle a mérité de renaître, et qui correspondent plus ou moins aux neuf organes (appelés *les neuf portes*) que je viens de désigner. Mais, en même temps, cette Oupanichad rapporte que l'âme affranchie des transmigrations, mais celle-là seule, va s'unir à Brahma neutre, en montant jusqu'au cerveau d'où elle sort en forme de lumière ou de flamme, toujours avec le corps subtil, son véhicule et son support, par la fontanelle antérieure et supérieure du crâne. Celle-ci, quoique fermée depuis la première enfance, se rouvre pour lui livrer passage. (Voir l'*Oupnekhat* d'Anquetil, I, p. 231, ou l'*Analyse* de Lanjuinais, p. 49).

Je ne relève ces puérilités que pour arriver à des idées moins enfantines. Le *Yôgaçâstra* de Patandjali, chef des Sânkhyas théistes, représente le corps subtil comme s'étendant au haut du crâne et le compare à une flamme qui s'élève au-dessus de la mèche. Antérieurement, les Soûtras de Kapila, instituteur des Sânkhyas athées, plaçaient dans cet organe le *Lingam* ou atome animé, noyau du corps subtil qui l'enveloppe et support de l'âme dont il est le véhicule. (Voir là-dessus, Colebrooke, *Misc. Essays*, I, p. 245-6, et Wilson, *Sânkhya-Kârikâ*, p. 136). Il n'est pas douteux pour moi que Çâkyamouni, fondateur du Bouddhisme, partageait cette manière de voir ou de penser. C'est d'elle incontestablement que viennent ces comparaisons, si fréquentes dans les livres bouddhiques, d'une lampe qui s'éteint faute d'aliment et d'une intelligence affranchie par la mort de l'ascète qui n'a plus à transmigrer. L'extinction de la lumière, de la flamme ou de la lampe était un emblème bien naturel de l'extinction du corps subtil (Soukchma çarîra), de l'atome animé (lingam) ou du corps archétype (Oupadhi), dissous par la mort dans les éléments matériels, mais seulement chez l'ascète qui venait de porter son dernier corps grossier, (mèche carbonisée faute d'huile), et de perdre en même temps son corps subtil, (aliment consumé de la lampe). En effet, pour ce bienheureux, le principe pensant et sensible (Djîvâtmâ, Pouroucha, Poudgala), désormais affranchi de toute incorporation ultérieure, avait obtenu soit l'absorption dans l'esprit universel (Brahmabhoûyam), soit sa complète isolation (Kaivalyam) de la nature, soit l'extinction (Nirvânam) de tous les éléments de l'existence phénoménale, les causes qui l'avaient enchaîné à la matière étant détruites pour toujours. Or ces causes, on l'a vu, étaient l'ignorance, l'illusion, la concupiscence, la faute originelle, le *péché*, pour tout dire en un mot. (Revoir *ci-dessus*, B, p. 61-2, 82-6 et 115-50, ou V, p. 365-6, 386-90 et 419-51, ou encore *du Nirvâna indien*, p. 98-100 avec les notes).

On lit dans le Véda des Hymnes (traduction Langlois, I, p. 331-6, st. 30-2), une allégorie curieuse sur deux êtres ailés, jumeaux et amis, qui hantent le même arbre; le premier, actif et pétulant, goûte du fruit de cet arbre et le trouve savoureux, le second, impassible et en repos, s'abstient d'y toucher, regarde faire son compagnon et semble l'observer. Ils sont animés d'un même esprit, comme l'indique leur titre commun *Ekâtmyam*, unité d'âme. Il est évident, et le poëte l'annonce du reste, que ces deux êtres ailés représentent l'un le *Djîvâtmâ* ou principe vital, et l'autre le *Paramâtmâ* ou principe pensant, et que l'arbre qu'ils habitent, vu en grand, figure le monde matériel, et en petit, le corps humain. Quoique le chantre allégoriste, Dirghatamas, ne désigne point la position respective de ces deux oiseaux, l'explication qu'il en donne conduit à pen-

-er que le premier siége dans l'atmosphère ou au cœur, et le second, au ciel ou au cerveau, car celui-ci est appelé esprit suprême (Paramâtmâ), tandis que celui-là se nomme esprit de vie (Djivâtmâ). L'univers les contient tous deux en totalité; l'homme n'en a que des parcelles. Voilà pourquoi les *Lois de Manou* (XII, 12-20) déclarent qu'après la mort les âmes humaines, (individuelles et doubles), non encore affranchies des transmigrations, sont soumises au jugement de ces deux principes généraux qui examinent leurs vertus et leurs vices pour les récompenser ou les punir suivant leurs œuvres dans ce monde ou dans l'autre.

J'ai cité cette allégorie aryenne pour montrer que nos théories modernes sur les deux principes de la vie et de l'intelligence dans l'homme existaient en germes dans les antiques systèmes de l'Inde. Si M. Flourens, en contradiction avec Bichat, place au cerveau le siége de ces deux principes, en revanche Schopenhauer revendique le cœur pour le premier dans son fameux traité *Die Welt as Wille und Vorstellung*, le monde en tant que volonté et intelligence. (Voir le livre *Hégel et Schopenhauer*, de M. A. Foucher de Careil.)

Il y a plus, en cherchant bien, on retrouverait peut-être dans quelque vieux *Brâhmanam* indien le gigantesque cerveau dont feu Broussais, dans sa profession de foi posthume, gratifiait l'être suprême. (Voir à ce sujet la *Vie future* de M. Th. Henri Martin, p. 305 et 312), car la voûte du ciel pourrait être comparée à celle d'un crâne immense. Peut-être même y découvrirait-on aussi le cœur démesuré (l'atmosphère?) que le philosophe de Francfort devait donner *in-petto* à son grand dieu *vouloir* (Wille, en allemand) ou à sa grande déesse volonté (en français). Mais ce qui serait beaucoup plus facile à reconnaître, ce serait le *moi* apparaissant et disparaissant avec le cerveau, comme le prétend la physiologie moderne, car le *Lingam* de Kapila qui contenait ce moi périssait avec lui pour l'ascète qui avait obtenu le *Kaivalyam*. Ici néanmoins, il faudrait clore la série des rapprochements. En effet, le fondateur du Sânkhya se garde bien de confondre le *Pourousha* ou l'esprit individuel avec l'*Ahamkâra* ou le sentiment du *moi*. Il les distingue au contraire avec soin (avec trop de soin même), en considérant le premier comme un principe indépendant et éternel, qui n'a ni origine ni destruction, et le second comme un produit primordial, mais périssable, de *Prakriti* ou de la nature. Malgré cela, il ne lui serait certainement pas venu à l'idée de prétendre avec MM. Jacques Moleschott, Charles Vogt et Arthur Schopenhauer, pour ne pas citer leurs disciples d'Allemagne et de France, que le cerveau sécrète la pensée, comme le foie sécrète la bile. (Voir à ce sujet 1° deux articles intéressants de M. Charles Dollfus, dans la *Revue germanique*, V, p. 5 et suiv., et XXVII, p. 112-3; 2° le Mémoire spécial de M. Lélut, dans le *Compte-rendu des séanc. et trav. de l'Acad. des sci. mor. et polit.*, II, p. 299-360, et 3° *la Vie future* de M. Th. Henri Martin, p. 187-8, 285-6, 312-13, etc.). Si le philosophe indien était mauvais physiologiste, il était assez bon psychologue. Sa distinction de l'âme et du moi montre qu'il n'aurait pas confondu l'élaboration de la pensée avec les fonctions purement organiques. Le plus grand reproche qu'on lui ait fait et qu'il mérite, c'est d'avoir séparé l'esprit de son expansion, le principe de son développement. Mais Çâkyamouni l'a rectifié en ce point, comme l'indique le titre complexe *Vidjnânam*, connaissance-intelligence-conscience, qu'il donna à l'âme humaine et que ses successeurs, quelques siècles après lui, transportèrent à l'âme universelle, ainsi nommée par eux, en remplacement du nom de *Paramâtmaa* que lui assignaient les Brahmanes Vêdântistes.

Il est vrai que ce titre de *Vidjnânam* ne figure chez ces derniers que pour désigner le corps très-subtil ou atomistique, placé entre l'âme et le corps subtil et répondant au *Lingam* des Sânkhyas. (Voir ci-dessus la note 3 de la p. 17, B, ou de la p. 351, V). Mais d'abord on ne le trouve avec cette affectation spéciale que dans des traités postérieurs aux livres bouddhiques dans lesquels il figure avec une signification beaucoup plus large; ensuite, quand même les Bouddhistes l'auraient emprunté à leurs adversaires, au lieu de le leur communiquer, rien ne prouve que les uns et les autres y attachaient les mêmes idées. On peut le prétendre sans doute à l'égard des disciples de Nâgârdjouna. (Voir également ci-dessus, p 56-60, B, ou p. 360-5, V), mais non à l'encontre des autres écoles, plus fidèles aux enseignements populaires de Çâkyamouni, et moins familières avec les doctrines métaphysiques de Kapila. Quant aux Mâdhyamikas et aux Svâbhâvikas purs, je ne les rappelle que pour mémoire. On sait que ces Nihilistes absolus, mais exceptionnels, ont poussé la témérité jusqu'à soutenir qu'une âme devenue inconsciente d'elle-même, équivalait à une âme anéantie, et ont fini par nier son existence en se reniant eux-mêmes : ce qui était le comble de l'absurdité. Je crois avoir prouvé que le Bouddha n'a point donné dans ces travers : qu'il a suivi le droit chemin, et qu'il a considéré l'âme comme le principe et non comme le résultat de l'organisme, c'est-à-dire comme pouvant subsister à l'état isolé, sans être servie par des organes. A ses yeux, comme à ceux de ses fidèles adhérents, le corps grossier sans l'âme n'est plus qu'un tas de matière inerte, tandis que l'âme séparée de ce corps, et même du corps archétype, reste une substance pensante et raisonnable. En conséquence, c'est le corps charnel qu'il faut dompter, qu'il faut anéantir pour dégager l'âme et la rétablir dans son état originel de pureté, de liberté et d'indépendance.

P. 200, B, ou p. 504, V, note 1, dernière ligne, après bien claire par elle-même, lisez : Comp. Ps. XXXIX, 13 ; Ps. CXIX, 19, et Genèse, XLVII, 9.

TABLE ANALYTIQUE DES MATIÈRES.

	PAGES.	
	broch.	vol.
CHAP. I. — Objet de ce Mémoire............	3	307
— Coup-d'œil général sur le Bouddhisme et sur ses rapports avec le Christianisme......	3	307
— Le Nirvâna bouddhique est-il le néant ? N'est-ce pas plutôt le bonheur suprême et éternel avec exemption des renaissances dans le monde phénoménal ?...............	6	310
— Opinions contradictoires des érudits sur cette question capitale du Bouddhisme indien... (Voir aux Addit., p. 208-9, B, ou p. 512-3, V).	9	313
— Considérations morales en faveur de la seconde solution................ (Voir au ch. VII, p. 140-3, B, ou p. 444-52 V, et au ch. IX, p. 206-7, B, ou 510-1, V.).	13	317
— Résumé des preuves alléguées en faveur du système qui ne voit dans le Nirvâna de Çâkyamouni que l'anéantissement de l'âme.	15	317
— Système contraire soutenu de nouveau dans le présent Mémoire..............	19	323
— Importance de la question...........	20	324
— Le Bouddhisme compte-t-il plus d'adhérents que le Christianisme?............. (Voir aux Addit., p. 209, B, ou p. 513, V.).	20	324
CHAP. II. — Réponses aux difficultés extrinsèques ou accessoires..............	20	324
— Le Bouddhisme est-il un effet sans cause si son Nirvâna ne diffère pas de la délivrance finale des Brâhmanes ?.............	21	328
— Les Orientaux ont-ils la vie en horreur à cause de la loi des transmigrations?....	25	329
— Le Bouddhisme n'avait-il pas sa raison d'être dans l'appel de toutes les classes de la société à la béatitude suprême que les Brah-		

	PAGES.	
	broch.	vol.
manes réservaient à leur propre caste?...	28	332
— L'athéisme reproché aux Sânkhyas et aux Bouddhistes ne s'explique-t-il pas naturellement par le caractère indéterminé et la nature mixte de Brahma neutre aux siècles de Kapila et de Çâkyamouni et même dans les temps postérieurs?............	32	336
(Voir au ch. VII, p. 129-36, B, ou p. 433-9 V, et aux Addit., p. 210, 217-9 et 521-3, B, ou p. 514, 521-3 et 525-2, V.).		
— Le Bouddha étant reconnu pour le premier des êtres, n'est-il pas par cela même le plus élevé de tous les dieux?........	37	341
(Voir au ch. VI, p. 123-4, B, ou p. 427-8, V; au ch. VIII, p. 163, B, ou p. 467, V, et aux Addit., p. 211-2 et 224, B, ou p. 515-16 et 530, V.).		
CHAP. III. — DE LA NATURE DE L'AME SELON LES BOUDDHISTES...............	41	345
— Adoption de la métempsychose par Kapila et par Çâkyamouni...............	42	346
— Distinction de l'âme et du corps chez les Bouddhistes................	45	349
(Voir au ch. VII, la note 2 de la p. 112, B, ou de la p. 416, V.).		
— Corps subtil distingué de l'âme, en note...	48	352
(Voir au ch. V, p. 84-6, B, ou p. 388-90, V, et aux Addit., p. 212-6, B, ou p. 516-20, V).		
— Eternité des âmes admise généralement par les écoles religieuses et philosophiques de l'Inde...................	51	355
— Les 12 Niddnas ou causes et effets de l'existence, selon Çâkyamouni..........	54	358
(Voir aux Addit., p. 212-6, B, ou p. 516-20, V).		
— Explication du Vidjnânam, d'abord individuel, puis universalisé............	56	360
(Voir 1° au ch. V, p. 94, B, ou p. 398, V.;		

		PAGES.	
		broch.	vol.

2° au ch. VI, p. 113-4, B, ou p. 417-8, V;
3° au ch. VII, p. 132, B, ou p. 436, V; 4° au
ch. IX, p. 202, B, ou p. 506, V, et 5° aux
Addit., p. 228, B, ou 532, V).

CHAP. IV. — Du Nirvana au temps de Çakyamouni. 61   365

— Sens du mot *Nirvânam*, non applicable au principe pensant, qui est éternel. 61   365
(Voir sur l'éternité des âmes, au chap. III, p. 52-4, B, ou p. 356-8, V.— Voir aussi aux Addit. la note étendue tant sur le siège de l'âme, selon les Indiens, que sur leur métaphore de la lampe qui s'éteint pour toujours, p. 228-33, B, ou p. 532-7, V.).

— Les 4 degrés du *Dhyâna* et les 4 sphères du monde sans formes, mal expliqués par les partisans du système de l'anéantissement. . 63   367

— Le *Kaivalyam* des Sânkyas, type du Nirvâna bouddhique, n'est pas le néant. 67   371
(Voir aux Addit. la note relative à la doctrine de Lao-Tseu, prétendu copiste de Kapila et précepteur de Çâkyamouni, p. 217-9, B, ou p. 521-3, V.).

— Il répond au *Satyaloka* des Védântistes et à l'*Alôkâkâça* des Djainas. 73   377

— Il répond de même au Nirvâna des Bouddhistes. 76   380

CHAP. V. — Du Nirvana sous la période des Conciles et des Soutras bouddhiques. . . . 80   384
(Sur les dates respectives des Soûtras et des Conciles, voir au ch. II, p. 21, B, ou p. 325, V, et au ch. VI, p. 107, B, ou p. 421, V, et ch. VIII, p. 167, B, ou 471, V).

— Quatre écoles principales et quatre opinions différentes sur le Nirvâna de Çâkyamouni... 80   384

— Des deux Nirvânas avec et sans reste d'*Oupadhi*, et des cinq *Skandhas* qui s'y rattachent. 84   388

	PAGES.	
	broch.	vol.

(Voir au ch. IX, à la note 1 de la p. 197, B,
ou de la p. 501, V, et aux Addit., p. 212-6,
B, ou p. 516-20, V.).

— Soûtras simples et Soûtras développés généralement, favorables à la persistance du principe pensant dans le Nirvâna 86   390

— Les mêmes, favorables aussi à la conservation de la personnalité ou de la conscience du *moi*, très-clairement établie dans le *Mahâparinirvâna* soûtra 93   397

(Voir sur ce second point, au ch. IX, p. 193-203, B, ou p. 492-509, V, et sur la valeur du *Mahâparinirvâna Soûtra*, aux Addit., p. 220, B, ou p. 524, V.).

— La *Pradjnâpâramitâ* et le *Vinaya Soûtra* de Nâgârdjouna font exception sur ces deux points, mais ils sont postérieurs aux autres Soûtras et non admis généralement 98   102

(Voir encore sur la *Pradjnâpâramitâ*, aux Addit., p. 220-1, B, ou 524-5, V.).

CHAP. VI. — DU NIRVANA DEPUIS L'ÉPOQUE DES DERNIERS SOUTRAS JUSQU'A NOS JOURS 103   107

— Espaces célestes peuplés de Bouddhas dans le Bouddhisme du Nord 103   107

— Les mêmes, vides en apparence dans celui du Sud, mais lacune insignifiante pour l'appréciation du Nirvâna 108   112

— Ambiguité du *Milindapraçna soutta* de Ceylan et des livres ou traditions des *Srâhhâvikas* purs du Népâl. 109   113

— Théories Mongole et Chinoise sur les trois corps des Bouddhas. 121   125

— Çâkyamouni adoré partout comme Dieu suprême ou comme Dieu rédempteur des âmes. 123   127

(Voir au ch. II, p. 32-40, B, ou p. 336-34, V; au ch. VIII, p. 163, B, ou p. 167, V, et aux Addit., p. 211-2 et 226, B, ou p. 515-6 et 530, V.).

		PAGES.	
		broch.	vol.

CHAP. VII. — Comparaison du *Brahmanirvânam* des Sankhyas-Yogins avec le *Çounyanirvânam* des Bouddhistes orthodoxes. — Opposition manifeste et mal expliquée des préceptes de Çakyamouni avec le prétendu néant de son Nirvana. 125 429

— Idées des Bouddhistes sur le grand vide où se rendent les âmes affranchies 126 430
— Idées des Brahmanes sur leur grand Brahma. 129 433
(Voir aux Addit., d'abord sur le Tao de Lao-Tseu, p. 221-2, B, ou p. 525-5, V, et ensuite, p. 227, B, ou 531, V, sur l'assimilation du Bouddha à Brahma neutre).
— Séjour des Bienheureux au-dessus des cieux visibles dans tous les systèmes de l'Inde, de la Perse, du Néoplatonisme, du Christianisme, du Gnosticisme et de la Kabbale 136 440
— Contradictions inexplicables prêtées au Bouddha par la théorie de l'anéantissement des âmes 140 444
— Lutte implacable et incessante instituée contre le corps, et pourquoi 145 449
(Voir aux Addit., pour Lao-Tseu, p. 222-3, B, ou p. 526-7, V, et pour saint Paul, p. 233, B, ou p. 537, V.).
— Extirpation du Klêça ou du péché 147 451
— Idée confuse d'une faute originelle. 149 453
(Voir aux Addit., p. 223, B, ou 527, V., la note sur feu M. le baron d'Eckstein.).
— Guerre à *Pâpiyân* ou au tentateur 151 455
— Union avec le *Triratna* ou la triade bouddhique. 152 456
— Rapprochements indiqués entre les religions chrétienne et bouddhique. 154 458
(Voir aux Addit., p. 223-6, B, ou p. 527-30, pourquoi quelques savants modernes les repoussent, tout en reconnaissant qu'ils sont plausibles).

	PAGES.	
	broch.	vol.

CHAP. VIII. — Rapports du Christianisme avec le Bouddhisme sur les doctrines de la vie future. — Difficultés et moyens de propager la foi chrétienne chez les Bouddhistes du Sud et du Nord 155 459

— Les deux religions sont étrangères l'une à l'autre par leur origine 158 462

— Renommée du Bouddha répandue dès les premiers siècles de notre ère dans l'Asie occidentale et en Egypte 161 465
(Sur le *Bouduas* de Mégasthènes, écrivain antérieur à notre ère, voir aux Addit., p. 226-7, B, ou p. 530-1, V.).

— Communications des Bouddhistes avec les premiers Chrétiens, certaines avec les Gnostiques, très-vraisemblables avec les orthodoxes 165 469

— Analogies de vues, d'institutions, de cérémonies, de pratiques, etc. 177 471

— Différence du fond sur quelques points de doctrines, sans influence ici à raison de la similitude du plus grand nombre 177 481
(Voir aux Addit., p. 227, B, ou 531, V, la note sur une dissidence particulière entre les Pères de l'Eglise).

— Progrès lents et peu marqués du Christianisme dans les contrées bouddhiques . . . 181 485

— Moyens divers de les accélérer 186 490

CHAP. IX. — Conclusion. 193 496

— Divergences des systèmes indiens sur le sort des âmes délivrées de l'obligation de renaître dans le monde phénoménal 195 499

— Chez les Bouddhistes orthodoxes, permanence du principe pensant pour l'ascète affranchi, généralement avec conservation de la conscience du *moi*. 197 501

	broch.	vol.
— Vague nécessaire des *Soûtras* bouddhiques sur l'espèce de bonheur dont on jouit dans le Nirvâna	205	509
— Influence bienfaisante du Bouddhisme sur les populations.	206	510
— Impossibilité morale de prendre le Nirvâna pour le néant.	205	510
ADDITIONS ET CORRECTIONS.	208	512
Addit. à la liste des auteurs favorables au système du Nirvâna néant	208	512
Id. sur le chiffre des populations bouddhiques.	209	513
Id. sur l'absorption en Brahma	210	514
Id. sur le culte du Bouddha-Çâkyamouni . . .	211	515
Id. sur le corps subtil tant chez les Indiens que chez les Hébreux	212	516
Id. sur la doctrine de Lao-Tseu.	217	521
Id. sur le *Mahâparinirvâna Soûtra*.	220	524
Id. sur la *Pradjnâparamitâ*.	220	524
Id. sur Brahma et le Tao.	221	525
Id. sur le corps, considéré comme un mal par Lao-Tseu. . . . . , . . .	222	526
Id. sur feu M. le baron d'Eckstein	223	527
Id. sur le rejet des rapprochements signalés entre le Bouddhisme et le Christianisme. .	223	527
Id. sur le mythique Adiboudda du Népâl . . .	226	530
Id. sur le Boudoas de Mégasthènes.	226	530
Id. sur une dissidence entre les Pères de l'Eglise.	227	531
Id. sur l'assimilation du Bouddha à Brahma neutre chez les Tibétains.	227	531
Id. sur le siége de l'âme selon les sages de l'Inde et sur la métaphore de la lampe qui s'éteint pour ne plus se rallumer.	228	532
Id. sur un texte de saint Paul.	233	537
Table analytique des matières.	234	538

Amiens, imp. de E. Yvert.

AUTRES ÉCRITS DU MÊME AUTEUR,

Publiés dans les Mémoires de l'Académie des Sciences, Belles-lettres, Arts, Agriculture et Commerce du département de la Somme.

vol. de

1835	—	Rapport sur les travaux philologiques de M. Eug. Burnouf, relatifs à la langue Zende.
—	—	Du verbe substantif et de son emploi comme auxiliaire dans les conjugaisons sanscrite, grecque et latine, à la voix active, avec note additionnelle sur le verbe *I* (aller) considéré comme auxiliaire.
1837	—	Observations sur un bas-relief de la Cathédrale d'Amiens.
1839	—	De l'immortalité de l'âme selon les Hébreux.
1845	—	Esquisse sur la poésie indienne.
1848-49-50		Etude historique et philologique sur le participe passé français, et sur ses verbes auxiliaires.
1851-52-53		Notice sur les travaux de M. Eug. Burnouf.
1854 à 57		Du Nirvâna indien, ou de l'affranchissement de l'âme après la mort, selon les Brahmanes et les Bouddhistes.
1858-59-60		Du berceau de l'espèce humaine selon les Indiens, les Perses et les Hébreux. — (En vente à la même librairie).

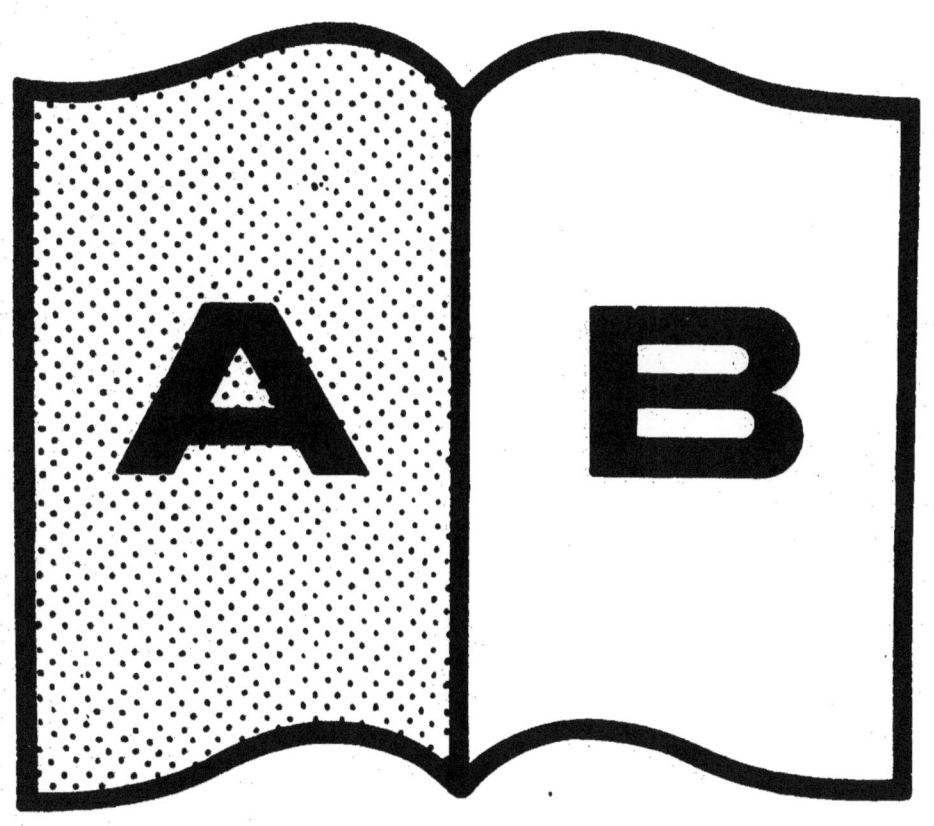

Contraste insuffisant

NF Z 43-120-14

www.ingramcontent.com/pod-product-compliance
Lightning Source LLC
Chambersburg PA
CBHW060125170426
43198CB00010B/1034